Wilhelm Scherer

Jacob Grimm - zwei Artikel der Preussischen Jahrbücher

aus deren 14ten, 15ten u. 16ten Bände besonders abgedruckt

Wilhelm Scherer

Jacob Grimm - zwei Artikel der Preussischen Jahrbücher
aus deren 14ten, 15ten u. 16ten Bände besonders abgedruckt

ISBN/EAN: 9783744601849

Hergestellt in Europa, USA, Kanada, Australien, Japan

Cover: Foto ©ninafisch / pixelio.de

Weitere Bücher finden Sie auf **www.hansebooks.com**

Jacob Grimm.

Von

Wilhelm Scherer.

Zweite verbesserte Auflage.

Berlin.
Weidmannsche Buchhandlung.
1885.

Den

Geschwistern Grimm.

Inhalt.

Erstes Kapitel.

Heimat . . . . Seite 3

    Familie 3. Erziehung 4. Schule 7. Universität 8: Savigny 8; Tiecks 'Minnelieder' 12. Paris 15. Kassel 17: Kriegssecretär 18; Bibliothekar 19; Legationssecretär 20; Bibliothekar 21.

Zweites Kapitel.

Die Anfänge der altdeutschen Studien 23

    Das sechzehnte Jahrhundert 24. Das siebzehnte Jahrhundert 26. Das achtzehnte Jahrhundert 27: Gottsched 30; Bodmer 31; Justus Möser 34; Bodmers Schule 34; Lessing 35; Klopstock 39; Herder 40 (Ossian und Edda 45; Volkslieder 47).

Drittes Kapitel.

Romantik 55

    'Bragur' 55. Nibelungenlied und Homer 57. Tieck und die Brüder Schlegel 60. Berlin 67: Wilhelm Schlegels Vorlesungen 67; von der Hagen 69. (Heinrich von Kleist und Fouqué 70.) Heidelberg 71: Arnim und Brentano 71 ('des Knaben Wunderhorn' 74; Goethe 75); Arnims 'Zeitung für Einsiedler' 77; Görres 80. Uhland und die Brüder Grimm 83.

Viertes Kapitel.

Sagen und Märchen 92
   Jacob Grimms Plan einer Geschichte der altdeutschen Poesie 92. Litterarische Erstlinge 94 ('Ueber den altdeutschen Meistergesang' 96). 'Irmenstraße und Irmensäule' 97. 'Lieder der alten Edda' 97 (Wilhelm Grimms Anfänge 97). 'Die beiden ältesten deutschen Gedichte' 100. 'Der arme Heinrich' 101. 'Kinder- und Hausmärchen' 102. 'Deutsche Sagen' 114.

Fünftes Kapitel.

Ansichten der Poesie 117
   Sage und Geschichte 117. 'Gedanken über Mythos, Epos und Geschichte' 123 (Görres 124; Kanne 125). Naturpoesie und Kunstpoesie 131. 'Altdeutsche Wälder' 138. Wilhelm Schlegels Recension 141. Beurtheilung 144. Die Andacht zum Unbedeutenden 149.

Sechstes Kapitel.

Die deutsche Grammatik 154
   Jacob Grimms Wendung zur Grammatik 155. Die Vorgänger 158: Radlof 159; Wolke 160; Sprachgesellschaften 161; Wilhelm von Humboldt 163. Der erste Band der 'deutschen Grammatik' von 1819 S. 168. Urtheile Jean Pauls und Beneckes 172.

Siebentes Kapitel.

Mitarbeiter 175
   (Friedrich Heinrich von der Hagen 176; Bernhard Joseph Docen 177.) Georg Friedrich Benecke 178. Karl Lachmann 180. Brieflicher Verkehr 186.

Achtes Kapitel.

Der Ausbau der Grammatik 191
   Der erste Band der 'deutschen Grammatik' von 1822 S. 191: die Lautlehre 194; Umlaut, Brechung, Ablaut 200; Lautverschiebung 204. Lautgesetze als Voraussetzung der wissenschaftlichen Etymologie 206. Fremde Sprachen 209. — Der zweite Band der 'Grammatik' 211; der dritte 213; der vierte 214. — Zur Kritik 215. Wirkung 225.

Neuntes Kapitel.

Göttingen und Berlin 227

    Die drei Perioden von Jacob Grimms Leben 227. — Uebersiedelung nach Göttingen 229; die Professur 232. Die Göttinger Sieben 235: wieder in Kassel 238; 'Ueber seine Entlassung' 240. — Berlin 243: Berufung 243; Reisen 247; Germanistenversammlungen 249; das Frankfurter Parlament 251; spätere politische Ansichten 253.

Zehntes Kapitel.

Die Rechtsalterthümer 254

    Savigny 'Vom Beruf unsrer Zeit' 255. Jacob Grimm 'Poesie im Recht' 257. Grimms Vorgänger für die Rechtsalterthümer 258. Charakteristik der 'Rechtsalterthümer' 259. Die Weisthümer 262. Vergleichende Rechtswissenschaft 264. Verhältniß zum Rechte der Gegenwart 265. Darstellung 266. Wirkung 267.

Elftes Kapitel.

Die Mythologie 269

    Quellen und Vorgänger 270: Creuzer und Voß 272; von der Hagen 273; Mone 274. ('Irische Elfenmärchen' 277.) Charakteristik der 'Mythologie' 278. Kritik 283 (Mythen in der Heldensage 284). Wirkung 286 (vgl. 278).

Zwölftes Kapitel.

Reinhart Fuchs 289

    'Reinhart Fuchs' 289: Editionen 290; Abhandlungen 291 (Thierepos 293). — 'Lateinische Gedichte des zehnten und elften Jahrhunderts' 294. 'Andreas und Elene' 295 (der Stil der altgermanischen Poesie 295).

Dreizehntes Kapitel.

Geschichte der deutschen Sprache 297

    Ethnographie und Sprache 298. Vergleichende Sprachstudien 300 (Cultur und Sprache 301; Grammatisches 301). Wirkung 302. Geten und Gothen 303.

Vierzehntes Kapitel.

Das deutsche Wörterbuch 305

    Grundzüge des Planes (1838) S. 305. Praktischer Zweck 308. Vorgänger 310: J. G. Eckhart 310; Nicolai 311. Charakteristik und Kritik 312. — Jacob Grimms Orthographie 315. Sein Verhältniß zur Sprachgesetzgebung 317. — Das 'Wörterbuch' und seine Fortsetzer 321. Jacob Grimms eigene Sprache 321.

Fünfzehntes Kapitel.

Alter und Tod 325

    Vergleichende Methode 325. Der Muth des Fehlens 328. — Rede auf Lachmann 330. Das Schillerfest 333. Wilhelm Grimms Tod 337. Rede über das Alter 337. Rede auf Wilhelm Grimm 340. Tod 341. — Ein Nekrolog 341.

Anmerkung 349
Register 353

Jacob Grimm.

Erstes Kapitel.

Heimat.

Jacob Grimm war ein Hesse; er kam in demselben Jahre zur Welt wie Bettina von Arnim, Böckh und Dahlmann: am 4. Januar 1785 ward er zu Hanau geboren.

Seine Vorfahren lassen sich mit Sicherheit bis in die Mitte des siebzehnten Jahrhunderts zurückverfolgen: da war ein Johannes Grimm Bürger und Gasthalter in Hanau. Seit dem Ende des siebzehnten Jahrhunderts scheinen alle Glieder der Familie dem geistlichen oder dem Beamtenstand angehört zu haben, denjenigen Berufsclassen, auf welchen Deutschlands geistige Cultur im achtzehnten Jahrhundert vorzugsweise beruhte. Der Vater Jacob Grimms war erst Advocat, dann hochfürstlich hessenhanauischer Stadt- und Landschreiber in Hanau.

Unter fünf lebenden Brüdern schlossen sich, von frühester Kindheit an, Jacob und der um ein Jahr jüngere Wilhelm näher zusammen. Sie gingen gleich gekleidet, sie bewohnten Ein Stübchen, sie schliefen in Einem Bette, sie erhielten den ersten Unterricht gemeinsam. Jacob lernte außerordentlich früh und schnell lesen, und zeigte die ungeduldigste und beharrlichste Lernbegierde. Ueber die ersten Gegenstände seiner Lectüre sind wir nicht unterrichtet; auch von seinen Eltern können wir uns kein genaues Bild machen; und die Personen, welche sonst auf ihn zuerst wirkten, sind uns nicht näher bekannt. Nur den allgemeinen Eindruck eines glücklichen Familienlebens empfangen wir: der Vater ein arbeitsamer, ordentlicher, liebevoller Mann; die Mutter von mildem, heiterem Wesen; eine Schwester des Vaters, ernst und streng, von großer Willensstärke, nahm sich des Unterrichtes der Brüder an; die mütterlichen Großeltern wurden wöchentlich einigemal an bestimmten Tagen besucht. Unter diesen Menschen wuchsen die Brüder auf. Enge und befestigte Verhältnisse nach jeder Richtung. Nirgends ein Ausblick in die große bunte Welt. Beschränktheit der Familie, Beschränktheit der Religion, Beschränktheit des Vaterlandes.

Die Kinder wurden streng reformirt erzogen, ohne viele Worte, nur durch That und Beispiel. Gleichwohl drang in Jacob diese bestimmte Form des christlichen Cultus so tief ein, daß es ihm noch in seinen reifen Mannesjahren war, als könne er nur in den leeren, schmucklosen Räumen reformirter Kirchen recht von Grund aus andächtig sein. Die Lutheraner erschienen dem Knaben wie fremde Menschen, mit denen er nicht völlig vertraut umgehen dürfe. Von den Katholiken vollends machte er sich seltsame scheue Begriffe.

Ebenso fest hingen die Kinder an ihrem Geburtslande. Sie wußten es nicht anders, als daß ihr Fürst der beste, das Land das gesegnetste sei, das es geben könne. Auf die Darmstädter zum Beispiel sahen sie mit einer gewissen Geringschätzung herab.

In einer kleinen Stadt, in einer begrenzten Sphäre bürgerlicher Gesellschaft wird die Beobachtung eines sinnigen Kindes leicht am Kleinen, Gewöhnlichen, Unbedeutenden haften; das Ahnungsvolle hat Gelegenheit sich in ihm auszubilden; und die ersten Blüten, welche die Poesie auf sein Wiege streut, werden andächtig bewahrt. Gewiß sind Jacob und Wilhelm Grimm stille, bildsame Kinder gewesen, ohne stürmische Instincte, ohne starken Trieb zu äußerer Activität. Wilhelm erinnerte sich, wie Jacob und er Hand in Hand über den Markt der Neustadt zu einem französischen Sprachlehrer gingen, der neben der Kirche wohnte, und wie sie in kindischer Freude stehen blieben, um dem goldenen Hahn auf der Spitze des Thurmes zuzusehen, der sich im Winde hin und her drehte. Solche Züge haften nur in beschaulichen Naturen, deren einfaches Herz einen engen Kreis befriedigt und dankbar genießt. Jacob schrieb gelegentlich später an seinen jüngsten Bruder Ferdinand: "Ich erinnere mich genau, daß ich mit dem Vater, als er noch Stadtschreiber in Hanau war, einmal in einer Winternacht oder doch Abends durch den Schnee in ein Dorf fuhr, wo er Leute zu verhören hatte, die Stube war voll Bauern, Tabaksdampf und trüber Lichter. Aus noch früherer Zeit ist, daß ich Morgens gleich nach dem Aufstehen mit ihm im Fenster stand und Mägde unten auf der Gasse gingen mit Wasserbütten auf dem Kopf, worin sich die Sonnenstrahlen spiegelten. Noch in hohen Jahren, kurze Zeit vor seinem Tod, als er in der preußischen Akademie über das Alter las, erinnerte er sich an ein kunstloses Bild, das in der Stube seiner Eltern hing und die sieben Stufen des Alters darstellte. Auf der ersten Stufe stand die Wiege, aus der nur der Kopf des Kindes hervorguckte. Die zweite Stufe betraten ein Knabe und ein Mädchen, einander an der Hand fassend und sich anlachend. Auf der dritten sah man einen Jüngling und eine Jungfrau, die sich in den Armen lagen, aber jedes vor sich hin= schauten. Und so ging es weiter, von der fünften Staffel wieder abwärts, bis auf der letzten unten Greis und Greisin an Stab und Krücke zu dem Grabe wankten.

Jacob und Wilhelm Grimm standen vorläufig auf der zweiten Stufe; und die Umgebung, in welcher sie aufwuchsen, sollte sich noch mehr ins Enge ziehn. Als Jacob sechs, Wilhelm fünf Jahre zählte, wurden sie von Hanau nach Steinau, in fast ländliche Abgeschiedenheit versetzt. Steinau ist ein altes Städtchen; mit Mauern und Thürmen umgeben, liegt es mitten unter Wiesen und Obstgärten im Kinzigthale, wo die Vorberge des Vogels=

berges, des Spessarts und der Rhön sich treffen; ein Schloß mit Wall und Graben steht auf der nächsten Höhe; die Ruinen des Brandensteins und des Steckelbergs zeigen sich in der Ferne. In Steinau war Jacobs Großvater siebenundvierzig Jahre lang Pfarrer gewesen; sein Vater war dort geboren und wurde jetzt an dem Orte Justizamtmann.

Jacob und Wilhelm durchstreiften in gemeinsamen Spaziergängen fleißig die Gegend. Ein gewisser Sammelgeist regte sich in ihnen. Sie brachten Insecten, Schmetterlinge, Pflanzen nach Haus und zeichneten sie ab. Ihre Naturfreude war unerschöpflich und blieb ihnen ihr Leben lang getreu: mag sein, daß das angenehme Thal, in dem sie wohnten, den Sinn für die Landschaft in ihnen verstärkte; aber die herrlichste Gegend kann einen Gefühllosen nicht fühlend machen, und wer es ist, der hat an einem bescheidenen Blick ins Grüne genug.

Im Jahre 1791 kamen Grimms nach Steinau. An einem Januartage des Jahres 1796 stand der elfjährige Jacob am Fenster des alten Amtshauses, sah einem Leichenzuge nach und weinte: man begrub seinen Vater, der nicht älter als fünfundvierzig geworden war.

Die Mutter mit den sechs Kindern blieb in Steinau wohnen. Aber für Jacob und Wilhelm reichte der Unterricht, den sie dort bekommen konnten, nicht lange mehr aus. Sie gingen 1798 zu einer Tante nach Kassel und besuchten dort das Lyceum. Sie waren mit Schulstunden allzusehr überladen und erhielten von keinem ihrer Lehrer tiefgehende Anregung. Jacob zeichnete sich in allen Classen aus, und seine Lernbegierde schien mit den Jahren zu wachsen. Aber außer Schulbüchern und des Vaters Hinterlassenschaft kannten die Brüder wenig Bücher. In ihren Mußestunden beschäftigten sie sich mit Zeichnen und lasen unsere großen Dichter. Jacob wurde zuerst durch Schiller mehr angezogen, während sich Wilhelm sogleich mit Entschiedenheit Goethe zuwandte.

Im Frühjahr 1802 bezog Jacob die Universität Marburg, Wilhelm ein Jahr später. Der Vater war Jurist gewesen, die beiden ältesten Söhne sollten es auch werden. Der Vater hatte es nicht anders vorausgesetzt, und frühzeitig prägte er Jacob allerhand Definitionen und Regeln aus dem Corpus Juris ein; die Mutter wünschte es; die Aussicht auf baldige Anstellung schien hierbei gegeben und damit die Hoffnung, der zahlreichen und nicht begüterten Familie eine Stütze zu werden. Ein Semester lang hörte er die Vorlesungen ohne sonderliche Anregung: keine Ahnung, so scheint es, einer künftigen gelehrten Laufbahn; kein Gedanke an den großen Lebensberuf, den Deutschen ihr Alterthum emporzuheben: höchstens daß die vielbesuchten Collegien des oberflächlichen Wachler einen Blick auf den Zusammenhang der Litteraturgeschichte eröffnen konnten. Aber erst Savigny weckte in ihm den wissenschaftlichen Trieb.

Savigny lehrte seit 1801 in Marburg. Jacob Grimm

war im Wintersemester 1802 auf 1803 zum ersten Male sein Zuhörer, und blieb es bis Savigny im Sommer 1804 eine wissenschaftliche Reise nach Paris antrat. Er hatte anfangs gedacht, alle Lehrer wären gleich gut; aber unvermerkt wurden ihm Savignys Vorlesungen die liebsten. Er hörte nicht blos bei ihm, er prägte sich seine Mienen und Gebärden ein. Noch in den spätesten Jahren deutlich und bis in alle Kleinigkeiten war ihm der Marburger Savigny gegenwärtig, groß und schlank in grauem Oberrock, das dunkle Haar schlicht herabhängend.

Savigny pflegte in seinen Collegien den Zuhörern einzelne schwierige Gesetzesstellen zu schriftlicher Interpretation vorzuschlagen. Dies war der Anlaß zu persönlicher Bekanntschaft, das Ueberbringen der Arbeiten gab Gelegenheit zu Besuchen und vertrauterem Umgang. Savignys Wohnung, das kleine unscheinbare Haus, die hellen und sonnigen Zimmer, die duftige Aussicht auf das Gießener Thal, auf Wiesen, Lahn und Gebirge, die Kupferstiche, die in den Fensterecken hingen, und besonders die hohen Schränke mit der reichen Bibliothek: das alles stand unaustilgbar in Jacob Grimms Erinnerung fest. Er hatte bis dahin an Büchern empfindlichen Mangel gelitten, hier durfte er sich daran nach Belieben ersättigen.

Unnahbares Wesen und falsche Behandlung der Lehrer, auch kleine Zurücksetzungen der Schule, die für ein zartes Gemüth so empfindlich sind, hatten ihn in sich selbst zurückgedrängt. Seine Dürftigkeit und natürlicher Hang zur Einsamkeit mochten ihn auch in Marburg von dem Umgange der Altersgenossen ferner halten. Savigny in seiner ruhigen Güte befreite ihn bald von seiner Schüchternheit und erhöhte durch ermunternde Worte sein Selbstgefühl. 'Wenn ich frischen Athem bei Ihnen geschöpft hatte,' schreibt Jacob Grimm nach beinahe fünfzig Jahren an Savigny, 'und mich, ich wußte kaum wie, aus den Schranken gehoben fühlte, in denen meine ganze Art vorhin befangen war, schritt ich frohgemuth, über Stock und Stein springend die Stufen hinab nach Haus in mein kleines Stübchen. Damals,' fügt er hinzu, 'lag meine Seele offen vor Ihnen und ich hätte Ihnen alles vertrauen können.' Sein Herz war ergriffen, und der Geist folgte wohin das Herz zog. Das Wehen von Savignys milder Lehre weckte in ihm die wissenschaftliche Stimmung. Savigny und sein Wirken wurde des Schülers Vorbild. Der gelehrte Betrieb des römischen Rechtes begann ihn zu reizen. Das günstige Urtheil, welches Savigny gleich über seine erste Arbeit fällte, ließ ihn auf Erfolg hoffen und konnte die Lust zu einem Vorsatze verstärken, woran er längere Zeit festhielt.

Es kam schließlich anders. Aber je weniger allgemeine Gedanken bis dahin in seinem Geiste Platz gegriffen hatten, desto tiefer mußte Savignys Beispiel bei ihm einbringen und seine künftige Richtung bestimmen. Sein eigenes Wort ist: diesem Manne verdanke ich alle wissenschaftliche Anregung für mein Leben. Bei ihm lernte er die allgemeinen Forderungen des Wissens und der Methode kennen, die an einen Gelehrten gestellt werden. Und als er später seine Kraft auf ein anderes Gebiet wandte, mußte das Bewußtsein dieser Forderungen so lang ein Gefühl der Unbefriedigung in ihm erzeugen, bis er dieselben erfüllen konnte.

Wenn aber eine solche Wirkung vielleicht jeder seines Gegenstandes volle und seines Gegenstandes mächtige Lehrer geübt haben würde, so war doch anderes keinem wie Savigny eigen. Durch den Wust und Dunst der Doctrin hindurch zu den reinen und echten Quellen emporsteigen; die behandelten Dinge weniger mit begrifflicher Schärfe, als aus klarer und allseitiger Anschauung ordnen und gliedern; die einzelne Erscheinung durch alle ihre Gestalten geschichtlich verfolgen und so das Sein aus dem Werden begreifen: das war Savignys Weise schon damals. Die Achtung vor dem historisch Gewordenen, die Unempfindlichkeit gegen Philosophie, die Feindseligkeit gegen das Selbstvertrauen der modernen Gesetzgeber, die allzugroße Neigung, jede Person und Thatsache gleichsam auf ein besonderes Postament zu stellen und von ihren Bedingungen und Wirkungen abgelöst zu betrachten: das ist zwar später erst in Savigny deutlich zu Tage gekommen, aber lag zu tief in seiner Natur, als daß man es nicht schon damals bei ihm voraussetzen dürfte. Alle diese Züge traten auch in Jacob Grimm allmählich hervor. Wie Savigny das römische Recht des Besitzes durch die Jahrhunderte hin

in seiner Entwicklung betrachtete, so sollte Jacob Grimm
einst die Laute und Formen unserer Sprache historisch
verstehen lernen. Wie Savigny später die Codificationen
kritisirte, so sollte Jacob Grimm einst die gesetzgebende
Grammatik, die nur nach praktischen Regeln suchte, in der
Wissenschaft stürzen und durch eine recht absichtlich un=
praktische Naturgeschichte der Sprache verdrängen.

Als Jacob Grimm mit Savigny bekannt wurde, besaß
er bereits, was ihm niemand hätte geben können und woraus
seine ganze Richtung folgte: eine im engen Kreise geübte
Gabe liebevoller Beobachtung ohne Willkür, ohne früh ein=
seitige Neigung; eine schöne Fähigkeit, die Welt rein auf=
zunehmen und die Sachen ohne Brille zu sehen. Auf
einen so beschaffenen wirkte jetzt Savigny ein, verwandt
im innersten Wesen und dennoch ihm weit voraus: niemand
wird behaupten, daß trotz der Berührung die spätere
Aehnlichkeit zwischen beiden nur eine zufällige sei.

Die Bekanntschaft mit Savigny war die erste große
Wendung in Jacob Grimms Leben. Die zweite bereitete
sich fast um dieselbe Zeit vor. Im Jahr 1803 erschien
nicht blos Savignys epochemachendes Buch über das
Recht des Besitzes, sondern auch die Minnelieder aus dem
schwäbischen Zeitalter, neu bearbeitet und herausgegeben
von Ludewig Tieck. Der Bearbeitung selbst kann man
kein besonderes Lob ertheilen. Aber die Vorrede war sehr
anregend. Die deutschen Lyriker des dreizehnten Jahr=
hunderts erfreuten sich einer poetischen Technik wie kein

anderes deutsches Dichtergeschlecht. Sie waren unerschöpflich in den kunstvollsten Bindungen und Verschlingungen tadellos reiner Reime. Eine große Zahl mannigfaltiger Melodien und entsprechender Strophenformen ihrer stets gesungenen Gedichte tauchten auf, wurden eine Zeit lang gebraucht, mußten neuen Melodien, neuen Formen weichen. Diesen Glanz und diese Pracht der Form, wofür Tieck sehr empfänglich war, suchte er zu charakterisiren mit einem Enthusiasmus, über welchen Kältere lächeln konnten, der sich Gleichgestimmten mittheilen mußte. Er legte viel zu viel in die Dinge hinein und nahm einen Zusammenhang der Form mit dem Inhalt an, der nur in den seltensten Fällen wirklich vorhanden war. Er suchte aber außerdem eine vollständige Uebersicht der altdeutschen Dichtung zu geben und knüpfte daran Ausblicke auf italienische Poesie, auf Cervantes, auf Shakespeare, — um gleichsam sein ganzes Pantheon im Hintergrund erscheinen zu lassen.

Jacob Grimm las das Buch und fühlte sich mächtig ergriffen. Er stand in dem Alter von achtzehn Jahren, wo jugendlicher Enthusiasmus so leicht über das künftige Leben entscheidet. Er hatte zu den juristischen Studien als solchen kein inneres Verhältniß, sie waren ihm nur durch Savignys Persönlichkeit werth geworden. In seinem Innersten lag ein Schatz von Poesie und Heimatsgefühl, den die Natur und gute Menschen in ihm aufgehäuft hatten. Daran ward er durch Tieck gefaßt. Die deut-

liche Vorstellung von dem Ganzen einer Wissenschaft hatte
er bereits und liebte sie als ein Feld künftiger Thätigkeit:
jetzt gaben ihm die 'Minnelieder' Einblick in eine gelehrte
Beschäftigung, welche den doppelten Reiz des Poetischen
und des Heimischen ausübte. In Savignys Bibliothek
fand er eines Tages Bodmers Sammlung der Minnesänger und, durch Tieck neugierig gemacht, schlug er sie
auf. Er wagte noch nicht das Buch zu entleihen, aber der
Eindruck haftete, und die Lust blieb wach, in dies seltsame
halb unverständliche Deutsch tiefer einzudringen.

Er war noch lange nicht entschieden. Es klang nur
ein Ton aus der reichen romantischen Melodie in ihm
stärker nach. Als sein Bruder ihm auf die Universität folgte,
fingen sie an, sich gemeinsam eine Bibliothek zu gründen;
der alte kindliche Sammeleifer nahm die Richtung auf
Bücher; das künftige Amt und der gelehrte Beruf kündigten
sich an. Aber die altdeutschen Studien traten dabei noch
nicht bedeutend hervor. Nur die ästhetischen Interessen
im allgemeinen bestimmten ihre Wahl für die 'liebe'
Bibliothek. Sie suchten das Beste der neu erscheinenden
Poesie zu erlangen, und neben der Dichtung stand die
bildende Kunst; ja es scheint, daß diese letztere sie, vielleicht
im Zusammenhange mit ihren Uebungen im Zeichnen, eine
Zeit lang am meisten anzog. Jacob hat sich das ganze
1799 im Athenäum erschienene Gespräch 'Die Gemälde' von
Wilhelm Schlegel einmal eigenhändig abgeschrieben. Die
Romantik mit allen ihren Tendenzen fand in den Brüdern

gelehrige Schüler, und für einen breiteren Blick in die Welt der Kunst erhielt wenigstens Jacob bald die schönste Gelegenheit.

Im Januar 1805 ward er durch ein sehr verlockendes Anerbieten überrascht. Savigny forderte ihn auf nach Paris zu kommen und ihm bei den Vorarbeiten für seine Geschichte des römischen Rechts im Mittelalter zu helfen. Er war sogleich bereit, bat um die Einwilligung von Mutter und Tante, ging mitten im Semester fort und traf Anfangs Februar in Paris ein. Er wohnte bei Savigny, und wie förderlich ihm der beständige Verkehr mit diesem verehrten Manne sein mußte, läßt sich leicht denken. Jeden Tag außer Sonntag war er von 10 bis 2 Uhr auf der Bibliothek, und zu Hause bereitete er die Bibliotheksarbeiten vor. Aber es blieb ihm Zeit, die in Paris aufgehäuften Kunstschätze zu genießen. Neben Raffael betrachtete er, nachdem er eine gewisse Uebersicht gewonnen, fast nur die Gemälde von Lionardo da Vinci und Tizian, viel weniger die Correggios. Raffaels Cäcilie schien ihm 'ein trunkenes Bild'. Die Mona Lisa war ihm so lieb wie Raffaels Porträte. Unter den Antiken überstrahlten der Laokoon und der Apoll von Belvedere für ihn Alles. Wie geläufig es ihm damals war, seine Maßstäbe von der bildenden Kunst zu nehmen, zeigt folgender Satz in einem Brief an seinen Bruder: 'Der Goethe ist ein Mann, wofür wir Deutsche Gott nicht genug danken können; er kommt mir gerade wie Raffael vor, ohne daß ich deshalb Schlegel und Tieck mit Dürer, Eyck, Bellini vergleichen will.'

Wilhelm schrieb ihm Briefe voll Sehnsucht und Liebe. Von den ersten Tagen nach dem Abschiede weiß er ihm nichts zu sagen, als daß er sehr traurig war. 'Und noch jetzt,' fährt er fort, 'bin ich wehmüthig und möchte weinen, wenn ich daran denke, daß Du fort bist. Wie Du weggingst, da glaubte ich, es würde mein Herz zerreißen, ich konnte es nicht ausstehen, gewiß Du weißt nicht, wie lieb ich Dich habe.' Jacob schrieb: 'Des Nachts bin ich noch immer in Deutschland. Sehr oft träumt mirs auch, ich sollte jetzt weggehen nach Paris und hätte Abschied zu nehmen. So habe ich mich sogar einmal vor die Bibliothek (die eigene!) gestellt, um sie vor meiner Abreise nochmals zu sehn.'

In dieser Zeit der Trennung wurde der förmliche Beschluß gefaßt, Zeitlebens zusammen zu bleiben. Jacob erklärt am 12. Juli 1805: 'Lieber Wilhelm, wir wollen uns einmal nie trennen, und gesetzt, man wollte einen anders wohin thun, so müßte der andere gleich aufsagen. Wir sind nun diese Gemeinschaft so gewohnt, daß mich schon das Vereinzeln zum Tode betrüben könnte.' Wilhelm erwidert: 'Was Du schreibst von Zusammenbleiben, ist alles recht schön und hat mich gerührt. Das ist immer mein Wunsch gewesen, denn ich fühle, daß mich niemand so lieb hat als Du, und ich liebe Dich gewiß ebenso herzlich.'

Jacob ließ sich auf der Pariser Bibliothek die berühmte Prachthandschrift der Minnesänger geben, bewunderte ihre Bilder und schrieb Einiges daraus ab, das er an Wilhelm schickte, um es in die Tieckschen "Minnelieder" hineinzulegen. Wilhelm verglich Original und Bearbeitung und fand, daß Tieck nicht viel geändert habe: was er billigte. Bei dieser Gelegenheit macht er zu Jacob die Bemerkung: "Ich habe daran gedacht, ob Du nicht in Paris einmal unter den Manuscripten nach alten deutschen Gedichten und Poesien suchen könntest, vielleicht fändest Du etwas, das merkwürdig und unbekannt." Aus dieser Stelle geht ebensowohl hervor, daß die Brüder angefangen hatten, sich für altdeutsche Dichtung zu interessiren, wie daß sie noch nicht angefangen hatten, sich für altdeutsche Dichtung mehr als für alles andere zu interessiren. Aber gerade der Aufenthalt in Paris lockte, wie Jacob bezeugt, zum Studium der mittelalterlichen Litteratur. Der Minnesängercodex war nicht die einzige alte Handschrift, die er aufschlug. Seltene Bücher fielen ihm in die Hände; die geliebte Bibliothek erhielt manche Vermehrung; und nach Jacobs Rückkehr waren die Brüder bald über ihren Lebensberuf nicht mehr in Zweifel.

Jacob konnte sich schon im September 1805 nach ungefähr achtmonatlichem Verweilen auf den Heimweg machen, holte Wilhelm in Marburg ab und traf bei der Mutter in Kassel ein, wohin sie sich unterdessen von Steinau gezogen hatte. Jacob zeichnete später auf: "Von Paris kam ich im October 1805 in Kassel Abends an, die Mutter war ausgegangen zur Tante, in der Stube war aber die alte bekannte Uhr und warm; wir gingen ihr heimlich entgegen und begegneten ihr auf dem Marställerplatz mit einer Laterne."

Examina wurden, wie es scheint, damals in Hessen nicht immer verlangt. Jacob Grimm, der seine Universitätsstudien vor der Zeit abgebrochen hatte, durfte sich gleich um eine Stelle bewerben. Er wäre gern Assessor oder Secretär bei der Regierung geworden, konnte jedoch nicht ankommen, so daß er sich mit dem Amt eines Secretariats-Accessisten kurfürstlichen Kriegscollegiums begnügen mußte, das ihm etwa im Januar 1806 zu Theil wurde. Er bekam hundert Thaler Gehalt und hatte viele geistlose Arbeit zu leisten. Aber er war zufrieden und wendete seine Muße dem neuerwählten litterarischen Studium zu.

Er sollte sich nicht lange ruhiger Thätigkeit erfreuen. Die Schlacht bei Jena veränderte von Grund aus auch die hessischen Verhältnisse. Am 1. November 1806 zogen die Franzosen in Kassel ein. Der Kurfürst entfloh. Jacob Grimm sah, wie die hessischen Soldaten in ohnmächtigem Schmerz ihre Gewehre nieder auf die Pflastersteine warfen. Das Kriegscollegium hatte nur noch mit der Verpflegung durchmarschirender französischer Truppen zu thun. Jacob Grimm, der geläufig französisch sprach, ward unaufhörlich herangezogen. Er fand die Plackerei zu arg, nahm seine Entlassung, bewarb sich um einen

Platz bei der öffentlichen Bibliothek, erhielt ihn nicht und blieb ungefähr ein Jahr lang ohne Stellung.

Es war eine traurige Zeit. Um ihn her das Elend der Fremdherrschaft, und kein Amt, keine tägliche Pflicht, in deren Drang er es hätte vergessen können. Zu alledem am 27. Mai 1808 der Tod seiner Mutter: der tiefste Schmerz, wie er sagt, der ihn in seinem ganzen Leben betroffen. Er zeichnet auf: 'Die Mutter phantasirte und träumte in ihrer Sterbensnacht, daß die Franzosen ver= lören und die Hessen siegreich auf einer Wolke himmelan flögen. Sie sprach alles laut aus.'

Hätte sie nur wenige Monate noch gelebt, so wäre ihr die Befriedigung geworden, ihren ältesten Sohn ver= sorgt und in einer Lage zu wissen, in der er auch für seine jüngeren Geschwister sorgen konnte. Er wurde durch Johannes von Müllers Vermittelung am 5. Juli 1808 Privatbibliothekar des Königs Jerome und am 17. Februar 1809 außerdem **Auditeur au Conseil d'Etat**, mit einem ansehnlichen Gehalte, das rasch von 2000 auf 4000 Franken stieg. Seine Amtsgeschäfte waren äußerst geringfügig. Von Gesellschaften hielt er sich fern. So weilte er mit kleinen Unterbrechungen über seinen Büchern, bei unseren alten Dichtern. Diese für seine ganze Entwickelung und für die Ausbreitung seiner Kenntnisse so wichtige Zeit dauerte bis Ende 1813. Wilhelm durchlebte sie neben ihm, mit ihm, in gemeinsamen Arbeiten: nur 1809 war er, um seine hart angegriffene Gesundheit wiederherzustellen, den größten Theil des Jahres in Halle und Berlin. Und zur Zeit der Kämpfe gegen Napoleon wurden sie gleichfalls auseinander gerissen.

Ende 1813 kehrte der Kurfürst zurück. Es war derselbe, über dessen Vertreibung, nach Schlossers Ausdruck, sich alle Menschen und wahrscheinlich auch die Engel im Himmel gefreut hatten. Aber die Anhänglichkeit seines Volkes, die er so wenig verdiente, die sein Geiz, seine Habsucht nicht hatte ersticken können, war auch unter dem französischen Regimente lebendig geblieben. Er ward mit einem unbeschreiblichen Jubel empfangen, und die Brüder theilten, wie es scheint, den allgemeinen Enthusiasmus. 'Wir liefen,' erzählt Jacob, 'an dem offenen Wagen durch die Straßen hin, die mit Blumengewinden behangen waren.'

Dabei war es sehr zweifelhaft, was diese bejubelte Rückkehr ihnen persönlich bringen würde. Indessen stand Jacob doch noch gut angeschrieben; seine Tante war erste Kammerfrau der Kurfürstin und konnte zu seinen Gunsten wirken. Der allgemeinen Rückwandelung der Dinge auf den Stand vor sieben Jahren entging er natürlich nicht. Das restaurirte Regime kannte keinen Bibliothekar Grimm. Aber der Kriegssecretariats-Accessist Grimm wurde zum Legationssecretär befördert. Er war als solcher zweimal in Paris, dazwischen auf dem Congreß in Wien. Seine Geschäfte erledigte er gewissenhaft, aber ohne eigentliche Theilnahme daran. Die Hauptsache war ihm, alle freien Stunden für die Benutzung der Bibliotheken zu verwenden, die ihm auf seinen Reisen zugänglich wurden. Auch wenn ihm nicht längst andere Lebensziele vorgeschwebt hätten, würde ihn die Diplomatie nicht angezogen haben. Er meinte, selbst bei einem ruhigen Ort und in Friedenszeit müsse das diplomatische Fach zu viel langweilige Bekanntschaften herbeiführen. Höchstens in einer Zeit wie die damalige glaubte er etwas leisten zu können, wenn er mit einfachen Leuten wie Stein zusammenkäme. Aber sein Entschluß stand fest, sobald es irgend möglich, wieder zu dem stilleren Leben des Gelehrten zurückzukehren. Als er daher bei dem Bundestag in Frankfurt angestellt werden sollte, bedachte er sich keinen Augenblick, die Stelle abzulehnen. Er wurde den 16. Mai 1816 zweiter Bibliothekar an der Kasseler öffentlichen Bibliothek, wo seit dem Februar 1814 Wilhelm Secretär war.

Von da an haben sich die Brüder auf längere Zeit nicht mehr getrennt. Das Ziel ihrer Wünsche war erreicht. Bei mäßigen Bedürfnissen strebten sie, obgleich ihr Gehalt nur gering war, nicht höher und weiter. Sogar einen Ruf nach Bonn, welcher im Jahre 1816 von Eichhorn, wie es scheint durch Savigny, an sie gelangte, lehnten sie ab, ohne davon viel Aufhebens zu machen. Die Professur würde sie mehr in Anspruch genommen haben, als sie ihren Arbeiten zu Liebe gewünscht hätten. Und als gute Hessen wollten sie in ihrem Geburtslande leben und sterben.

Diese Kasseler Jahre von 1816 bis 1829 nennt Jacob die ruhigste, arbeitsamste und vielleicht auch die fruchtbarste Zeit seines Lebens. In der That war sie die wichtigste für die Geschichte der altdeutschen Philologie. Es war die Zeit, in welcher für das Studium der deutschen Sprache und des deutschen Alterthums eine neue Epoche anbrach. In das Jahr 1816 fällt eine Anzahl von Publicationen, die nach verschiedenen Seiten hin für bahnbrechend gelten müssen und durch welche die ersten ebenbürtigen Mitarbeiter auf dem Gebiete der altdeutschen Philologie sich mit ihren ersten bedeutenden Arbeiten neben die Brüder hinstellten. So mag dies der Zeitpunct sein, bei dem wir zurückschauen auf die bisherigen Leistungen der Brüder, auf die Leistungen ihrer Zeitgenossen, auf die Leistungen ihrer Vorgänger.

Zweites Kapitel.

Die Anfänge der altdeutschen Studien.

Die Entwickelung der altdeutschen Philologie, ihre stufenweise Loslösung von anderen Wissenschaften vergleicht sich mit der Geschichte der Landschaftsmalerei. Wie die Landschaftsmalerei zuerst nebensächlich und beiläufig im Gefolge der historischen auftritt, dann allmählich die Figuren zur Staffage herabdrückend oder ganz verbannend, mit noch mangelhaftem Auge für die wahre Gestalt der Dinge, anfangs nur das Schroffe und Steile, das Weite und Fernsichtbare darstellt, hierauf erst der realistischen Landschaft sich nähert und sie endlich erfaßt: so wurde die altdeutsche Philologie durch verschiedene Hinterthüren — der Geschichte, der Theologie, der Jurisprudenz, der Aesthetik, der allgemeinen Litteraturwissenschaft — nebenher in die deutsche Wissenschaft eingeführt; wagte sich dann, als sie ihrer selbst sich bewußt zu werden anfing, gleich an ihre höchsten Probleme, suchte die tiefsten und weitverzweigtesten Ursprünge zu enthüllen; mußte jedoch schließlich in bescheidener Arbeit, vom Kleinsten langsam aufsteigend, sich die Kräfte sammeln zum Größten, dem sie nun erst energisch zustreben konnte.

Die mittelhochdeutsche Litteratur lebte bis ins sechzehnte Jahrhundert ziemlich ununterbrochen fort; noch Kaiser Max ließ eine Anzahl der vorzüglichsten Gedichte des dreizehnten Jahrhunderts neu abschreiben. Am Vorabende der Reformation begannen die Deutschen ihre Vergangenheit systematisch zu erforschen; auch hier Kaiser Max voran, dieser Wunderliche, Liebenswürdige, Vielseitige, Unermüdliche; er regte die Arbeiten der Celtes, Peutinger, Stabius an, wie der Freiherr vom Stein die Monumenta Germaniae. Der von ihm gegebene Anstoß zur Veröffentlichung unserer alten Historiker wirkte ununterbrochen fort: nicht ebenso seine Liebe zu den alten Gedichten. Jener kündigte eine neue Zeit an, diese war der letzte Nachklang der geschwundenen. Die edelsten Erzeugnisse unserer mittelalterlichen Poesie blieben vergessen bis tief ins vorige Jahrhundert. Das einzige Nibelungenlied tauchte zuweilen bei Historikern auf, weil es wegen seiner geschichtlichen und geschichtlich geglaubten Namen Attila, Dietrich, Rüdiger als eine historische Quelle betrachtet ward. An so manchen anderen altdeutschen Dichtungen, die noch lang in modernisirten

Texten gedruckt und wiederholt aufgelegt wurden, gingen die Gelehrten unbekümmert vorüber.

Die gelegentlichen Publicationen älterer deutscher Texte, die um die Mitte des sechzehnten Jahrhunderts begannen, trafen lauter Denkmäler von einem gewissen Werth durch ihre Sprache, ziemlich werthlos nach ihrem Gehalt, wie sie den Herausgebern beim Durchstöbern lateinischer Handschriften in solche zufällig eingestreut begegnet waren. Das Motiv dieser Veröffentlichungen ist meist kein anderes, als das sehr oberflächliche: den Lesern historischer und kosmographischer Werke eine Vorstellung von der ältesten deutschen Sprache zu geben, oder wohl auch um den Beweis zu führen, daß die alten Franken wirklich deutsch gesprochen hätten. Immerhin wurde dadurch die Begierde nach möglichst altem und seltsam klingendem Deutsch geweckt und machte sich in den zunächst folgenden Zeiten fast zwei Jahrhunderte lang geltend. Hierzu trat das alles andere überwiegende theologische Interesse, welches ebenfalls nicht auf die Werke der eigentlichen Blüteperiode der alten Poesie, sondern hauptsächlich auf die Dichtungen und Prosaschriften der karolingischen bis zur fränkischen Epoche führte. Größere Werke kamen nun bald an die Reihe: 1571 ward Otfrieds Evangelienbuch zum ersten Male gedruckt, 1598 Willirams Paraphrase des hohen Liedes. Die Ausgabe des Otfried wurde durch das Haupt der strengen Lutheraner, den streitfertigen Gegner Melanchthons, Mathias Flacius, befördert:

er meinte in Otfried einen alten Zeugen für die lutherische Lehre zu finden, die guten Werke seien zur Seligkeit nicht nothwendig. Der eigentliche Herausgeber war ein Augsburger Arzt: wie zwei Jahre vorher ein Antwerpener Arzt das gothische Vaterunser edirt hatte.

Im Anfange des siebzehnten Jahrhunderts machten sich die Historiker Melchior Goldast und Marquard Freher, beide schon der historisch wichtigeren alten weltlichen Poesie geneigt, und neben ihnen der Jesuit Brower, der Geschichtschreiber von Fulda und Trier, um die Publication unserer alten Sprachdenkmäler verdient. Mit dem dreißigjährigen Krieg aber trat eine große Unterbrechung ein. Nur der Wormser Buchhändler Vögelin hatte den Muth, aus Frehers Nachlaß Einiges dem Druck zu übergeben; Opitz suchte durch die Ausgabe des Annoliedes, er und andere schlesische Dichter durch Modernisirungen, Citate und sonstige Hinweisungen die ältere deutsche Dichtung ihren Zeitgenossen nahe zu bringen; Enoch Hanmann entwarf in seinen Anmerkungen zu Opitzens deutscher Poeterei eine Art Geschichte der deutschen Litteratur; und teutonische Satiriker wie Moscherosch citirten die Minnesänger.

Neue allgemeinere Regsamkeit zeigte sich zuerst wieder in den sechziger Jahren des siebzehnten Jahrhunderts. Mehrere bedeutungsvolle litterarische Denkmäler kamen ans Licht: das sächsische Taufgelöbniß; das Lied von Christus und der Samariterin; die Freisinger Exhortation; und vor allem, durch Franz Junius, die gothische Bibel.

Junius, ein in Heidelberg 1589 geborener Franzose, hatte sich erst um die Mitte des Jahrhunderts, in weit vorgeschrittenem Alter, diesen Studien gewidmet, und sie mit jugendlichem Feuer, mit bewunderungswürdiger Kraft gepflegt. Er lebte meist in Holland und England und war in der Schule der holländischen Philologen emporgekommen. Das Angelsächsische bildete das erste Ziel seines schönen Eifers; daran schloß sich das Friesische, das Althochdeutsche, endlich das Gothische. Er sammelte einen reichen Schatz von Gelehrsamkeit und ließ 1655 der Welt die ersten Proben davon sehen. Er machte den ersten ernstlichen Anfang zu einer etymologischen Vergleichung der germanischen Sprachen unter einander. Die gothische Bibel erhielt er durch seinen Neffen Isaak Vossius. Sie erschien 1665.

In drei Jahrzehenden bis gegen Ende des Jahrhunderts war dann ein Stillstand bemerklich. Hierauf in drei weiteren Jahrzehenden wuchs allmählich die Lust an den Gegenständen und vermehrte sich die Zahl der Theilnehmenden: bis diese fast ausschließlich der ältesten, nicht der mittelhochdeutschen, Litteratur gewidmeten Bemühungen um 1730 zu einem einstweiligen Abschlusse gelangten. Denn von geringfügigen Nachträgen durch Liturgiker und Theologen abgesehen, ist das Material zur Kenntniß der gothischen und althochdeutschen Litteratur erst in unserem Jahrhundert wieder beträchtlich vermehrt worden. Schilter, Rostgaard, Palthen, von Stade, Eckhart, Pez, Scherz waren die Namen derjenigen, welche sich in den letzten Jahren des siebzehnten und im Anfange des achtzehnten Jahrhunderts darum besonders verdient machten. Der Straßburger Jurist Schilter war durch das Studium der germanischen Volksrechte zu der alten Sprache geführt worden; Eckhart, der Schüler und Gehilfe von Leibniz, Convertit, erst hannöverscher, dann bischöflich würzburgischer Historiograph, durch etymologische und historische Forschungen; der österreichische Benedictiner Hieronymus Pez durch eine Quellensammlung für österreichische Geschichte und dessen Bruder Bernhard Pez durch die geistliche Litteratur des Mittelalters, zu deren Wiederbelebung die französischen Benedictiner das Beispiel gegeben hatten. Die Thätigkeit aller der genannten Gelehrten beschränkte sich in der Regel auf buchstäbliche Textabdrücke, auf deren sprachliche und sachliche Commentirung, auf Anfertigung von Wörterbüchern. Nur Eckhart schritt über diesen Kreis hinaus bis zu mythologischen Erörterungen fort, denen wer sie kennt Lob nicht versagen wird. Die historische Grammatik, welche gleichzeitig durch die nächsten Nachfolger des Franz Junius, den Engländer George Hickes und den Holländer Lambert ten Kate, die erste bedeutende Pflege fand, mußte in Deutschland noch ganz zurückstehen und blieb mit wenigen Ausnahmen unangebaut auch während des achtzehnten Jahrhunderts und des beginnenden neunzehnten, bis Jacob Grimm ihr ein neues Licht aufsteckte.

Um die Mitte des vorigen Jahrhunderts begann

jedoch eine neue Richtung der altdeutschen Studien, welche zwar über Textabdrücke und deren Erklärung noch nicht wesentlich hinauskam, aber sich anderen Gegenständen der Forschung zuwandte und dabei einen immer wachsenden Eifer an den Tag legte. Die mittelhochdeutsche Poesie, die deutsche Dichtung der Staufischen Zeit trat sogleich in den Mittelpunct. Daneben lockte das deutsche Heidenthum, die Germanen des Tacitus und die alte scandinavische Dichtung, in der man Ersatz suchte für den untergegangenen Reichthum einheimischer mythologischer und Heldenlieder. Endlich trat auch Hans Sachs und die übrige Reformationslitteratur in den Kreis dessen, was die Zeit unter Altdeutsch begriff.

Das Verlangen nach Vervollständigung ihres Materials liegt in jeder Wissenschaft, und die Wendung zu neuen Gebieten der Arbeit pflegt sich überall dann einzufinden, wenn eine gewisse Zahl ursprünglich vorschwebender Aufgaben ihre Erledigung gefunden hat oder sich dieser Erledigung nähert. Ja, schon die bloße gesteigerte Wärme des Suchens und Findens treibt den Forscher, alles Erreichbare zu erfassen und in den Kreis seiner Bemühungen zu ziehen. So waren im Anfange des siebzehnten Jahrhunderts Goldast und Freher auf die Minnesänger geführt worden; so machten im Anfange des achtzehnten Jahrhunderts Schilter und der gleichfalls schon erwähnte Straßburger Professor Scherz den Uebergang zu der Poesie der Staufischen und der späteren Zeit. Dort hemmte der dreißigjährige Krieg die weitere Entwickelung; hier förderte sie eine Reihe von günstigen Umständen.

Wie verschieden auch die Wege gewesen waren, auf welchen bis dahin die Gelehrten in die ältere vaterländische Litteratur und Sprache gelangten, wie sehr solche Studien bei manchen eine Nebenbeschäftigung blieben: längst war doch die selbständige Freude daran und nicht die zufällige Brauchbarkeit zu anderen Zwecken das Motiv geworden, das sie dabei ausharren ließ. Man darf sagen: die altdeutschen Studien hatten in dem gelehrten Gesammtbewußtsein bereits eine Stelle, wenn auch eine äußerst bescheidene. Wem deutsche Sprache und deutsche Litteratur überhaupt am Herzen lag, der blickte auch schon auf die altdeutsche Sprache, auf die altdeutsche Litteratur hinüber. Die deutschübende poetische Gesellschaft in Leipzig zum Beispiel setzte sich unter anderem vor, auch die deutschen Dichter der alten und mittleren Zeiten zu untersuchen; und Gottsched, ihr Senior, brachte in seinen Zeitschriften und in Programmen etwas Aehnliches theilweise zur Ausführung. Was er that, war nicht einschneidend, aber immerhin achtungswerth und ziemlich umfassend: Berichte über einschlägige neue Bücher, über altdeutsche Dichtungen und Prosadenkmäler; Artikel eines Handlexikons der schönen Wissenschaften über einzelne Minnesänger; Uebersetzung des Reineke Fuchs in ungebundene hochdeutsche Rede; und vor allem ein chronologisches, viele werthvolle Mittheilungen enthaltendes Verzeichniß der deutschen Dramen bis ins

achtzehnte Jahrhundert herab, Grundlage einer beabsichtigten
Geschichte des vaterländischen Schauspiels. Auch Gottscheds
Geistesverwandter und grammatischer Thronfolger Johann
Christoph Adelung (geboren 1734, gestorben 1806) stand
dem Altdeutschen nicht fremd gegenüber; er nennt das
Studium unserer litterarischen Vorzeit einmal sein altes
Lieblingsstudium, besaß davon eine gewisse Uebersicht und
bereicherte die Litteraturgeschichte durch eine freilich sehr
thörichte Hypothese über den Verfasser des Nibelungen-
liedes.

Aber bei weitem fruchtbringender als Gottsched wirkte
Bodmer und sein auch hierin ihm verbündeter Breitinger.
Ihnen schwebte kein Ideal von steifer Correctheit vor; ihre
Kunstanschauungen hinderten sie nirgends, alles Schöne,
das in ihren Gesichtskreis trat, anzuerkennen und zu lieben:
und die altdeutsche Litteratur lag ihnen näher, als vieles
andere. Bodmer war Professor der schweizerischen Geschichte
in Zürich. Seine historischen Studien konnten ihn auf
die alten Poeten führen. Historiker waren seine hauptsächlichsten Vorgänger gewesen. Der schweizerische Chronist
Tschudi interessirte sich für das Nibelungenlied, wovon
er eine Handschrift besaß; Goldast, wie wir wissen, war
für die Lyriker thätig. Bodmer, Aesthetiker und selbst
Poet, mußte von diesen Gedichten viel tiefer ergriffen
werden. Seines verehrten Opitz Vorbild und selbst seines
Gegners Gottsched Anregungen konnten ihn ebendahin
leiten und darin bestärken. Die vielen alterthümlichen

Elemente des schweizerischen Dialektes mußten ihm den Zugang dazu erleichtern. Wenn er sich schon bewußt war, 'welches Licht die Gemüthsart, die Denkart, die Sitten, die Manieren in der Historie einer Nation aufstecken, was für Einfluß diese Sachen in die öffentlichen Geschäfte, in die wichtigsten Thaten derselben haben' und wie unsere Minnesänger über diese Puncte die vollkommensten Nachrichten geben: so war doch nicht dies für ihn das eigentlich Anziehende an ihnen. Er rühmt die höflichen Sitten, die zärtlichen Empfindungen, die ehrliebenden, menschenanständigen Gedanken, die naive Ausbildung, die man darin finde. Auch handelte er von der Artigkeit in den Manieren der Mädchen, die von den schwäbischen Dichtern besungen werden, von der aus diesen bestätigten Wahrheit, daß die Liebe, die mit Hoffnung begleitet ist, einen Gefallen am Geistreichen habe, und von Aehnlichem in besonderen Aufsätzen. Aber das Wichtigste scheint die, wenn auch entfernte, Verwandtschaft zwischen der Poesie der Minnesänger und einem Theile der deutschen Lyrik, die sich soeben neu bildete. Aus den Gedichten der Minnesänger war manches in das Volks- und Gesellschaftslied der späteren Zeit übergegangen, und in die muntere volksthümliche Lyrik führte Hagedorn den Geschmack und die Correctheit der Minnesänger zurück. Sehr bezeichnend schreibt Bodmer 1747 von der altdeutschen Liebesdichtung: 'Es sind tausend Einfälle darin, deren Hagedorn sich nicht schämen dürfte.' In der That war

Hagedorn einer der ersten, die sich für die Minnesänger interessirten. Und Gleim, Michaelis, der Pastor Lange und seine Freunde, folgten ihm darin nach. Die Dichter des Göttinger Bundes studirten sie eifrig. Allen diesen, an Goethe gemessen, fehlt das Individuelle, Durchlebte, das eigenartig Gefühlte und doch an Ideen zur Allgemeinheit Hinaufgeläuterte: eben wie den Minnesängern. Daher die Anlehnung. Die altdeutschen Lyriker erhielten eine Stelle neben Horaz und Anakreon.

Bodmer hatte durch Johann Georg Scherz zuerst ausführliche Mittheilungen aus der Pariser Handschrift der Minnesänger erhalten. Derselbe Scherz machte zu Anfang des achtzehnten Jahrhunderts einen Theil der Fabeln des Dominicaners Bonerius aus dem vierzehnten Jahrhundert bekannt. Die Vorliebe Bodmers und Breitingers für die äsopische Fabel ließ auch diese Anregung bei ihnen nicht verloren gehen. Dazu trat 'das allervollkommenste Hauptwerk der Poesie', wie sie es nannten, das Epos, repräsentirt durch das Nibelungenlied und den Parzival. Und Bodmers Betriebsamkeit nahm schon andere Dichtungen in Aussicht: die Aeneide Heinrichs von Veldeke, den Trojanerkrieg Konrads von Würzburg, den welschen Gast. Von noch anderen sonst hatte er sich die Handschriften verschafft. Er setzte jeden für die deutsche Litteratur des Mittelalters in Bewegung, der sich dafür gewinnen ließ. Seine darauf bezüglichen Publicationen beginnen nicht lange nach seinen historischen, 1748. Die wichtigsten und größeren Ausgaben jedoch fallen erst in die Jahre 1757 bis 1759: der Bonerius, das Nibelungenlied, die Minnesänger. Wenige Jahre früher hatte Bodmer den Parzival bearbeitet, einige Jahre später erschien 'die Rache der Schwester', eine Bearbeitung des Nibelungenliedes in Hexametern. Ihr folgte 1774 eine gleiche Bearbeitung des Wilhelm von Oranse. Und noch 1781 eine freie Uebersetzung einiger Stücke des Nibelungenliedes im Balladenton. Bodmers Bearbeitungen machten die epischen Moden der Zeit mit: früher war der 'Messias' maßgebend, später das Volkslied.

Unabhängig von Bodmer wurde der große Lobredner der guten alten Zeit, Justus Möser, mit unserer alten Poesie bekannt. Es bezeichnet ebensosehr seine Begeisterung für alles Vaterländische, wie den Stand völliger Kindheit, in welchem sich das Studium der älteren vaterländischen Litteratur noch befand, daß Möser gegen Ende der vierziger Jahre den Plan fassen konnte, eine allgemeine Ausgabe aller deutschen Poeten, welche bis Ende des fünfzehnten Jahrhunderts geschrieben haben, zu unternehmen. Er mußte bald genug davon abstehen und hat auch beinahe nichts zur allmählichen Verwirklichung dieses Planes beigetragen.

Mehr geschah dafür durch eine Reihe von Männern, die zwischen 1735 und 1743 geboren, zur Zeit der wichtigsten Bodmerschen Publicationen in dem Alter standen, in welchem wir ganz besonders neuen bestechenden Eindrücken zugänglich sind. Man darf sie als Bodmers eigentliche Nachfolger betrachten. Im übrigen ist von den Eschenburg, Michaeler, Myller, Oberlin, Reinwald eben nichts Sonderliches zu berichten. Ihre hauptsächlichsten Arbeiten fallen erst in die letzten siebziger und ersten achtziger Jahre. Durch Myller insbesondere wurde damals eine beträchliche Zahl der besten Poesien des dreizehnten Jahrhunderts, freilich sehr fehlerhaft, edirt. Diesen Gelehrten reiht sich von älteren der Pfarrer Fulda an als Kenner des Gothischen, und der Hamburger Professor Gottfried Schütze, sowie der Gottschedianer und Kasseler Hofpoet Casparson als Herausgeber altdeutscher Gedichte.

Aber was sollen uns die todten Namen! Auch Lessing blieb nicht unberührt. 1758 schrieb er die Vorrede zu Gleims preußischen Kriegsliedern, und dazu sammelte er Verschiedenes von den alten deutschen Schlachtgesängen und Soldatenliedern. Ja er las sogar das sogenannte Heldenbuch, d. h. die im fünfzehnten und sechzehnten Jahrhundert gedruckten mittelhochdeutschen Gedichte von Ortnit und Wolfdietrich, vom Rosengarten und dem Zwergkönig Laurin; und diese Lectüre führte ihn dann weiter auf das Nibelungenlied, das soeben erschienen war und woraus er sich verschiedene Züge anmerkte, die, wie er sich ausdrückt, von dem kriegerischen Geiste zeugen, der unsere Vorfahren zu einer Nation von Helden machte. Beiläufig sah er aber auch, 'daß die Herren Schweizer eben nicht die Geschicktesten sind, dergleichen Monumente der alten Sprache und Denkungsart herauszugeben. Sie hätten in dem beigefügten Glossar unverantwortliche Fehler gemacht, schrieb er. Als dann seine Vorrede wirklich herauskam, machte er keinen großen Gebrauch von diesen Studien. Doch verglich er Gleim mit den Barden und Skalden. Jene galten ihm wie seiner Zeit überhaupt für die ältesten deutschen Dichter, Karl der Große habe ihre Lieder gesammelt. Die nordische Skaldenpoesie und das jüngere Geschlecht von Barden aus dem schwäbischen Zeitalter, ihre naive Sprache, ihre ursprünglich deutsche Denkungsart müsse derjenige kennen, der über Gleims Kriegslieder urtheilen wolle.

Wenigstens glaubte Lessing bei dieser Gelegenheit die ältere Sprache mit Geläufigkeit lesen gelernt zu haben, und das Heldenbuch fesselte ihn noch länger. Er schrieb einen ganzen Folianten darüber zusammen, um die Meinungen Goldasts und Grabeners, der eine Folge von Programmen darüber herausgegeben hatte, zu bestreiten. Unglücklicher Weise ging ihm der größte Theil dieser Materialien verloren. Indessen zeigt, was davon erhalten ist, große Fehlgriffe.

Andere Veranlassungen führten ihn wiederholt auf die frühere deutsche Litteratur zurück. Seine Arbeiten zur Geschichte des Epigramms auf den Logau. Seine Arbeiten zur Geschichte der äsopischen Fabel auf den Bonerius und Haug von Trimberg. Auch den Andreas Scultetus, von dem ihm zufällig einiges Treffliche in die

Hände gekommen war, zog er wieder hervor. Und daß er auf den Faust als Stoff zu einem Drama gerathen war, mag man gleichfalls hierher rechnen. Besonders in Wolfenbüttel hatte er oftmals Ursache, sich mit diesen Dingen zu beschäftigen. Seine Beiträge zur Geschichte und Litteratur, seine Briefe an Eschenburg, sein litterarischer Nachlaß, seine Collectaneen legen davon Zeugniß ab. Gleim schreibt einmal von 'vortrefflichen Resten des alten deutschen Verstandes', die ihm Lessing gezeigt habe; er bedauerte in den 'Beiträgen' nicht mehr von seinen lieben alten Minnesängern zu finden; und als er 1773 seine 'Gedichte nach den Minnesängern' herausgab, that er Lessing davon Meldung mit den Worten: 'Auch Ihnen wollt' ich's geheim halten, daß eine vaterländische Muse mich begeistert hat, Ihren Dichtern des dreizehnten Jahrhunderts einige Lieder in unserer härteren Sprache nachzusingen.' Endlich sei noch erwähnt, daß Lessing schon den Plan zu einem deutschen Wörterbuche gefaßt und dafür zu sammeln begonnen hatte. Wörterbücher zu allen unseren guten Schriftstellern, wie er selbst mit Ramler eines zu Logau anfertigte, schienen ihm der erste nähere Schritt dazu.

Ueberschlägt man diese ganze Thätigkeit, so kann man den Mangel an Einheit und Zusammenhang nicht läugnen. Man wundert sich auch wohl, daß Lessing, wie es scheint, ohne sonderlichen Antheil am Nibelungenliede vorübergegangen ist. Aber er müßte nicht Lessing gewesen sein, wenn er viel Geschmack daran hätte finden können.

Drängte sich ihm der Vergleich mit der Ilias auf? Er war so weit weg noch von der heutigen Anschauung des Epos, wie alle Welt damals; und es ist ihm vielleicht nicht entfernt in den Sinn gekommen, daß den Nibelungen in der Geschichte der deutschen Litteratur eine ähnliche Bedeutung beiwohnen könne, wie dem Homer in der griechischen. Wenn ihm aber der Gedanke durch die Seele flog, durch diese Seele, in welcher die homerischen Gedichte als episches Ideal feststanden: wie konnte eine Poesie dagegen aufkommen, der gerade das fehlte, was Lessing an der homerischen zu bewundern gewohnt war, die Ausführlichkeit der Darstellung, die sinnlich anschauliche Fülle des Details? Vollends das Nibelungenlied in der überlieferten Gestalt, mit seinen unechten Strophen, mit dem ganzen Trödelkram, den eine schnell geänderte Geschmacksrichtung ihm zu Anfang des dreizehnten Jahrhunderts aufhängte? Vor Allem aber: Lessing war eine überwiegend praktische Natur. Er sah, was Noth that, und legte gleich Hand an. Was sollte ihm zur Polemik gegen die Franzosen, zur Polemik gegen die beschreibende Dichtung, zur Polemik gegen Aftertheologie und Aftergelehrsamkeit: was sollte ihm dazu das Nibelungenlied? Der Reformer Lessing, unser Lessing, hatte nichts damit zu thun. Der Polyhistor Lessing, der Lessing des achtzehnten Jahrhunderts, widmete solchen Dingen neben anderen ein flüchtiges Interesse.

Lessings Stellung zur altdeutschen Litteratur ist vorbildlich für die Wissenschaft seiner Zeit überhaupt. Die zweite Hälfte des achtzehnten Jahrhunderts hat weniger dauernde wissenschaftliche Gründungen aufzuweisen, als die nothwendigen und unmittelbaren Voraussetzungen zu solchen Gründungen. Die heutige Geschichtswissenschaft ist nicht von Möser begründet: aber wie wäre sie möglich ohne ihn? Die heutige Litteraturgeschichte ist nicht von Herder begründet: aber wie wäre sie möglich ohne ihn? Die heutige Theologie ist nicht von Semler begründet: aber wie wäre sie möglich ohne ihn? Es war eine zu große Menge von Tendenzen, die sich gegenseitig hemmten und verdunkelten, weil sie meist in Einem Kopfe zusammen wohnten. Doch giebt es eine Rangordnung unter ihnen, und diese richtet sich nach ihrer praktischen Wichtigkeit. Darum stehen die Studien des classischen Alterthums allen übrigen voran. Darum beobachtet man in ihnen seit Winckelmanns Geschichte der Kunst und Lessings Laokoon einen stetigen ununterbrochenen Fortschritt, ein vollkommenes Ineinandergreifen und Aufeinanderwirken von Wissenschaft und Poesie. Ganz anders die altdeutsche Philologie und die allgemeine Litteraturwissenschaft. Ihr Schicksal ist nahezu dasselbe: ein helles Auftauchen, ein kräftiges Erfassen hier und da, verwandte Strebungen an verschiedenen Orten; aber jedesmal aus besonderen Antrieben und ohne andere Verbindung unter einander, als durch das einmal dafür rege Interesse.

Nehmen wir Klopstock zum Beispiel. Was hat uns

seine Richtung auf das Vaterländische eingetragen? Was haben uns alle die Hermanns-Tragödien eingetragen welche seit der neuen Auflage (1731) von Lohensteins 'sinnreicher Staats- Liebes- und Heldengeschichte' vom 'großmüthigen Feldherrn Arminius oder Herrmann nebst seiner durchlauchtigsten Thußnelda' — durch Möser, Elias Schlegel, Weitenauer, Ayrenhoff, Klopstock in die Welt gesetzt wurden? Was die Hermanns-Oden und -Epopöen? Eine unklare, verschrobene, lügenhafte Vorstellung vom germanischen Alterthum mit Barden und Druiden und dem übrigen Apparat haben sie uns eingetragen und weiter nichts. Klopstocks Autorität war groß unter den jungen Göttingern. Auf ihre Freiheitspoesie, ihren Tyrannenhaß hat er Einfluß gewonnen; aber nicht auf ihre Beschäftigung mit den Minnesängern. Diese ist vielmehr auf ihr Streben nach 'Naturpoesie' und auf die Täuschung zurückzuführen, mit welcher sie in den Minnesängern Naturpoesie zu haben glaubten.

Naturpoesie — wer spräche das Wort aus ohne Herders, ohne der letzten sechziger und ersten siebziger Jahre des vorigen Jahrhunderts zu gedenken? Es war die große Revolutionszeit der deutschen Literatur, und Herder ihr Theoretiker. Es war ein Aufschwung der Jugend, des Muthes, der strahlenden Begeisterung. Eine Gruppe genievoller Männer in dem Alter, wo man das Höchste und alles Höchste erfliegen, wo man eine Welt des Ruhmes in seine Arme fassen zu können meint.

Männer ohne schmerzliche Enttäuschungen, ohne lastende Vergangenheit, die ganze Zukunft vor ihnen offen. Shakspeare, Ossian, Volkslieder, Hans Sachs ihre Abgötter. Und aus dem Vulcane des eigenen innersten Empfindens und Denkens der Werther herausgeschleudert.

Treten wir näher und suchen das deutsche Element in Herder. Niemand vor ihm hat so schön von unserer Sprache geredet. Niemand vor ihm und wenige nach ihm so tiefsinnig von der Sprache überhaupt.

Unsere Sprache ist ein Geschöpf eigener Art, sagt er, das Aehnlichkeiten mit anderen, aber das Urbild in sich selbst hat. Wir wollen uns ihrer als eines Eigenthums rühmen, mit patriotischem Stolz Idioten sein, nach der griechischen Bedeutung dieses Wortes. Gegen die Griechen stehen wir zurück, aber unseren Nachbarn sind wir überlegen. Die Häufung der Consonanten giebt unserer Sprache einen abgemessenen sicheren Ton, einen vollen Klang, den vernehmlichen festen Tritt, der nie über und über stürzt, sondern mit Anstand schreitet, wie ein Deutscher. Die feine Abstufung der Vocale lindert die Kraft der Consonanten. Der Reichthum an Hauchlauten giebt der Rede das Liebliche. In unseren Sprachwurzeln ist eine malende Musik, eine große innere Stärke unmittelbarer Bezeichnung. Männlich und stark ist unsere Sprache in ihren Elementen. Sie ist reich und fest in ihren Silbenmaßen, gesetzt und langsam in ihren Wortverkehrungen, nachdrücklich und ernsthaft in ihren Idiotismen. An diesen, an Anderem war unser Schatz einst reicher. Vieles ist versunken, wir müssen es wieder emporheben.

Unsere Sprache ist ein erhabenes gothisches Gebäude noch zu Luthers Zeiten und noch mehr zu den Zeiten der schwäbischen Kaiser. Luther ist's, der die deutsche Sprache, einen schlafenden Riesen, aufgeweckt und losgebunden. Sie hat seit dem sechzehnten Jahrhundert von ihrer Vortrefflichkeit verloren, ist ein neumodisches Gebäude geworden, mit fremden Zieraten überladen. Der natürlichste Weg, um ihr wieder Charakter auf ihrem Boden zu geben ist: Nachforschen in altdeutschen Wörtern, in den Zeiten ihrer nervenvollen Stärke, und die Neubelebung dieses Alten. Aber hierin haben wir troß unseren deutschen Gesellschaften wenig oder nichts gethan. Ein deutscher Johnson fehlt uns noch, der das für die deutsche Sprache wagte, was jener für die seinige.

Ein Johnson? Nur ein Johnson? Herder selbst stellt ein Ideal des Sprachstudiums auf, ein Ideal des Sprachweisen, welches weit über Johnson hinausgeht, welches nur Einer wieder aufgenommen, nur Einer zu erfüllen getrachtet hat: Wilhelm von Humboldt.

Die Sprache ist nach Herders Ansicht nicht blos Werkzeug, sie ist auch Behältniß und Inhalt der Litteratur. Jede Sprache ist ein großer Umfang von sichtbar gewordenen Gedanken, ein unermeßliches Land von Begriffen. Jahrhunderte und Reihen von Menschen legten in dies Behältniß ihre Schätze von Ideen, so gut oder schlecht geprägt sie sein mochten. Der wahre Sprachweise würde uns eine Entzifferung der menschlichen Seele aus ihrer Sprache geben. Das müßte aber ein Mann von drei Köpfen sein, der Philosophie, Geschichte und Philologie verbände — der als Fremdling Völker und Nationen durchwandert und fremde Zungen und Sprachen gelernt hätte, um über die seinige klug zu reden — der aber zugleich als ein wahrer Idiot Alles auf seine Sprache zurückführte, um ein Mann seines Volkes zu sein. Auf dem großen Sprachfelde hat im Gebiete der Wissenschaften oder des gemeinen Lebens jeder einzelne Kreis von zusammengehörigen Personen, jede Secte, jede Zunft, ja jeder einzelne große Schriftsteller seine eigenen Ländereien, Felder und Blumenbeete. Erst wenn diese erforscht wären, könnte man einzelne Schriftsteller erschöpfend charakterisiren.

Sprache ist Form der Wissenschaften nicht bloß in welcher, sondern auch nach welcher sich die Gedanken gestalten. Sie giebt der ganzen menschlichen Erkenntniß Schranke und Umriß. Jede Nation spricht je nach dem sie denkt, und denkt je nach dem sie spricht. So verschieden der Gesichtspunct war, in dem sie die Sache nahm, bezeichnete sie dieselbe. Und da dies immer ein äußerer einseitiger Gesichtspunct war, so wurde derselbe zugleich mit in die Sprache hineingetragen, und jeder Einzelne an ihn gebunden, auf ihn eingeschränkt. Und so wieder: ein einzelner selbständig Denkender wird seiner Sprache eine eigene Form eindrücken, in welche sich seine Ideen hineinschlugen.

Herder deutet darnach eine Reihe von Aufgaben an, stellt eine Reihe von Fragen, welche alle den Einfluß betreffen, den die Sprache auf die Denkart einer Nation nimmt, und welche wir nur heute eben zu beantworten beginnen. Er entwirft einen Roman, wie er es nennt, eine Lebensgeschichte der Sprache. Er nimmt eine Kindheit an, da man noch nicht sprach, sondern tönete; ein Jünglingsalter, wo das Sprechen ein Singen war, wo man durch Gesänge lehrte; ein Mannesalter, die Periode der schönen Prosa, wo die Poesie Kunst wird und sich immer weiter entfernt von der Natur; ein Greisenalter endlich, wo Richtigkeit an die Stelle der Schönheit tritt, das Zeitalter der philosophischen Sprache.

Diese Ansichten sprach Herder aus im Jahre 1766. Das Folgenreichste ist die in jener Lebensgeschichte der Sprache mit eingeschlossene Unterscheidung zwischen Naturpoesie und Kunstpoesie. Und diese Unterscheidung findet sich schon in seinen frühesten ungedruckten Arbeiten. Seine Vorliebe ist bei dem Jünglingsalter der Sprache und Litteratur. Sein großes Beispiel dafür ist Homer. Homer noch allein. Zwar hätte er gerne, wie er sagt, unsere Sprache zum Beispiel gewählt, wenn nicht alle Gesänge der Barden und Druiden aus den Zeiten der wahren poetischen Natur verloren wären. Und über die singende Natur in den Skalden- und Bardengesängen könne er nicht urtheilen, da er sie nicht in ihrer Originalsprache kenne. Er meint die altnordische Poesie und den Ossian.

Von letzterem war 1764 die erste deutsche Uebersetzung erschienen, 1768 und 1769 die von Denis. Aus der Anregung dieser Gesänge und, wie Herder sagt, aus dem Reiz, welchen die Tugend der Frau Thusnelde und die Tapferkeit des Herrn Hermann auf die übergroße Moralität der Deutschen ausübte, entstand die deutsche Bardendichtung. Und als 'die Bardenwindsbraut brauste,' da rief man auch nach alten deutschen Bardengesängen, die Karl der Große gesammelt haben sollte. Noch zu Ende des achtzehnten Jahrhunderts setzte ein deutscher Edelmann einen Preis auf deren Wiederfindung.

Für die Kenntniß der altnordischen Poesie hatte der Däne Petrus Resenius 1665, in demselben Jahr, in welchem Franz Junius die gothische Bibel herausgab, den Grund gelegt. Er ließ die jüngere Edda mit einer dänischen und lateinischen Uebersetzung drucken. Er machte auch einzelne Gedichte der sogenannten älteren Edda bekannt, wozu dann erst 1787 die sämmtlichen übrigen mythologischen Lieder traten. Unterdessen erhielten die Deutschen seit 1765 aus der deutschen Uebersetzung von Mallets Geschichte Dänemarks, einem der ersten unter Voltaires Einfluß erschienenen historischen Werke, durch Uebertragungen und Auszüge einen bequemen und leidlich vollständigen Begriff von der jüngeren Edda. Sogleich

1766 machte Gerstenberg in seinem 'Gedicht eines Skalden' von der nordischen Mythologie denselben Gebrauch, den man bis dahin von der griechischen und römischen zu machen gewohnt war; und ebenso schnell folgte ihm Klopstock hierin nach. Herder urtheilte bald darauf sehr richtig: es sei ganz gleichgiltig, ob man statt griechischer und römischer littauische oder scandinavische Götter verwende, nur müßten diese Namen so durchgängig bekannt, mit so hohen Begriffen gleichsam verknüpft und unserer Sprache so angemessen sein, als die griechischen und römischen Namen der Götter.

Gerstenberg und Klopstock sahen die nordische Mythologie mit dem Auge des experimentirenden Poeten an, Herder sah sie mit dem sicheren Blicke des Historikers. Wo er sie zum ersten Mal erwähnt, macht er die Bemerkung, die Weltentstehung durch Frost, die Riesen, der große Wolf und sein Bändiger und Anderes sei mit Localfarben des Nordens gemalt, auf dem rauhen scandinavischen Grund und Boden gewachsen. Herder betrachtete jedes Litteraturproduct unter dessen sämmtlichen natürlichen und geistigen Bedingungen und eiferte gegen die Nachahmung solcher Producte, zu denen uns die Bedingungen abhanden gekommen sind oder von jeher gemangelt haben. Der Geschmack der Völker und unter Einem Volke der Geschmack der Zeiten habe sehr genau seinen Fortgang mit Denkart und Sitten. Um also dem Geschmack eines Volkes sich zu bequemen, müsse man seinen Wahn und die Sagen der Vorfahren studiren. Ein Dichter, der sich der Vortheile zu bedienen wünsche, welche den Spaniern und Italienern des sechzehnten Jahrhunderts der orientalisch=gothisch=katholische Geschmack ihrer Zeit und ihres Volkes gewährte, der müsse sich an die Mythologie der alten Skalden und Barden sowohl, als seiner eigenen Landsleute halten. Denn überall gebe es noch Spuren von diesen Fußstapfen der Vorfahren. Würde man sich nach alten Nationalliedern erkundigen, so würde man nicht blos tief in die poetische Denkart der Vorfahren dringen, sondern auch Stücke bekommen, die den britischen Balladen und den Romanzen der Spanier und überhaupt allem Besten dieser Gattung sich beigesellen dürften.

Die Bemerkung über Volkslieder, zu welcher die Litteraturbriefe, und zwar ein Lessingscher Brief, mit zwei littauischen Liedchen den ersten Anstoß gaben, war in diesem Zusammenhange nur beiläufig. Sechs Jahre später (1773) sprach Herder wärmer und dringender über denselben Gegenstand. Percys Sammlung englischer alter Volkslieder war mittlerweile in Deutschland bekannter geworden und hatte gleich bei ihrem Erscheinen (1765) den Wunsch rege gemacht, daß gleicher Fleiß auf die alten deutschen Gesänge verwendet werden möchte. Und seit 1770 war man wirklich in Herders Kreis so wie in Göttingen nach dieser Richtung hin ungemein thätig. In den schönen Briefen über Ossian und die Lieder der alten

Völker redete nun Herder abermals und ausführlicher von Homer, von Ossian, von den nordischen Gedichten, von den Gesängen der nordamerikanischen Indianer, von den Liedern der verschiedensten europäischen Völker, und von dem was in ihnen singt: von dem Geiste der Natur. Er gab Proben und suchte in Uebersetzung wie in ausdrücklicher Schilderung ihren Charakter zu erfassen, ihre sinnliche Kraft, ihre Lebendigkeit, ihre Kühnheit, ihr Sprunghaftes, die anscheinende Zusammenhangslosigkeit unter ihren einzelnen Theilen, die eben nicht anders sei, als unter den Bäumen und Gebüschen im Walde, als unter den Felsen und Grotten in der Einöde, als unter den Scenen der Begebenheit selbst. Er wies endlich darauf hin, daß wir in Deutschland keinen Mangel an solchen Poesien hätten. In mehr als Einer Provinz seien ihm Volkslieder, Provinziallieder, Bauerlieder bekannt, die an Lebhaftigkeit und Rhythmus, Naivetät und Stärke der Sprache vielen englischen, schottischen und anderen nichts nachgeben würden. Auch davon Proben und der laute Ruf nach unermüdlichem Sammeln in allen deutschen Gegenden und daß man sich dieser Poesie ja nicht schäme.

Herders Aufsatz erschien in den Blättern für deutsche Art und Kunst. Eben darin Goethes Aufsatz von deutscher Baukunst, wozu das Straßburger Münster ihn angeregt hatte. Ihn ergriff Alles, was ihm persönlich nahe trat. So theilte er auch damals Herders Begeisterung für Ossian, für Volkslieder und für alles Vaterländische.

Die deutsche Vergangenheit, in der Er sich bewegte, war das Reformationszeitalter. Dieses ragte durch die Volksbücher noch in die Gegenwart, mit denen er seit seiner Kindheit vertraut war. Hans Sachs, das Fastnachtspiel, die Lebensgeschichte des Götz von Berlichingen, das Volksbuch und Puppenspiel vom Dr. Faust, die Sage vom ewigen Juden lagen in seinem damaligen Gesichtskreise. Das Volkslied übte auf seine Lyrik eine sichtbare Wirkung aus.

Die Volkslieder wurden ein sehr wesentlicher Theil der deutschen Philologie in den siebziger Jahren des vorigen Jahrhunderts bis in den Anfang der achtziger. Das Deutsche Museum, 1776 gegründet, in welchem auch kein Jahr vorüberging, ohne daß auf ältere deutsche Litteratur Bezug genommen wäre, wurde der Mittelpunct dieser Bestrebungen. Hier erschien Bürgers 'Herzensausguß über Volkspoesie', der mit dem Wunsche schloß, es möge endlich ein deutscher Percy aufstehen, die Ueberbleibsel unserer alten Volkslieder sammeln und dabei die Geheimnisse dieser magischen Kunst, mehr als bis dahin geschehen, aufdecken. Hier trugen Eschenburg, Anton, Seybold und Andere zusammen, was sie von wirklichen oder angeblichen Volksliedern erreichen konnten. Hier erhob auch Herder noch einmal seine Stimme dafür: Großes Reich, Reich von zehn Völkern, Deutschland! Du hast keinen Shakespeare, hast du auch keine Gesänge deiner Vorfahren, deren du dich rühmen könntest, keine Abdrücke deiner Seele die Zeiten hinunter? Kein Zweifel! Sie sind gewesen, sie sind vielleicht noch da; nur sie liegen unter Schlamm, sind verkannt und verachtet. Noch neulich ist eine Schüssel von Schlamm öffentlich aufgetragen . . . Mit dieser Schüssel von Schlamm meint er Friedrich Nicolais 'kleinen feinen Almanach voll schöner echter lieblicher Volkslieder', der unter Lessings wenig verhehlter Mißbilligung in der Tendenz unternommen wurde, die ganze Vorliebe für Volkslieder durch eine Auswahl der schlechtesten darunter lächerlich zu machen, dabei aber doch auch solche Volkslieder aus der Dunkelheit zu ziehen, die wahre Naivetät hätten. Die Hauptabsicht mißlang vollständig. Und als bald darauf Herders Volkslieder, die freilich nur wenig deutsche Lieder enthielten, und eine kleine Sammlung von Elwert erschienen, so wurde deren Erfolg durch Nicolais Almanach eher gefördert als beeinträchtigt.

In der Vorrede zu den Volksliedern stellte Herder alle ihm erreichbaren Nachrichten und Beispiele von Volksliedern zusammen, welche sich in älteren deutschen Chroniken vorfinden: ausdrücklich um damit einer künftigen Geschichte deutschen Gesanges und deutscher Dichtkunst zu dienen. An eine solche dachte er sogleich, wie er schon in seinen ersten Schriften an eine Geschichte der griechischen Dichtkunst und Weisheit, an einen Winckelmann in Absicht der Dichter gedacht hatte. Für eine solche war um jene Zeit reiches Material zugewachsen.

In die achtziger Jahre fallen noch unter Bodmers Betheiligung die hauptsächlichsten Publicationen der älteren Generation altdeutscher Philologen, die wir bereits kennen lernten. Darunter war Christoph Heinrich Myllers 1782 bis 1785 erschienene Sammlung deutscher Gedichte aus dem zwölften, dreizehnten und vierzehnten Jahrhundert bei weitem am bedeutendsten. Ein Jahr vorher hatte man das erste mittelhochdeutsche Wörterbuch aus Scherzens Nachlaß erhalten: eine tüchtige wissenschaftliche Leistung. Sonst blieb es bei trockenen, oft sehr fehlerhaften Handschriftenabdrücken. Ein zusammenfassender, überschauender, ordnender Geist fehlte.

Herder wäre vielleicht der rechte gewesen; ihn zog jedoch zu viel anderes ab. Seine Beschäftigung mit der älteren Poesie war zu unvollständig, zu wenig anhaltend. Um selbst für eine Geschichte der deutschen Dichtkunst zu sammeln, dazu fehlte es ihm jederzeit an Gelegenheit und Geduld. Die langen, epischen Gedichte des Staufischen Zeitalters erschienen ihm ohne Unterschied des Werthes als Eine große Masse; er hatte die wenigsten gelesen: es fehlte ihm auch dazu nach seinem eigenen Geständniß an Lust und Muße.

Dagegen hatte er die Minnesänger mit größerem Eifer studirt. Schon 1770 las er in Darmstadt daraus vor. Die ungedruckte Jenaer Handschrift kannte er ziemlich genau und schrieb einige Gedichte daraus ab. Die Minnesänger fanden überhaupt unter Allem, was von älterer

deutscher Litteratur hervorgetreten war, den meisten An=
klang, bis sie in den achtziger Jahren durch das
Nibelungenlied nach und nach abgelöst wurden. Möser
schrieb 1776: 'Daß jetzt die Mode der Minnelieder die
Bardengesänge verdrängt habe, wird jedem bekannt sein.'
Nicht durch neue nachgemachte Minnelieder, aber durch
Veröffentlichung und gelegentliche Uebersetzung alter hatte
er selbst Theil daran. Er war sehr dafür eingenommen.
Man kann die Zärtlichkeit nicht höher und kräftiger aus=
drücken, sagt er, wie es die damaligen Dichter thaten; und
das Colorit ist so bezaubernd, ihre Sprache hat einen
solchen Silberton, daß man noch nach fünfhundert Jahren
davon entzückt wird. Etwas später schrieb Herder dar=
über im Deutschen Museum. Er fühlte ihre Unüber=
setzbarkeit. Jeden harten Buchstaben oder Vocal, sagt er,
den man aus unserer rauheren Sprache einschaltet, jedes
sanfte Bindewort, das man ausläßt, weil es uns ungeläufig
ist, jede Regel der Grammatik und Construction, die man
verändert, tödtet eine Grazie des Dichters. Aber merk=
würdig ist, wenn man Tiecks übermäßige Begeisterung
daneben hält, sein Urtheil über die Verskunst. Die
Minnesingerweise dünkt ihn oft langweilig. Die Strophe
ziehe sich in langen und kurzen Zeilen für uns tonlos
und matt dahin, wie sie in späterer Zeit bei den Meister=
sängern sich fast unausstehlich schleppte.

Herder hat auf diesem Gebiete positiv nichts ge=
fördert, keine neue Thatsache erschlossen, keinen frucht=

reichen litterarhistorischen Gesichtspunct gefunden. Aber, wo er der Sache mächtig war und wo es galt, eine augenfällige Schönheit ins Licht zu setzen, da war er unübertrefflich und von hinreißender Beredsamkeit: über das Gedicht auf den heiligen Anno zum Beispiel, welches er ein Pindarisches Loblied und den Zusammenhang seiner Glieder eine ungeheure gothische Kirche im schönsten Stil dieses Geschmackes nannte. Und trotz seiner lückenhaften Kenntniß faßt Herder, er allein damals, fast das ganze Gebiet der deutschen Philologie ins Auge, und wie sonst ist er unerschöpflich in Stellung neuer trefflich gewählter Aufgaben. Er weist auf die Wichtigkeit der reichen angelsächsischen Litteratur hin. Er tadelt die bisherige Gestalt der Geschichte des Mittelalters, welche ganz Pathologie und meistens nur Pathologie des Kopfes, das heißt des Kaisers und einiger Reichsstände, sei und welche doch Physiologie des ganzen Nationalkörpers werden und erforschen müsse, wie sich hierzu Denkart, Bildung, Sitte, Vortrag, Sprache verhalten habe. Er macht ferner aufmerksam auf die Unsicherheit, wie viel in den altdeutschen Poesien dem Stoffe nach original deutsch möchte gewesen sein. Er verlangt gelegentlich eine Untersuchung über den Ursprung und die Quellen der deutschen Novellendichtung, eine Abhandlung über die allmähliche Bildung der verschiedenen Dialekte Deutschlands, und ähnliches. Ja er weist auf die Volkssagen, Märchen, Aberglauben und Mythologie. Er nennt sie einen großen Gegenstand für den Geschichtschreiber der Menschheit, den Poeten und Poetiker und Philosophen. Er spricht schon von einer alten wendischen, schwäbischen, sächsischen, holsteinischen Mythologie, welche von dem Geiste der Edda voll sei und noch in Volkssagen und Volksliedern lebe. Er wünscht sie mit Treue aufgenommen, mit Helle angeschaut, mit Fruchtbarkeit bearbeitet. Kurz, er wünscht, was die Brüder Grimm in den Märchen und Sagen und was Jacob Grimm in der deutschen Mythologie geleistet hat. So viel bewußte Klarheit über die Ziele, und so wenig unmittelbare Wirkung!

Er schrieb im Jahre 1793: 'Ich glaube kein Wort davon, daß die Deutschen mehr als andere Völker für die Verdienste ihrer Vorfahren fühllos sein sollten. Mich dünkt, ich sehe die Zeit kommen, da wir zu unserer Sprache, zu den Verdiensten, Grundsätzen und Endzwecken unserer Väter ernster zurückkehren, mithin auch unser altes Gold schätzen lernen.'

Sie kam, diese Zeit. Und auf Herder fiel noch der erste Schein ihrer aufsteigenden Morgenröthe: er selbst gehörte zu den Vätern der Romantik.

Drittes Kapitel.

Romantik.

Die Brüder Grimm sind, wie wir schon beobachten konnten, aus dem Kreise der Romantiker hervorgegangen: sie erfuhren die Einwirkung von Männern wie Ludwig Tieck und Wilhelm Schlegel; sie waren mit Clemens Brentano und Achim von Arnim innigst befreundet; und die Wissenschaft, der sie dienten, erhielt von der Romantik einen überaus kräftigen, ja den eigentlich entscheidenden Anstoß.

Es gab schon vor dem Auftreten der Romantiker einige Leute, welche die ältere heimische und die verwandten germanischen Litteraturen als das Hauptziel ihrer wissenschaftlichen Thätigkeit ansahen; und sie sammelten sich 1791 um eine speciell der deutschen Philologie gewidmete Zeitschrift. Ihr Titel war einem nordischen Namen der Poesie entnommen: sie hieß Bragur, ein litterarisches Magazin der deutschen und nordischen Vorzeit'. Die Herausgeber waren zwei Schwaben: Christian Gottfried Böckh, der Schwager Schubarts, ein tüchtiger Pädagog, den zunächst die mittelhochdeutsche Lehrdichtung anzog, und Friedrich David Gräter, den Klopstocks Hermannsschlacht für germanisches Alterthum begeistert hatte. Die Wissenschaft stand im Bragur auf einem sehr niedrigen Standpunct. Es überwog die Rücksicht auf ein größeres Laienpublicum, das angeregt und gewonnen werden sollte. Gräter that viel für die Bekanntmachung der nordischen Poesie; er war unermüdlich in Bekämpfung der Verächter und Spötter, in Uebersetzungen, Auszügen, Bearbeitungen, Commentaren, Hinweisen aller Art; seine Zeitschrift brachte Mittheilungen über die Meistersänger, Volkslieder, übersetzte Minnelieder, antiquarische Notizen und Abhandlungen, Erklärungen altdeutscher Gedichte für solche, die gar nichts vom Altdeutschen verstehen. Aber was sollte das alles helfen?

Bei Gräter wie bei den anderen Fachgenossen, die um jene Zeit neu hinzutraten, Johann Christian Zahn, Friedrich Adelung, Erduin Julius Koch, erhält man recht deutlich den Eindruck, daß ein ganz neuer Impuls nothwendig war, um auf dem Gebiete des deutschen Alterthums ein fruchtbares wissenschaftliches Leben hervorzurufen. Diese Fachleute waren nur wohlmeinende Dilettanten, und der höhere Schwung mußte wo anders herkommen.

Er kündigte sich durch eine gesteigerte Werthschätzung

des Nibelungenliedes an, die von dem berühmten Geschichtschreiber der Schweiz ausging, der auch sonst in seinen Schilderungen des Mittelalters die romantischen Anschauungen vorbereitete.

Johannes Müllers Beschäftigung mit dem Altdeutschen fällt in die Jahre seines Aufenthaltes zu Kassel, 1781 bis 1783. Damals erschien in Berlin die Myllersche Gedichtsammlung mit Unterstützung seines Kasseler Gönners, des Staatsministers General v. Schliessen. Dieser pommersche Edelmann war selbst Schriftsteller. Eine Geschichte seiner Familie, worin er ausführlich von dem Zustande des älteren deutschen Adels handelte, und verschiedene anonyme Aufsätze im Deutschen Museum (über die Minnesänger, Heinrich von Veldeke, Hartmann von Aue) bezeugten seine Kenntniß der altdeutschen Litteratur. Jetzt las Johannes Müller mit ihm gemeinschaftlich jene eben erscheinende Sammlung und schrieb, um das Unternehmen seines Landsmannes Myller zu fördern, eine Folge von Anzeigen derselben, die er 1783 mit dem Nibelungenliede begann.

Er machte auf die deutlichsten historischen Beziehungen dieses vortrefflichen Gedichtes aufmerksam, auf welches die Nation stolz thun dürfe; und er verglich es mit der Ilias. Noch sieben Jahre vorher hatte Bürger gesagt: 'Geb' uns einer ein großes Nationalgedicht von der Art der Ilias und Odyssee, und wir wollens zu unserem Taschenbuch machen.' Wenn Müller das Nibelungenlied jetzt als ein solches Nationalgedicht bezeichnete, so sprach er nur eine

Meinung aus, die unter den Schweizern, die in Bodmers Kreis schon längst umging. Die Propaganda für das Nibelungenlied war eine schweizerische Herzenssache. Der schweizerische Maler Heinrich Füßli erklärte: 'Weit über dem Messias steht Chriemhildens Rache, das erste aller deutschen übrigen Gedichte.' Johannes Müller stellt zwar das griechische Epos über das deutsche; aber immerhin habe in den Nibelungen unsere Nation eine Probe gegeben, wie weit es die Natur im Norden zu bringen vermöge. 'In beiden Gedichten,' sagt er, 'sind mehr große Leidenschaften als große Menschen, größere Helden als Könige, und Gemälde von Unfällen, welche keine menschliche Seele kalt lassen können.'

In der Schweizergeschichte, die auch einen schönen Abschnitt über die Minnesänger enthält, setzte Johannes Müller den Preis des Nibelungenliedes fort. Er nannte es das älteste, größte, originellste Heldengedicht deutscher Nation, das die deutsche Ilias werden könne, und sprach die freilich unrichtige Ansicht von einer dreifachen Bearbeitung desselben aus: einer ersten in einer altgermanischen Mundart, aus welcher stamme, was von den Nibelungen Ausländer singen; einer zweiten oberdeutschen in der letzten Hälfte des zehnten Jahrhunderts, als der Haß neuer Hunnen, der Ungarn, deutsche Nationalsache wurde; einer dritten endlich im dreizehnten Jahrhundert, welche nur Uebersetzung der zweiten gewesen sei.

Der von Johannes Müller gegebene Anstoß wirkte sogleich weiter. Noch 1783 versuchte ein mit der Chiffre G. bezeichneter Mitarbeiter des Deutschen Museums, vermuthlich der Botaniker und Bibliothekar Paul Dieterich Giseke zu Hamburg, eine Uebersetzung des Schlusses, die im Gegensatze zu Bodmers Bearbeitungen sich möglichst treu an den Ausdruck, die Versart und die Reime des Originales hielt. Zugleich erzählte er den Inhalt des ganzen Gedichtes, den er abenteuerlich und unglaublich, oft schauderhaft und gräßlich, dem Geschmacke des Zeitalters gemäß fand. Das Ganze schien ihm nach einem überlegten Plane geordnet. Die Hauptrolle und die Direction des großen Trauerspieles habe der Dichter Kriemhilden gegeben, König Etzel verhalte sich fast leidend, unthätig wie ein König im Schachspiel. Derselbe Giseke, wenn er es ist, schrieb 1795 noch eine recht gute besondere Abhandlung über das Nibelungenlied.

In demselben Jahr erschienen Friedrich August Wolfs **Prolegomena ad Homerum**, der erste Schritt zu einer tieferen Einsicht in die Entstehung des volksthümlichen Epos und damit auch der erste Schritt zu einer neuen Auffassung des Nibelungenliedes. Wenn schon Herder gelegentlich behauptete, bei allen Völkern sei Epopöe und selbst Drama nur aus Volkserzählung, Romanze und Lied geworden; so wollte er damit nur die historische Aufeinanderfolge und den ursachlichen Zusammenhang andeuten, und daß die Ilias ursprünglich aus einzelnen großen Rhapsodien Verschiedener bestanden hätte, kam ihm dabei ebensowenig in den Sinn, wie Bürger, als er schrieb: die Muse der Romanze und Ballade habe die Ilias und Odyssee gesungen, diese Gedichte seien dem Volke, dem sie gesungen wurden, nichts als Balladen, Romanzen und Volkslieder gewesen.

Die Anregung Johannes Müllers bewirkte, daß den Romantikern sofort die Nibelungen in den Mittelpunct ihrer altdeutschen Studien traten; die Wolfschen Untersuchungen über Homer bewirkten, daß sie die Nibelungen herausnahmen aus der Reihe der übrigen Epopöen des Mittelalters und sie einer anderen Beurtheilung unterwarfen.

Verschiedene Motive mußten die Romantiker auf das Altdeutsche leiten. Der Plan einer allgemeinen Litteraturwissenschaft führte die Brüder Schlegel; der Zug seiner eigenen Poesie und Gemüthsverfassung führte Tieck dazu hin.

Tieck brauchte für seine nebulosen Schöpfungen eine Welt abgelöst von allen Bedingungen und Gesetzen der Wirklichkeit, anstatt der Wahrheit der Natur- und Geistesgesetze die angebliche Wahrheit der Phantasie. Mit Recht ward in Bezug auf ihn gesagt, die normale Dichtungsart der Romantik sei das Märchen. Einen ähnlichen Vortheil schien das Mittelalter zu gewähren, nicht das wahre, sondern das eingebildete von damals, das Mittelalter der Ritterdramen und Ritterromane mit seinen physiognomie=

losen, verschwommenen Personen und seinen einförmig biederen Gesinnungen. Tiecks bewegliches Gemüth war durch erlittene Unglücksfälle religiös gestimmt, durch die altdeutsche Kunst, die ihm in Nürnberg entgegentrat, durch seinen gleichgesinnten Freund Wackenroder, durch Jacob Böhme, Tauler und andere Mystiker, die er las, in solchen Stimmungen bestärkt und daher dem Mittelalter auch von der religiösen Seite geneigt. Die Poesie des Katholicismus empfand er wie viele Zeitgenossen, und der Geschmack an der älteren heimischen Poesie war schon durch andere litterarische Neigungen bei ihm vorbereitet. Goethes Götz gehörte zu seinen ersten Lieblingsbüchern; Goethes Faust wies auf Hans Sachs; die Volksromane, die auf den Jahrmärkten verkauft wurden, großentheils Producte des fünfzehnten und sechzehnten Jahrhunderts, traten ihm wie dem jungen Goethe nahe; der Gegensatz gegen ein Publicum, das sich für einen Kotzebue, Iffland und Lafontaine begeistern mochte, fand bei der Pflege der verachteten Volkslitteratur seine Rechnung; und schließlich reichte auch ein dünner Faden zu den Fachleuten hinüber, indem der früh verstorbene Wackenroder, der zur Zeit seiner Gemeinschaft mit Tieck altdeutsche Studien trieb, durch Erduin Julius Koch in Berlin dazu angeregt worden war.

Tieck hielt sich zunächst nur in der Region der Volksromane, der sogenannten Volksbücher, auf. Im Jahre 1796 bearbeitete er die Haimonskinder; und sein Versuch, die gute alte Geschichte in einer ruhigen, treuherzigen Prosa wiederzuerzählen, die sich nicht über den Gegenstand erheben oder gar ihn parodiren wollte, war damals der erste in Deutschland. Er selbst urtheilt, daß dieser Ton in seinen ähnlichen um dieselbe Zeit oder wenig später verfaßten Schriften, in dem getreuen Eckart, der Magelona und Melusina nur theilweise wiederkehre. Im Jahre 1799 entstand dann die Genovefa und später noch anderes.

Vom Herbst 1799 bis in den Juli 1800 wohnte Tieck in Jena. Er nennt dies eine der glänzendsten und heitersten Perioden seines Lebens. August Wilhelm und Friedrich Schlegel, schreibt er später, Schelling mit uns, wir alle jung und aufstrebend, Novalis-Hardenberg der oft zu uns herüber kam: diese Geister und ihre vielfältigen Pläne, unsere Aussichten in das Leben, Poesie und Philosophie bildeten gleichsam ununterbrochen ein Fest von Witz, Laune und Philosophie.

Den Brüdern Schlegel war mittlerweile schon die altdeutsche Poesie in die Augen gerückt worden. Die Wissenschaft der Kunst ist ihre Geschichte, sagt Friedrich Schlegel 1800. Er nimmt eine vollständige Geschichte der Poesie in Aussicht. Wie Goethes Universalität einen milden Widerschein gebe von der Poesie fast aller Nationen und Zeitalter, so müssen die Deutschen diesem Vorbilde folgend, die Formen der Kunst überall bis auf den Ursprung erforschen. Sie müssen zurückgehen auf die Quellen ihrer eigenen Sprache und Dichtung, um die alte Kraft und den hohen Geist wieder freizumachen, der noch in den Urkunden der vaterländischen Vorzeit vom Liede der Nibelungen bis zu Fleming und Weckherlin bis jetzt verkannt schlummere.

Friedrich Schlegel selbst hatte, abgesehen von gelegentlicher Erwähnung der Nibelungen seine Aufmerksamkeit auf altdeutsche Poesie noch nicht bekundet, vielmehr wo er darauf zu sprechen kam, eine auffallende Unkenntniß derselben an den Tag gelegt.

Dagegen beschäftigte sich August Wilhelm Schlegel schon 1799 mit altdeutscher Litteratur. Beiläufig erhob er sich gegen die Vermischung des celtischen und germanischen Alterthums, gegen den Irrthum, mit dem man von deutschen Barden sprach, und vermuthete, die Gesänge, die Karl der Große sammeln ließ und die man für Bardengesänge hielt, möchten die Nibelungen gewesen sein. Er sah ein, daß die Minnesänger nicht eigentlich Volksdichter zu nennen seien, und machte dagegen manche neue und feine Bemerkung über diejenigen Gesänge, welche das Volk gewissermaßen selbst gedichtet habe. Auch blieb ihm nicht verborgen, daß die Denkarten und Ansichten, die man als Vorurtheile auszurotten bemüht sei, wahrscheinlich mit den wunderbaren Dichtungen alter Volkspoesie zusammenhängen. Er begann eine Umarbeitung des Tristan Gottfrieds von Straßburg und beabsichtigte eine ähnliche Bearbeitung des Nibelungenliedes.

Es scheint, daß Tieck, dessen Liebe zum Mittelalter durch den Umgang mit dem tiefsinnigen, schwärmerischen und frommen Novalis neue Nahrung erhielt, erst jetzt und zwar durch Wilhelm Schlegel für die deutsche Poesie des dreizehnten Jahrhunderts näher interessirt wurde. Das poetische Journal, das er 1800 herausgab, aber dann nicht fortsetzte, sollte unter anderem Nachrichten von der älteren deutschen Litteratur bringen. Von 1801 datirt er selbst seine Beschäftigung damit. Die Minnesänger zogen ihn zuerst an, und er versuchte jene Bearbeitung und schrieb jene Vorrede dazu, deren großen Eindruck auf Jacob Grimm wir bereits kennen lernten. Auch von der epischen Poesie des deutschen Mittelalters war darin die Rede, und Tieck unterschied drei Sagenkreise: die Nibelungen mit dem Heldenbuch; die Sagen von Artus und der Tafelrunde; die Sagen von Karl dem Großen. Die gesammte erzählende Dichtung jener Zeit nannte er romantische Poesie; daneben aber findet sich schon die merkwürdige Aeußerung, nach Einem Verfasser bei den Nibelungen zu fragen, möchte ebenso vergeblich sein, wie bei Ilias und Odyssee.

Mit den Nibelungen hatte sich Tieck damals schon eingehender beschäftigt. Er suchte, wie es scheint, den historischen Bestandtheilen der Sage näher auf die Spur zu kommen. Er las die Eddalieder und die altnordische Dietrichs-Saga. Er faßte zuletzt den Entschluß, diejenigen Theile der Nibelungensage, auf welche das Gedicht nur hindeutet oder die es gar nicht berührt, aus den anderen verwandten Quellen einzufügen, und hoffte so ein Ganzes hervor-

zubringen, das sich der Nation empfehlen und ein Volks=
buch werden könnte. 1805 und 1806 war er in Italien,
las auf der vaticanischen Bibliothek in den altdeutschen
Manuscripten und schrieb vieles daraus ab. Auf der
Hinreise in München, auf der Rückreise in St. Gallen
sah er Handschriften ein, und als er 1806 nach Deutsch=
land zurückgekehrt war, setzte er die Thätigkeit an seinem
Nibelungen=Werke fort. Doch erschien im folgenden Jahr
eine andere Bearbeitung, welche ihm die Lust an der
seinigen verdarb.

Damals faßte er den Vorsatz, eine gründlichere Nach=
richt, als man bis dahin gehabt hatte, von den deutschen
Handschriften des Paticans herauszugeben. Aber unver=
merkt schob sich ihm der Plan unter, diese Nachricht zu=
gleich mit einer Geschichte der altdeutschen Poesie zu ver=
binden. So erweiterte sich sein Studium, die nöthige
Arbeit wuchs immer mehr an und schien schließlich zu
groß, als daß sie von ihm hätte bezwungen werden
können. Also blieb vorläufig Alles liegen. Das Gedicht
vom König Rother und einige andere Gedichte aus dem
epischen Kreise, der sich um Etzel oder Attila zieht, hatte
er indessen modernisirt, um sie lesbar zu machen: sie
sollten ein eigenes Heldenbuch bilden. Aus dem König
Rother ließ Achim von Arnim in seiner Zeitung für
Einsiedler, dem ersten selbständigen Organ der neuen auf
das Altdeutsche gerichteten Schule, im Jahr 1808 eine
Episode drucken.

Unterdessen hatten nämlich die altdeutschen Studien einen bedeutenden Aufschwung genommen. Das Unglück von 1805 und 1806 stimmte die Gemüther zu einer Betrachtung der vaterländischen Vergangenheit. Aus einer Zeit, worin Deutschland der Spielball eines Fremden war, blickte man mit Sehnsucht auf die Jahrhunderte, in denen es ganz Europa Gesetze gegeben hatte. Zu neuen Thaten des Heldenmuthes suchte man sich zu begeistern an den alten Großthaten der Nation.

Die litterarischen Wortführer glaubten zu erkennen, daß die deutsche Litteratur der letzten Decennien auf einem Abwege gewesen sei. Wir hatten eine Poesie der Leidenschaft, wir haben eine Poesie der phantastischen Willkür, aber wir brauchen eine Poesie des Patriotismus: diese Meinung sprach Wilhelm Schlegel aus, und man verurtheilte bald noch schärfer die eigenen Sünden. Seit mehr als fünfzig Jahren, schrieb Friedrich Schlegel, haben sich die ersten Geister der Deutschen in eine blos ästhetische Ansicht der Dinge so ganz verloren, daß endlich jeder ernste Gedanke an Gott und Vaterland, jede Erinnerung des alten Ruhmes und mit ihnen der Geist der Stärke und Treue bis auf die letzte Spur erloschen war. Die ästhetische Träumerei, die Formspielerei müsse aufhören, sie seien der großen Zeit unwürdig. Die Kraft und der Ernst der Wahrheit, die feste Rücksicht auf Gott und unseren Beruf müsse wieder in seine alten Rechte eintreten, wie es dem deutschen Charakter gemäß sei.

Man verglich damit das Mittelalter. Man suchte es im Gegensatze zu erheben. Ein Kranz von wandelloser Weisheit, Gerechtigkeit und Biederkeit ward ihm gewunden. Und wer im Publicum sich für Litteratur interessirte, der strebte einem nationalen, rein deutschen Geschmacke zu, den man im Mittelalter zu finden glaubte. Das Mittelalter lieferte eine Litteratur, aus welcher einzelne Producte sich der edelsten Poesie aller Zeiten an die Seite zu stellen schienen, und neben Homer, Dante, Shakespeare pflegte man jetzt auch die Nibelungen zu nennen.

Berlin und Heidelberg waren die Sammelpuncte der thätigen Männer, welche diese Neigungen im Publicum anzufachen und ihnen die nöthige Nahrung zu bieten suchten. Wir sind nicht im Stande bei jedem Einzelnen die Motive nachzuweisen, die ihn den altdeutschen Studien zuführten. Genug, daß dieselben zu einer Zeit in Aufnahme kamen, wo ihnen viele junge Herzen offen standen. Joseph Görres, Clemens Brentano, Friedrich Heinrich von der Hagen, Bernhard Joseph Docen, Achim von Arnim, Mensebach, Büsching sind sämmtlich in den letzten Siebzigern und ersten Achtzigern des achtzehnten Jahrhunderts geboren. Sie sind um wenige Jahre jünger, als die Schlegel und Tieck, und um wenige Jahre älter, als die beiden Grimm. Uhland, der auch hier zu nennen ist, war zwei Jahre jünger als Jacob Grimm.

Zu Berlin hielt Wilhelm Schlegel in den Wintermonaten von 1801 bis 1804 regelmäßig Vorlesungen für ein größeres Publicum, in denen er gegen die Aufklärung polemisirte und sich einer übermäßigen Anpreisung des Mittelalters befliß. Die Lieblingslitteratur der Gebildeten wurde herabgesetzt gegenüber der Volkslitteratur, gegenüber jenen Büchern 'gedruckt in diesem Jahr', in deren einigen sich der Riesengeist eines freien Zeitalters rege, in anderen ein klarer Verstand die Lebensverhältnisse auf muntere Weise darlege. Eine Vorlesung über die Geschichte der deutschen Poesie gab ausführlichen Bericht über das Nibelungenlied und wußte dasselbe so fein zu charakterisiren, daß man Schlegels Betrachtungen noch heute mit Bewunderung liest. Auch er erinnert an Wolfs Untersuchungen über den Homer. Er meint, das Gedicht habe gar keinen eigentlichen Verfasser, sondern nur einen verändernden Abschreiber gehabt; es habe sich ursprünglich mündlich fortgepflanzt durch vornehme Sänger, wie Volker, und durch die Ueberlieferung der Bauern; solch ein Werk sei zu groß für einen einzelnen Menschen, es sei die Hervorbringung der gesammten Kraft eines Zeitalters; was Lebendigkeit und Gegenwart der Darstellung, Größe der Leidenschaften, Charakter und Handlung betrifft, so könne sich das Nibelungenlied kühnlich mit der Ilias messen; in der psychologischen Tiefe sei es nur zu vergleichen mit den Abgründen von Shakespeares Kunst; es sei überhaupt ein Wunderwerk der Natur und ein erhabenes Werk der Kunst, dergleichen seitdem noch nie wieder in deutscher Poesie aufgestellt worden.

Friedrich Heinrich von der Hagen befand sich unter Schlegels Zuhörern und bekannte, hier eine Anregung zu seinen Arbeiten über das Gedicht empfangen zu haben. Von der Hagen war der rechte Mann damals für Berlin; er kannte die Neigungen des Publicums und wußte ihnen schneller, als ein anderer, entgegenzukommen, weil er die Anforderungen an sich selbst und seine Werke nicht allzu hoch stellte. Er war es, der im Jahr 1807 mit seiner 'Erneuung' des Nibelungenliedes den Plänen Tiecks zuvorkam; und als nach dem Tilsiter Frieden im Winter von 1807 auf 1808 die gebildeten Classen Berlins mitten unter Franzosen die einzige mögliche Opposition übten, die französische Litteratur bei Seite legten und zur altdeutschen griffen, von welcher Tiecks Minnelieder und von der Hagens Nibelungenlied fast das allein Zugängliche waren, — als ein eben in Berlin aufgeschlagenes Puppentheater gleichsam die nationale Bühne repräsentirte und die besten Elemente der Gesellschaft anzog: da kamen von der Hagens 'deutsche Gedichte des Mittelalters' wie gerufen und hatten den gewünschten Erfolg, ihren Herausgeber vor dem größeren Publicum zum eigentlichen Vertreter der altdeutschen Studien zu machen. Geht man das Verzeichniß ihrer Subscribenten durch, so sieht man, welchen Einfluß die mittelalterliche Poesie bereits errungen hatte. Da stehen der Freiherr vom Stein und Friedrich von Gagern neben Lombard, Fichte neben Johannes Müller, die Ueberbleibsel der älteren Zeit, die Zahn, Anton, Nicolai neben den jung aufstrebenden Talenten Grimm, Docen und anderen, Personen der höchsten Aristokratie neben Beamten, Professoren und Dichtern, die Jean Paul, Tieck, Fouqué neben Candidaten der Theologie und Kammergerichts-Referendaren: von Wien bis Hamburg eine stattliche Reihe der besten Namen.

Natürlich setzte von der Hagen seine rührige Thätigkeit fort: 1809 begann er ein Museum für altdeutsche Litteratur und Kunst, in demselben Jahre gab er den Volksroman von Tristan und Isolde, 1810 das Nibelungenlied in der Ursprache, 1811 ein sogenanntes Narrenbuch, 1812 einen litterarischen Grundriß zur Geschichte der deutschen Poesie heraus und ließ sich bei einigen dieser Publicationen von dem oberflächlichen Johann Gustav Büsching unterstützen, so daß von der Hagen und Büsching eine für den litterarischen Vertrieb altdeutscher Sachen bekannte Firma wurde.

Zugleich wurde der neue Geist in der Poesie mächtig. Heinrich von Kleist, 1808 in Dresden, mit Tieck verkehrend, wob aus märchenhaftem Duft und Zauberglanz sein Käthchen ins Mittelalter hinein; griff auf den alten Liebling unserer Vaterlandspoesie, den Cherusker Armin, zurück und blies ihm den Flammenathem voll Zorn und Haß ein, der ihm die eigene Seele versengte. Fouqué, schwächlicher und weichlicher, begann um dieselbe Zeit die lange Reihe seiner mittelalterlichen Romane und Trauerspiele. Er wählte glücklich gleich damals die nordische Nibelungensage, der auch Er ihre eigenthümliche Großheit und ergreifende Gewalt nicht ganz zu nehmen vermochte.

Wenn sich in Berlin an den altdeutschen Studien die ganze gebildete Gesellschaft betheiligte, wenn in Berlin die altdeutschen Studien mit allem zusammenhingen, was sonst für die Hebung des vaterländischen Geistes geschah: so wurde Heidelberg ein Mittelpunct der neuen Schule nur durch den zufälligen Umstand, daß sich einige ihrer Mitglieder für kurze Zeit dort zusammenfanden.

Achim von Arnim siedelte 1805 von Berlin nach Heidelberg über und hielt sich bis 1808 wenigstens vorzugsweise in Heidelberg auf. Gleichzeitig und schon früher war Clemens Brentano da, genoß und verlor das kurze Glück seiner Ehe mit Sophie Mereau. Nach ihrem Tode wohnte er eine Zeit lang mit Arnim zusammen in einer Kneipe am Schloßberg, wo ihnen ein großer luftiger Saal mit sechs Fenstern und weiter Aussicht über Stadt und Land zur Verfügung stand. Arnim schilderte die Situation in einem Brief an Tieck: 'Kegelbahn und Vogelgesang, Nachts singende Waschweiber und fernes Neckarrauschen um uns, und der schöne Himmel verschlingt uns in Trägheit.' Sie waren aber nicht träge, sondern verbanden sich zur Herausgabe von 'des Knaben Wunderhorn' und schufen damit ein Buch, welches für die Erneuerung des deutsches Volksliedes symbolisch geworden ist, die deutschen Lyriker von Uhland bis Heine entscheidend bestimmte und späteren mehr wissenschaftlichen Sammlungen den Boden bereitet hat.

Schon im Januar 1805, noch in Berlin, schrieb Arnim einen Aufsatz 'von Volksliedern, an Herrn Capellmeister Reichardt'.

Er sprach von der Macht, welche das gesungene Lied allmählich über ihn erlangt habe, von dem Augenblicke, wo er auf dem Lande zuerst die volle, thateneigene Gewalt und den Sinn des Volksliedes vernahm, und wie ihn von da an Alles höher reizte, was er von Leuten singen hörte, die nicht Sänger waren, zu den Bergleuten hinunter bis zum Schornsteinfeger hinauf. Er beklagte den Mangel an Volksthümlichkeit in der neueren Kunst, besonders im Theater; und fand den Grund der Verachtung des Volksmäßigen in der allzu ernsten Gemüthsstimmung und dem Staatswesen der vorigen Jahrhunderte. Er hoffte auf eine neue Volkspoesie 'in dem Durchbringen unserer Tage'. Er suchte zusammen die noch übrigen lebenden Keime der alten, an der Donau, am Rhein. In den Volksliedern, sagt er, scheint die Gesundheit künftiger Zeit uns zu begrüßen, wo durch die große Kunst des Vergessens alles Fremde verschwindet aus dem Einheimischen, wo wir die großen Wirkungen der einfachen leichten Kunst anstreben, nicht die schwere gehäufte sogenannte Kunst. Der Künstler, der viel und innig das Volk berührt, der erntet ohne Arbeit und Mühe. Denn ein großes allgemeines Wirken arbeitet ihm vor. Weisheit, von Jahrhunderten bewährt, wird ihm ein offenes Buch in die Hand gegeben, daß er es

Allen verkünde: Lieder, Sagen, Sprüche, Geschichten und Prophezeiungen, Melodien.... Man erkennt die Verwandtschaft mit Herders Forderung, der Dichter solle den Wahn und die Sagen der Vorfahren studiren.

Arnim fährt fort, wie ein jeder auf dieser volksthümlichen Grundlage bauend, was sonst nur wenigen aus eigener Kraft verliehen, mächtig in das Herz der Welt rufen könne: er sammelt sein zerstreutes Volk singend zu einer neuen Zeit unter seiner Fahne. Wer diese Fahne trägt, der suche darin keine Auszeichnung. Wer ihr folgt, der finde darin seine Schuldigkeit. 'Denn', sagt er, 'wir suchen alle etwas Höheres, das goldene Vließ, das Allen gehört, was den Reichthum unseres ganzen Volkes, was seine eigene innere lebende Kunst gebildet, das Gewebe langer Zeit und mächtiger Kräfte, den Glauben und das Wissen des Volkes, was sie begleitet in Lust und Tod, Lieder, Sagen, Kunden, Sprüche, Geschichten, Prophezeiungen und Melodien. Wir wollen Allen Alles wiedergeben was im vieljährigen Fortrollen seine Demantfestigkeit bewahrt, nicht abgestumpft, nur farbespielend geglättet hat, was alle Fugen und Ausschnitte hat zu dem allgemeinen Denkmale des größten neueren Volkes, der Deutschen: das Grabmal der Vorzeit, das frohe Mahl der Gegenwart, der Zukunft ein Merkmal in der Rennbahn des Lebens. Wir wollen wenigstens die Grundstücke legen und was über unsere Kräfte andeuten, im festen Vertrauen daß die nicht fehlen werden, welche den Bau

zum Höchsten fortführen und der welcher die Spitze auf=
setzt allem Unternehmen."

Nirgends ist begeisterter ausgesprochen worden, was
die Tendenz der neu sich bildenden, der heutigen deutschen
Philologie gewesen in ihrer vorbereitenden Periode, in der
Periode, in welcher Arnim schrieb, in welcher die Grimm
ihre ersten Lorbeern pflückten. Der Aufsatz enthält ein
Programm, das Arnim und Brentano in 'des Knaben
Wunderhorn' für das Volkslied zu verwirklichen suchten.
Sie thaten es in einem Geiste der Freiheit und Unge=
bundenheit, den die heutige Wissenschaft Willkür nennt,
der aber für jene Zeit vielleicht nothwendig oder doch
berechtigt war. Von der Hagen und Büsching gaben
eine Sammlung deutscher Volkslieder heraus, deren ur=
kundlichen Charakter sie im Gegensatze zum Wunderhorn
betonten, die aber spurlos vorüberging. Arnim und
Brentano verfuhren nicht als Gelehrte, sondern als
Künstler. Sie stiegen herab unter die Sänger des Volkes;
sie bedienten sich eines Rechtes, welches man dem letzten
Bänkelsänger nicht versagt; sie hatten gleichsam auf ihren
Wanderungen die Lieder vernommen und im Gedächtniß fest=
gehalten; sie schickten sich nun an, was ihnen davon durch
die Seele zog, ihrem Volke wieder vorzusingen, ergänzend,
ändernd, wie es der Augenblick eingab, wie es die
Stimmung gebot.

Der erste Band des Wunderhorns war im Juli 1805
abgeschlossen. Arnim gab ihm nichts auf den Weg, als

jenes wundervolle Stück 'von Volksliedern', eine kurze Nachschrift an den Leser — dies Buch sei ihm jetzt das liebste, das er kenne, nämlich was innerlich darin sei und wehe, die frische Morgenluft altdeutschen Wandels — und eine Zueignung an Goethe, für den er eine grenzenlose Verehrung hegte.

Goethe dankte durch eine Recension in der Jenaischen allgemeinen Litteraturzeitung, 'mit freundlicher Behaglichkeit ausgefertigt', wie er sagt. Er charakterisirte sämmtliche Lieder der Reihe nach, um die Mannigfaltigkeit des Stoffes und des Tones bemerkbar zu machen; sprach einige kräftige und tiefe Worte über Volkslieder im allgemeinen; verhehlte nicht, daß sich in der Sammlung seltsam Restaurirtes, aus fremdartigen Theilen Verbundenes, ja Untergeschobenes neben dem völlig Echten finde; wies jedoch auf die relative Berechtigung eines solchen Verfahrens hin.

Goethe wandte jetzt zum erstenmal wieder seit dem 1794 erschienenen Reineke Fuchs der älteren deutschen Litteratur seine Aufmerksamkeit zu. Auch daran bewährte sich die Kraft und bezwingende Frische, welche dem Gegenstand innewohnte. Vor allem traten natürlich die Nibelungen an ihn heran. Von der Hagen überschickte seine Erneuung; Goethe dankte am 18. October 1807, indem er bemerkte: 'Das Lied der Nibelungen kann sich, nach meiner Einsicht, dem Stoff und Gehalte nach, neben alles hinstellen, was wir poetisch vorzügliches besitzen.' Goethe liebte, das Gedicht aus dem Stegreif übersetzend vorzulesen; und durch eingehendere Betrachtungen des Einzelnen, das einem poetischen Werke sein Eigenthümliches giebt, suchte er sich desselben in seiner Weise zu bemächtigen, sein Verdienst, wie er sich ausdrückt, auf das Trockne zu bringen. Die Liebhabereien und Bemühungen für die mittelalterliche Litteratur schienen ihm neben vielem Ungenießbaren doch manches Unschätzbare ans Tageslicht zu fördern, das der allerneuesten Mittelmäßigkeit einigermaßen die Wage halte.

Aus dem Jahr 1809 berichtet er, in geselliger Unterhaltung habe sich das Interesse fast ausschließlich gegen nordische und überhaupt romantische Vorzeit gewendet. Die Nibelungen zogen andere epische Gedichte des dreizehnten Jahrhunderts herbei und lockten auch zu der älteren scandinavischen Litteratur. Man wohnte sich unter dem nordischen Himmel ein; man schenkte dem Glauben und Gottesdienst unserer heidnischen Vorfahren Beachtung; Wilhelm Grimms Anwesenheit in Weimar, Ende 1809, wirkte förderlich ein; und im Januar 1810 traten in dem Maskenzuge 'die romantische Poesie' neben verschiedenen allegorischen Figuren auch Siegfried, Brunhild, König Rother, der Riese Asprian und andere deutsche Sagenhelden auf. Im ganzen aber ging es damit, wie Goethe später sagt: 'Man liest es und interessirt sich wohl eine Zeit lang dafür, aber blos um es abzuthun und sobann hinter sich liegen zu lassen.'

Bei Goethe schloß sich zunächst noch Verwandtes an: die ältere deutsche Spruchpoesie, die er in seinen eigenen gereimten Sprüchen erneuerte, und die altdeutsche Kunst, die ihm Sulpiz Boisserée nahe brachte. Nachher aber schalt er auf die Uebertreibungen und bezeichnete sie summarisch als das schädliche Bestreben, die Nibelungen der Ilias gleichzustellen. Indessen war er zu einer gerechten Schätzung des Nibelungenliedes immer bereit, und sein Antheil an dem Gedichte hielt sich wach. Noch Simrocks Uebersetzung desselben (1827) beschäftigte ihn, und er zeichnete manches Schöne darüber auf. Zwei Jahre später meinte er gegen Eckermann, wenn man das Classische das Gesunde und das Romantische das Kranke nennen wolle, so seien die Nibelungen classisch, wie Homer.

Jacob Grimm schrieb 1823: 'Ich meine, daß Goethe, den der Himmel uns noch bewahre, obgleich strenger Philologie ungeneigt, für die deutsche seinen milden klaren Sinn noch am ehesten geöffnet haben würde, wenn ihn in hohem Alter nur nicht allzu vieles berührt hätte oder er nicht durch falsche Parteimänner an dem Altdeutschen irre geworden wäre.'

Doch was Goethe zuerst am Altdeutschen irre machte, das waren einzelne Bestrebungen desselben Kreises, aus dem auch die Grimm hervorgegangen, der sich um Arnim sammelte, für den Arnim Anfang 1808 die Zeitung für Einsiedler gründete.

Die Zeitung bestand nur ein halbes Jahr. Sie ging

an der Theilnahmlosigkeit des Publicums zu Grunde. Das hielt Arnim dem Publicum zum Schluß in einem humoristischen Zwiegespräche mit ihm vor. Aber er wußte wohl, daß das Publicum damals andere Sorgen hatte. Mitten aus dem Scherz und Spott klingt plötzlich wie eine unvorsichtig gestreifte verstimmte Saite der Ruf hervor: Deutschland, mein armes, armes Vaterland! 'Und da liefen uns beiden', fährt er fort, 'mir und dem Publicum, die Thränen von den Augen, und ich konnte nicht mehr scherzen.'

Arnim war voll von dem Gedanken an die Noth des Vaterlandes. Aber auch voll von dem Gedanken an künftige neue Größe desselben. 'Dadurch daß wir erkennten wie wir geworden', schrieb er damals, 'könnten wir zu einem tieferen Bewußtsein unserer selbst und zu einem festeren Vertrauen auf die Natur unseres Vaterlandes gelangen. Wenn es lange Zeit und gut war, daß Deutschland sich in ruhiger Bewußtlosigkeit entwickelte, so machen die Andränge von außen, die jetzt geschehen, es nöthig, daß es in seinem eigenen Selbst sich zum Beschluß seiner Bestimmung unter den Völkern sammle.'

Wir erkennen diese Gesinnungen wieder in der Absicht, welche Arnim mit der Einsiedlerzeitung verfolgte. Er wünschte 'das Künftige der Geschichte' in den Strebungen der Gegenwart vorzulegen. Er wollte einmal öffentlich zeigen, wie viel oder wie wenig sich in jenen Jahren äußerlicher Veränderung innerlich zugetragen habe. Und als die oberste Absicht des Geleisteten nannte er: die hohe Würde alles Volksmäßigen darzustellen, die unendliche Größe jedes Volkscharakters und die Leerheit jeder in sich selbst prahlenden Vaterlandsliebe. Die Absicht aber blieb, so zu sagen, eine jenseitige. Den meisten Aufsätzen fehlt das unmittelbar Packende. Man findet ihre Verfasser in einem Nebelkleid eigensinniger Gedanken und Ausdrucksweisen.

In Heidelberg arbeiteten Clemens Brentano und Joseph Görres mit. Von Kassel her beide Grimm. Dazu traten aus Schwaben Hölderlin, Uhland, Kerner; aus München B. J. Docen, welcher damals an den verschiedensten romantischen Zeitschriften mit kleinen Beiträgen, namentlich Veröffentlichungen von altdeutschen Gedichten aus Handschriften, sich betheiligte. Der Theilnahme Tiecks wurde schon gedacht. Die Schlegel lieferten keine Beiträge; aber an Hinweisungen und Beziehungen fehlte es nicht: aus Friedrichs im gleichen Verlag eben erschienenem Buch über die Sprache und Weisheit der Inder brachte die Zeitung Auszüge; auch Wilhelm Schlegel ließ soeben in Heidelberg seine dramatischen Vorlesungen erscheinen, und beide Brüder schrieben wie die Grimm, Görres, Arnim Recensionen in die Heidelberger Jahrbücher.

Diese Jahrbücher, sowie die von Daub und Creuzer herausgegebenen 'Studien' machten Heidelberg noch eine Zeit lang auch nach Arnims Weggang zu einem litterarischen Mittelpuncte für die Romantiker. In beiden Zeitschriften gelangte das gehobenere Leben der Universität zum Ausdruck. Als sie 1803 badisch wurde, war sie in erbärmlichem Zustande. Reichere Dotation und verständige Pflege hatten sie schnell empor gebracht und einige bedeutende Lehrer versammelt: Thibaut, Voß, Böckh und viele andere. Ihnen gesellte sich vom October 1806 ab zwei Jahre lang Joseph Görres als Privatdocent bei.

In diesem metamorphosenreichen Charakter tauchte damals aus dem rothen französischen Republikaner durch den Naturphilosophen hindurch der deutsche Patriot empor: vorläufig noch in einer Hülle wissenschaftlicher Tendenzen, worin sich das Altdeutsche, der Mythus, der Orient begegneten. Friedrich Creuzer, der sein genauer Freund wurde, bekannte ihm viel zu verdanken. Aber die Wissenschaft war doch sein eigentliches Feld nicht: es fehlt ihm überall an gründlicher und überlegter Forschung, und darum auch an eigentlicher Originalität. Seine Phantasie stürzt in tausend Wellen, zu unzähligen glitzernden Tropfen zerstiebend, über die Gegenstände hinab; drunten aber erkennt man den Mangel an Tiefe.

Für die altdeutsche Litteratur warb er durch Arnim und Brentano gewonnen. Im Winter 1806 auf 1807 fing er an sich damit zu beschäftigen, im Sommer 1808 las er schon ein Colleg darüber, und litterarische Pläne waren rasch gefaßt. Er arbeitete gleichzeitig an einer deutschen Volksliedersammlung von den ältesten Zeiten bis auf die Gegenwart, an einer Entwickelung des Ideenkreises im Mittelalter und an einer Sagensammlung.

Sein Werk über die deutschen Volksbücher, das 1807 erschien, kann als eine Ausführung des zweiten dieser Projecte betrachtet werden. Das Buch ist werthvoll durch seine relative Vollständigkeit, die freilich mehr den Bibliotheken Arnims und Brentanos verdankt wird, als dem Herausgeber. Es ist etwas phrasenreich, aber reich an schönen Phrasen, und aus einer herrlichen Gesinnung hervorgegangen. Es enthält eine begeisterte Schilderung des Mittelalters. Görres hat das deutsche Elend der vorigen Jahrhunderte tief empfunden. Der Geist des Mittelalters sollte mit helfen es auszutilgen, helfen die übermäßige Fügsamkeit abzulegen und den taubensinnigen Langmuth, der Alles wohl sich gefallen läßt und dann plötzlich und spröde ohne Uebergang und Besonnenheit reißt und bricht. Wir sollen die Gestalten unserer alten Zeit aufwecken; aber wenn sie dann wachen und unserer sich angenommen haben, dann ums Himmels willen, ruft er, laßt uns das alte Affenspiel nicht wieder auch mit ihnen treiben und wie Knaben hinter ihnen ziehen und grimassirend, voll Affectation und hohlem, trübem Enthusiasmus ihre Haltung, ihr Geberdenspiel und Alles ihnen nachstümpern, daß es ein kläglicher Anblick für Götter und Menschen ist.

An die Volksbücher schloß sich ein Aufsatz von Görres in der Einsiedlerzeitung: 'Der gehörnte Siegfried und die Nibelungen'. Es war die erste bedeutendere Weiterführung der Untersuchung seit Johannes von Müller. Die nordischen Quellen, so weit sie veröffentlicht und zugänglich, waren herbeigezogen und verglichen. Besonders schien ihm die Dietrichs=Saga wichtig, welche selbstgeständlich eine Uebersetzung und Bearbeitung niederdeutscher Lieder des dreizehnten Jahrhunderts ist. Aber sie soll nach ihm keineswegs auf eine Reihe nur lose unter einander verbundener Romanzen sich gründen, sondern im wesentlichen die jüngere Gestalt sein eines colossalen Epos, worin die Nibelungen nur ein Gesang waren und das in der Völkerwanderung entstand. Denn die Poesie bricht nur dann recht lebendig und Leben gebend aus dem gemeinen Leben heraus, wenn heftige und gewaltsame Bewegungen es im tiefsten Grund aufregen. Die Völkerwanderung trieb Helden, tüchtige Kämpfer regten tüchtige Begeisterung: wenn die Schwerter ruhten, tönten Heldenlieder, und wenn sie schwiegen, war wieder Schwertschlag selbst Stahlgesang.

Daß eine Abgrenzung des poetischen Eigenthums zwischen dem Norden und Deutschland nöthig sei, sah Görres wohl ein. Aber er huscht darüber mit der Bemerkung hin: 'Behalte unbestritten der Norden seine Mythe und Deutschland sein Epos; jene ruht eben so unbezweifelbar auf nordischer Natur, wie dieses auf gothisch=deutscher Historie.' Beide aber, meint Görres, wurden wechselseitig gegen einander umgetauscht. Auch über den Entstehungsort der Nibelungendichtung und spätere Nachklänge und Zeugnisse derselben bringt er Einiges vor; aber er sucht sich nicht Rechenschaft zu geben über das, was er nun eigentlich etwa bewiesen habe. Er stellt eine Anzahl Aperçûs zusammen. Eine unklare Anknüpfung an das persische Epos, Bemerkungen über eine orientalische Mitgabe spielen auch herein. Fest und reinlich ist nichts ausgeführt, und man begreift wohl, daß Goethe von dieser Art, die Dinge zu behandeln, sich abgestoßen fand.

Die modernen Liebhaber der Nibelungen, schrieb er, die Herren Görres und Consorten ziehen noch dichtere Nebel darüber, und wie man von anderen sagt, daß sie das Wasser trüben um Fische zu fangen, so trüben diese Land und Berg, um alle gute kritische Jagd zu verhindern. Man konnte ihm mit Georg Forsters Worten erwidern: 'Alles Entstehen ist chaotisch und das Chaos mit seinen streitenden Elementen flößt Abscheu oder Entsetzen ein; wenn aber die neue Schöpfung in stillem Glanze hervortritt, dann gedenken wir der Finsterniß und ihrer Stürme nicht mehr.' Die neue grüne Schöpfung streckte so eben die ersten Halme hervor, und zwar ebenfalls in Arnims Einsiedlerzeitung: denn die Brüder Grimm und Uhland arbeiteten daran mit.

Was Ludwig Uhland beisteuerte, beschränkte sich auf einige Balladen, die noch in Manier befangen, nicht zu seinen besten gehören, aber gerade durch ihre Manier Zeugniß ablegen für sein Studium des Stils unserer alten Poesie. Seine Beschäftigung damit glaubt man hauptsächlich auf die Anregung des bereits erwähnten Professors Seybold in Tübingen zurückführen zu dürfen, der in seinen Vorlesungen über Homer Vergleichungen mit deutscher und mittelalterlicher Poesie anzustellen pflegte. Uhland vertiefte sich mit Eifer, so wie er sie kennen lernte, in die Nibelungen und das Heldenbuch. Eine Bearbeitung von Bruchstücken aus dem letzteren war das erste, was er drucken ließ (1807). Um dieselbe Zeit hielt er seinen Universitätsfreunden Vorträge über das erstere. Dabei suchte er den Geist des Düsteren und Geheimnißvollen, der in diesem Epos walte, zu charakterisiren, und machte die richtige Bemerkung, daß die Helden in der deutschen Poesie eine eigne mythische Welt für sich bilden, von welcher die Brücke fehlt zur menschlichen Nachwelt. In einem Aufsatz über das Romantische, den er für denselben Kreis schrieb, entdeckt man eine Berührung mit Jean Pauls Aesthetik, auf die sich Uhland auch sonst damals beruft. Uhland bezeichnet das Romantische als das Ahnen des Unendlichen in den Anschauungen der wirklichen Welt. Jean Paul nennt es das Schöne ohne Begrenzung oder das schöne Unendliche, wie es ein erhabenes gebe, und fügt unter anderem hinzu: wenn Dichten Weißagen sei, so sei romantisches Dichten das Ahnen einer größeren Zukunft als hienieden Raum habe. Wie Jean Paul stellt Uhland nicht mit Wilhelm Schlegel Antik und Modern, sondern Griechisch und Nordisch einander gegenüber, Nordisch als die älteste Erscheinung des Romantischen, woran sich erst das Christliche schließe. Wie Jean

Paul sucht er in seiner Begriffsbestimmung den Sprachgebrauch des Wortes Romantisch zu erschöpfen und die Romantik der Natur nicht bei Seite zu lassen. Wenn er außerdem die Elemente des Romantischen, namentlich im Mittelalter, sorgfältiger darlegt, so trifft seine Gliederung mit der nur vollständigeren in Tiecks 'Octavianus' (1802) zusammen: Glaube und Liebe die Eltern der Romanze, Tapferkeit und Scherz ihre Diener, mit den menschlichen Repräsentanten Pilgerin, Liebender, Ritter, Hirtenmädchen: nur der Scherz fehlt bei Uhland. So schienen auch Herdern die Ingredienzien der mittelalterlichen Poesie Liebe, Tapferkeit und Andacht zu sein. Der Aufsatz über das Romantische ist das Programm, wovon Uhlands damalige und spätere Poesie die Ausführung bildet und woher auch seine Betheiligung fließt an der wissenschaftlichen Arbeit der altdeutschen Philologie.

Wie Uhland, so stehen die Brüder Grimm unter den Romantikern als einfache Menschen, welche schlicht ihre Seele auf ein Einziges richten. Bescheiden und anspruchslos, ohne Eitelkeit, ohne starkes Selbstgefühl, weniger glänzend und zuversichtlich in ihrem Auftreten als andere, aber ernster und pflichtbewußter, waren sie dem jüngsten Königssohn im Märchen zu vergleichen, welchem die vortrefflichen Eigenschaften seines Herzens und die Gunst freundlicher Geister die Prinzessin entzaubern helfen, die den älteren Brüdern unerreichbar blieb. Sie sind der eine Pol der Romantik, wie Friedrich Schlegel der andere. Rechtlich, treuherzig, gründlich, genau und tiefsinnig, dabei unschuldig und etwas ungeschickt nennt Friedrich Schlegel den Geist unserer alten Helden deutscher Kunst und Wissenschaft: und das müsse der unsrige bleiben, so lange wir Deutsche bleiben. Er ist uns auch geblieben, und vollkommener kam er selten zur Erscheinung als in Jacob und Wilhelm Grimm. Friedrich Schlegel aber hatte keinen Theil daran: Friedrich Schlegel, der wie er unverfroren erklärte, jeder Wissenschaft das Siegel entreißen, allen Künsten einen Tempel stiften und Wissenschaft und Kunst in sich verbünden wollte.

Der universalistische Titanismus, wie er einst im jungen Herder gährte, konnte vorläufig nichts mehr nutzen. Die Zeiten der willkommenen Anregung waren einstweilen vorbei. Neue Gesichtspuncte thaten nicht mehr so noth, als daß endlich die bereits gewonnenen verwerthet wurden. Magazine hatte man genug, es kam darauf an, sie mit Waaren zu füllen.

Die wichtigsten wissenschaftlichen Entdeckungen, sagt Friedrich Schlegel, sind Bonmots der Gattung, nur dem Gehalte nach weit mehr, als die sich in nichts auflösende Erwartung des rein poetischen Witzes. Das ist ganz richtig. Der combinatorische Geist mit seiner oft überraschenden und scheinbar zufälligen Wirkung ist der wissenschaftliche Witz. Aber der Gehalt und der Werth wissenschaftlicher Leistungen wächst nicht mit der Intensität des wissenschaftlichen Witzes. Auch morsches Holz leuchtet im Dunkeln, aber es wärmt nicht. Die berühmten 'Fragmente' des Schlegelschen Athenäums haben vielleicht mehr Esprit aufgehäuft, als irgend ein anderes Werk der deutschen Litteratur, aber durchaus nicht ebenso viel Wahrheit wie Esprit. Combination ist Begegnung der Gedanken. Richtige Combination ist Begegnung zusammengehöriger Gedanken. Wenn aber zwei Schaumbläschen einander begegnen, so platzen sie. Denn nicht wie gut man zu combiniren wisse, ist das Entscheidende, sondern was man zu combiniren habe und wie wohlgeordnet das sei. Fülle und Ordnung der thatsächlichen Kenntniß bildet die einzige mögliche Grundlage wissenschaftlicher Entdeckungen. Sie machen das aus, was man wissenschaftliche Solidität nennen mag.

Der Segen der Solidität ruhte auf den Brüdern Grimm und auf Uhland. Dazu war auf Jacob Grimm ein solches Maß von combinatorischem Scharfsinn gefallen, wie vielleicht auf keinen andern Philologen vor ihm und nach ihm. Ein kleineres fiel Wilhelm Grimm zu, und Uhland ein noch geringeres. Auf der Combinationskraft zumeist beruht die Herrschaft über den Stoff. Ausgezeichneten Männern aber ist ein Maßstab ihrer selbst, das Gefühl ihrer Fähigkeiten in die Seele gelegt. Darum geht mit jener dreifachen Abstufung eine andere parallel, welche die Ziele der Forschung und den Umfang des durchforschten Gebietes betrifft.

Uhland, dessen wissenschaftliche Thätigkeit im Ganzen

überschlagen sich auch darum in engeren Grenzen halten mußte, als die der Brüder Grimm, weil er ihr weniger ungetheilt leben konnte, zog sich mit den Jahren immer mehr ans Einzelne, und ließ sich dabei von seinen poetischen Neigungen bestimmen. Von seinem ersten Aufsatz, über das altfranzösische Epos (1812), gilt dies am wenigsten: er behandelte einen großen Stoff und brachte Klarheit und Ordnung in einen umfassenden Kreis von Gegenständen. Seine zweite Arbeit (1822) griff zu besonderer Betrachtung den Dichter des dreizehnten Jahrhunderts heraus, der uns von allen am meisten menschlich nahe steht: Walther von der Vogelweide. Seine Universitätsvorlesungen und sonstigen wissenschaftlichen Schriften, die erst nach seinem Tode bekannt wurden, strebten mit großem Glücke nach einer umfassenden Orientirung auf dem Gebiete der älteren deutschen Litteratur, der romanischen, der germanischen und der heimatlich schwäbischen Sage. Seine öffentliche litterarische Thätigkeit aber wandte sich fast ausschließlich denjenigen Seiten der romantischen Poesie in seinem Sinne zu, die ihn zuerst angezogen hatten: ihrem jüngsten Nachklang in den Volksliedern, deren Auferweckung im Wunderhorn er durch ein schönes Gedicht begrüßte; ihrer ältesten Erscheinung im nordischen Mythus und in der Heldensage.

Auch Wilhelm Grimm war wählerisch. Er hatte früh seine Lieblingsautoren, denen er lebenslang treu blieb, und ein Lieblingsfeld seiner Bemühungen. Auch er ließ sich von poetischen Zu- und Abneigungen leiten. Die Hauptquellen unserer alten Sprache, den Ulphilas, Otfried, Notker hat er nie von Anfang bis zu Ende gelesen. Er las und sammelte für die bestimmten Gegenstände, die er einmal erkoren hatte: das andere ließ er bei Seite. Das war keine Natur, die eine Welt dahin stellen wollte, wo nichts war. Die Schöpferkraft wohnte dagegen in Jacob Grimm. Jener mochte wohl ein Stück Land bebauen und pflegen, sich einrichten darauf und Behagen um sich breiten. Dieser fühlte sich am wohlsten, wo es galt, große Strecken urbar zu machen, Wohnungen zu gründen und Städte, dem menschlichen Fleiß neue Objecte zu erobern. Ohne Rast dehnt er sein Wirken aus auf immer weitere Gebiete. Keine Aufgabe schreckt ihn, zu keiner versagen ihm die Kräfte.

Aus dem gesammten Kreise der Romantik war Jacob Grimm allein fähig, die Wissenschaft der altdeutschen Philologie aus dem Groben zu hauen. Er war nicht in seinen Interessen getheilt, wie die Schlegel. Er war nicht dichterisch productiv, wie Tieck, Arnim, Brentano. Er war nicht von practischen Tendenzen erfüllt, wie Görres. Er war nicht so leblos empfangend, wie von der Hagen und Büsching. Er war nicht so bedächtig, wählerisch und vorsichtig wie sein Bruder. Der Trieb seiner großen Bestimmung beherrschte ihn ganz. Er war lebhaft, aufbrausend, zuweilen heftig, während Wilhelm Grimm in behaglicher, sinnender Ruhe Leben und Wissenschaft genoß. 'In meinen Arbeiten', schreibt Jacob einmal 1827 über Wilhelm, 'habe ich wenig Hilfe von ihm, weil ich hitziger bin und ihm vorauslaufe, aber er steht mir wie ein heimlicher stärkender Hintergrund bei, den ich nicht entbehren will.'

Aber es ist eine häufige Bemerkung an schöpferischen und ursprünglichen Menschen: die Bedingung ihrer Größe bildet ihre Begrenzung. Jacob Grimm hatte nicht das Bedürfniß, eine Sache abzuschließen, auszuschöpfen, den höchsten möglichen Grad von Gewißheit darüber zu erreichen und keine Fragezeichen stehen zu lassen ohne Noth. Unzweifelhaft war es wünschenswerth, daß neben seinen genialen Entwürfen auch die Kunst der feinen Ausführung zur Geltung kam, daß seine großen Entdeckungen in ihren Consequenzen verfolgt, das Sichere von dem Unsicheren geschieden und eine methodisch enthaltsame Kritik in ihr Recht eingesetzt wurde. Solche schätzbare Gaben sind den altdeutschen Studien durch Karl Lachmann gewonnen.

Er trat 1816, mit dem Ende der Periode, von der wir sprechen, auf die wissenschaftliche Bühne. Er war ein Genie der Kritik, wie Jacob Grimm ein Genie der Combination. Erst Jacob Grimm und Lachmann in ihrem Zusammenwirken haben es möglich gemacht, daß sich eine Schule der altdeutschen Philologie, eine Tradition ihres Verfahrens bilden konnte. Sie beide zusammen zeigten, wie man es anstellen müsse, um in der Kenntnis des deutschen Alterthums vorwärts zu kommen. Sie beide zusammen gaben ihren Nachfolgern die Mittel in die Hand, durch welche sie selbst im einzelnen widerlegt und übertroffen werden konnten.

Viertes Kapitel.

Sagen und Märchen.

Arnim und Brentano richteten neben den Volksliedern auch schon auf Sagen und populäre Geschichten ihr Augenmerk. Zur Einsiedler=Zeitung waren ihnen aus verschiedenen Gegenden Deutschlands Volkserzählungen und Kindermärchen zugeflossen. Aber schon 1806 oder 1807 hatten Jacob und Wilhelm Grimm den Plan gefaßt, gemeinschaftlich eine umfassende Sammlung alter und neuer deutscher Sagen und eine ähnliche Sammlung deutscher Kindermärchen zu veranstalten. Diese beiden litterarischen Vorsätze bilden den Hintergrund, von dem sich die übrige Thätigkeit der Brüder in der Zeit von 1806 bis 1816 abhebt.

Im Zusammenhange damit machte Jacob Grimm sofort einen umfassenden Entwurf. Hatten die Brüder Schlegel Geschichte der Poesie mit einem neuen und glücklichen Eifer betrieben, hatte Tieck sich bemüht, die deutsche Sagen- und Märchenpoesie wieder zu erwecken: so nahm Jacob Grimm geradezu eine Geschichte der altdeutschen Poesie in Aussicht, und zwar eine solche, erklärt er, 'als noch dazu kein Beispiel weder in der alten Litteratur, noch in der neueren gegeben worden ist.' Denn die Geschichte der Poesie soll nach ihm nichts anderes vorhaben, als die verschiedene Gestalt zu erläutern und zu beschreiben, worin die Sage erschienen ist, und sie so weit als möglich auf ihren Ursprung zurückzuführen. An Sprache, Form, Verfasser eines Gedichtes liegt ihm viel weniger, als an dessen Verhältniß zur Sage. Die Geschichte der Poesie ist ihm eine Geschichte der poetischen Stoffe; und da er alsbald warnahm, daß die Stoffe vielfach international sind, so griff er allmählich weit über das deutsche Gebiet hinaus, zog die sämmtlichen germanischen und romanischen Litteraturen herbei, nahm auf die slavischen und auf die orientalischen Ueberlieferungen Rücksicht, so weit sie ihm durch eigene Sprachkenntniß oder Uebersetzungen zugänglich wurden.

In dem Rahmen so umfangreicher Entwürfe fanden alle verwandten Tendenzen der Zeit ihre Stelle. Die Nibelungen, der Minnesang, altspanische Romanzen, serbische, neugriechische Volkslieder traten in den Kreis von Jacob Grimms Interessen. Den unter Creuzer, Görres, Kanne, J. J. Wagner verwegen aufblühenden mythologischen Forschungen zahlte er seinen Tribut. Er dachte bald an die Edition von angelsächsischen Gedichten, die in Deutschland nicht genug bekannt waren, bald an altdeutsche, bald an altfranzösische Publicationen: und auf dem althochdeutschen, wie auf dem altnordischen Gebiete bewährte er sich mit seinem Bruder in der That als ein scharfsinniger und gewissenhafter Herausgeber.

Aber neben dem Litterarhistoriker oder Sagenforscher regte sich im Verlaufe der Zeit schon der Grammatiker. Ja, er nahm auch seine Jurisprudenz wieder auf, beleuchtete die Poesie im Recht und wies auf die altnordischen Gesetze hin. Kurz, er hatte zu Ende des ersten Jahrzehends seiner wissenschaftlichen Thätigkeit fast alle die Gegenstände vorläufig gestreift, die er später so gründlich beherrschte. Man merkt, daß er sich bewußt bleibt, noch nirgends abgeschlossen, kaum etwas recht begonnen zu haben; aber man ahnt, es werde ihn vorwärts treiben und er werde nicht ruhen, bis er Wege gebahnt durch die Urwälder, an deren Saum er noch dahinschreitet, um hier und da einen Blick ins Innere zu werfen.

Keck, zuversichtlich und mit Schärfe trat er auf. Nicht viel über ein Jahr lang hatte er sich mit den altdeutschen Studien beschäftigt, als er am 17. März 1807 im Neuen litterarischen Anzeiger, einem Blatte, das zu München herauskam, seinen ersten Schritt in die Oeffentlichkeit wagte.

Der jüngere Adelung, Neffe des Grammatikers, hatte Nachrichten von altdeutschen Gedichten herausgegeben, die aus der Heidelberger Bibliothek in die Vaticanische gekommen waren. Jacob Grimm lieferte Berichtigungen dazu, die nicht auf Kenntniß der betreffenden Handschriften, sondern auf Kenntniß der Sache beruhten; und er urtheilte schonungslos über das Buch ab, nannte es mit dürren Worten unkritisch, ungenau, unvollständig, mit wenig Liebe zur Sache und wenig Einsicht verfaßt, überhaupt ein lebhaftes Muster, wie man Manuscripte nicht zu benutzen habe. Nebenbei machte er sich über seinen längst verstorbenen Landsmann Casparson und dessen Leistungen fürs Altdeutsche lustig.

Ein zweiter Artikel in demselben Journal handelt gleich über das Nibelungenlied, dessen Ausgaben und verschiedene Texte. Hier geht es über Christoph Heinrich Myller her, während Bodmer das Lob erhält, er sei nach langer Zeit der erste gewesen, welcher die altdeutschen Gedichte als Poesie betrachtete. Auch die neue Schule, d. h. die Romantik, wird gerühmt: sie habe das Studium der altdeutschen Gedichte wieder in Anregung gebracht und ihren Werth ausgesprochen. Das Nationalepos der Nibelungen aber sei in der ganzen modernen Litteratur ohne Beispiel; der Verfasser sei unbekannt, wie es bei allen Nationalgedichten sei und sein müsse, weil sie dem ganzen Volk angehören und alles Subjective zurückstehe.

Ein dritter Artikel wurde der Anlaß für Jacob Grimms erstes selbständiges Buch. Er stellte die Behauptung auf, die übliche Trennung zwischen Minnesängern und Meistersängern sei falsch, da der Meistergesang als etwas Eigenthümliches verstanden ein Kind ohne Jugend wäre: beide seien identisch ihrem Grundwesen nach und dies bestehe in der beiden eigenen Künstlichkeit und insbesondere in einem gemeinsamen Principe der poetischen Form. Das fand Widerspruch. Und um seine Position zu halten, wie er wohl konnte, warf er sich in ein höchst mühsames, ausführliches und, wie er sehr unbefangen eingesteht, höchst langweiliges Studium der alten Lyriker, und legte die Resultate desselben nieder in dem Büchlein 'über den altdeutschen Meistergesang'. Diesen Namen nämlich wollte er für die gesammte deutsche Kunstlyrik des Mittelalters gebraucht wissen im Gegensatze zu der einfacheren Natur- oder Volkspoesie: während sein Gegner alles Ernstes die alten Lyriker in Meistersinger und Meistersänger zu unterscheiden vorschlug. Das Werkchen dürfte Anfang 1810 vollendet gewesen sein: es erschien mit der Jahreszahl 1811. Jacob Grimm hatte einen zweiten Band vor, zu dem es aber nicht kam.

Dagegen mochten ihn seine Sagenforschungen, etwa über den Sagenkreis von Karl dem Großen, auf die altspanischen Romanzen geführt und ihm den Gedanken nahe gelegt haben, der einem 1803 geäußerten Wunsche Friedrich Schlegels entgegenkam, die ältesten ihm erreichbaren, vorläufig mit Ausschluß der Romanzen vom Cid und von den Mohrenkriegen, in einer eigenen Sammlung zu vereinigen und einen Commentar beizufügen, in welchem hauptsächlich die nöthigen Vergleichungen mit altdeutschen und altfranzösischen Gedichten angestellt werden sollten. Das Erscheinen dieser Romanzen kündigte er schon im November 1810 an. Aber es unterblieb damals. Die Sammlung kam erst nach mehreren Jahren heraus und ohne Commentar.

Die Sagenstudien gingen inzwischen fort und warfen (im Jahr 1811, wie es scheint) als erste größere Frucht die Abhandlung 'Irmenstraße und Irmensäule' ab. Sie wurden unterbrochen durch zwei Projecte zu gemeinsamen Editionen mit Wilhelm, zu denen sich zufällig Gelegenheit bot, die sie nicht vorüber gehen lassen wollten. Im Vatican war die Handschrift des mittelhochdeutschen Reinhart Fuchs gefunden und ihnen zur Herausgabe überlassen worden. Dazu wurde es dem Bibliothekar des Königs Jerome nicht schwer, die wichtigsten Pariser Handschriften des Roman du renard zur Benutzung zu erhalten. Das deutsche und das französische Gedicht sollten in Einer Ausgabe erscheinen. Doch ward auch diese Arbeit, die nach mehr als zwanzig Jahren Jacob allein wieder aufnahm, jetzt durch anderes verdrängt. Zunächst durch die Absicht einer ebenfalls gemeinschaftlichen Ausgabe von Liedern der alten Edda. Dieser Plan lag den bisherigen Studien Wilhelms näher als denen Jacobs.

Wilhelms Ausgangspunct ist der gleiche. Aber auf dem Gebiete der Sage wählt er sich sogleich sein Lieblingsfeld: die Sage der Nibelungen, die verwandten Sagen, die sich an Dietrich von Bern anschließen, die Sagen von Ortnit, von Wolfdietrich: kurz Alles was man unter dem Namen der deutschen Heldensage zu begreifen pflegt. Längst wußte man, daß diese Sagen uns keineswegs blos in mittelhochdeutschen Gedichten, sondern zum Theil auch in den nordischen Sprachen, poetisch und prosaisch bearbeitet, erhalten sind. Diese Berührung und das Verhältniß der altdeutschen zur nordischen Literatur im allgemeinen suchte Wilhelm Grimm zunächst festzustellen in einer 1808 geschriebenen, ganz ausgezeichneten, obgleich noch vielfach irrenden Abhandlung. Sie war eine Weiterführung und Vervollkommnung dessen, was Görres in der Einsiedlerzeitung versuchte; und in einzelnen Anschauungen zeigte sich manche Verwandtschaft. Aber in seinen Kenntnissen war der zweiundzwanzigjährige junge Mann Görres weit überlegen; und das Beispiel der Verbreitung und Umwandlung von Sagen, das er vorlegte, weihte tiefer in die Naturgeschichte der Sage ein, als die tiefsinnigen Allgemeinheiten und asiatischen Anknüpfungen von Görres im Stande waren

Wilhelm Grimm ordnet und scheidet die Massen unserer alten Dichtung. Er stellt einen neuen Begriff der romantischen Poesie auf. Er versteht nämlich darunter die Liebespoesie, die Gedichte von König Karl und Artus, mit Einem Worte die deutsche Kunstpoesie des zwölften und dreizehnten Jahrhunderts, und führt diese ganz auf französischen Einfluß zurück. Davon trennt er streng ab die einheimische deutsche Poesie, deren Stoff die Heldensage bildete. Die nordische Poesie zerfällt nach ihm in drei Gruppen: eine urgemeinsame, aber in Deutschland verlorene, die mythologische; eine gemeinsam erworbene (denn durch Heerzüge und Kriege seien beide Nationen zur Zeit der Völkerwanderung vereinigt gewesen) und bei beiden erhaltene, welche die Nibelungensage behandelte; endlich eine aus Deutschland zugleich mit romantischer Poesie durch Uebersetzung importirte, die Dietrichs-Saga. Daran war Einiges falsch; aber der Vortheil einer so klaren Scheidung und Gruppirung ist unter allen Umständen nicht hoch genug anzuschlagen.

Die dänischen Volkslieder waren in der Abhandlung ebenfalls besprochen. Auch ihre nähere Bekanntmachung hatte Friedrich Schlegel Anfang 1808 gewünscht. Gleich darauf gab Wilhelm Grimm einige Uebersetzungen derselben in die Einsiedlerzeitung. 1811 erschien von ihm eine vollständige Verdeutschung aller bis dahin veröffentlichten mit Ausnahme der historischen. Die Arbeit fand Beifall. Niebuhr, dem die dänischen Dichtungen geläufig waren, rühmte die gelungene Wiedergabe ihres Tones. Hebel verglich sie frischem lebendigem Morgenhauch, gekühlt über den Wassern und in den Bergen und gewürzt im Tannenwald. Für Wilhelm Grimm war der nahe Zusammenhang einiger dieser Lieder mit der deutschen Heldensage das eigentliche Motiv seiner Beschäftigung damit gewesen.

Und dasselbe Motiv führte ihn zu den Heldenliedern der alten Edda.

Die im Jahre 1787 zu Kopenhagen begonnene Ausgabe der alten Edda umfaßte, wie wir wissen, vorläufig nur die mythologischen Lieder. Von den Liedern, welche die Nibelungensage behandeln und die, wie heute wohl niemand bezweifelt, auf uralter Entlehnung aus Deutschland beruhen, waren erst zwei gedruckt. Durch den General Grafen Hammerstein erhielt Wilhelm Grimm eine Abschrift aller. Diese wollte er mit Jacob gemeinschaftlich herausgeben und übersetzen. Auf dem Wege zur Ausgabe dieser Ueberbleibsel ältester germanischer Poesie lag eine Arbeit über die beiden ältesten deutschen Gedichte, das Hildebrandslied und das Wessobrunner Gebet, die im Sommer 1812 von ihnen vollendet wurde. Die Eddalieder erschienen dann erst 1815, so daß der singersertige von der Hagen Gelegenheit hatte, den Brüdern mit Text und Uebersetzung zuvorzukommen und ihnen den Markt zu verderben. Es half ihnen nichts, daß sie seine Leistung bei weitem übertrafen, daß sie Alles gethan hatten, um das Publicum zu gewinnen: ihr Text war sorgfältig interpungirt, mehrfach geschickt verbessert, sprachlich und sachlich erläutert, mit Inhaltsangaben und zwei Uebersetzungen, einer mehr wörtlichen und einer freien in Prosa, versehen; die letztere ist noch heute die beste und schönste, die wir haben, am meisten geeignet, von der alten Poesie ein lebhaftes und unmittelbares Bild zu geben. Aber das

Buch hatte keinen Erfolg, und der zweite Band blieb ungeschrieben.

In demselben Jahre, wie die Lieder der alten Edda, erschien auch ein mittelhochdeutsches Gedicht durch die gemeinsame Bemühung der Brüder Grimm: der arme Heinrich von Hartmann von Aue. Man kennt die rührende Erzählung, die trotz manchem Fremdartigen, worin wir den Abstand der Zeiten fühlen, ihren Reiz für uns nicht eingebüßt hat. Die Ausgabe ward Ende 1813, nach der Rückkehr des Kurfürsten, angekündigt und zum Besten der hessischen Freiwilligen Pränumeration darauf eröffnet. Die Ankündigung geschah mit den Worten: 'In der glücklichen Zeit wo jeder dem Vaterlande Opfer bringt, wollen wir das altdeutsche, schlichte, tiefsinnige und herzliche Buch vom armen Heinrich, worin dargestellt ist: wie kindliche Treue und Liebe Blut und Leben ihrem Herren hingiebt und dafür herrlich von Gott belohnt wird, neu herausgeben.' Auch hier haben die Brüder nichts versäumt, um das Gedicht den Lesern nahe zu bringen, und in der beigegebenen Erklärung werden wohl zum ersten Mal drei unter den mittelhochdeutschen Epikern, Hartmann, Gottfried und Wolfram, als die größten herausgehoben und ihrem Stile nach vollkommen richtig charakterisirt: Hartmann mild und sanft; Gottfried noch lieblicher, anmuthiger, manchmal bis ins Spielende; Wolfram herber und schwerer, als beide, aber kühner und prächtiger.

Alle gemeinsamen Unternehmungen der Brüder wurden indessen durch das erste in Schatten gestellt: ihre Sammlung der Kindermärchen. Wenn sie beim Hildebrandslied und Wessobrunner Gebet, beim armen Heinrich und der Edda zunächst ein wissenschaftliches Publicum im Auge hatten, so waren die Märchen von vornherein als Volksbuch gedacht und sind es auch wirklich geworden. Gehören ihre sonstigen Werke der gelehrten Litteratur an, so verdienen die Märchen einen Platz in der Geschichte der deutschen Dichtung. Was Tieck mit den Volksromanen erstrebte, was Arnim und Brentano für das Volkslied versuchten, das haben die Brüder Grimm für die Märchen geleistet: eine Gattung der volksthümlichen Dichtung, die nur in den niederen Ständen noch lebte, ist durch sie der Nation in allen ihren Schichten wiedergegeben worden.

Unter den dänischen Liedern, die Wilhelm übersetzte, befanden sich mehrere, welche Märchenstoffe behandelten. Wilhelm sprach davon in der Vorrede. 'In den Märchen ist eine Zauberwelt aufgethan', sagt er, 'die auch bei uns steht, in heimlichen Wäldern, unterirdischen Höhlen, im tiefen Meere, und den Kindern noch gezeigt wird. Diese Märchen verdienen eine bessere Aufmerksamkeit als man ihnen bisher geschenkt, nicht nur ihrer Dichtung wegen, die eine eigene Lieblichkeit hat und die einem jeden, der sie in der Kindheit angehört, eine goldene Lehre und eine heitere Erinnerung daran durchs ganze Leben mit auf den Weg giebt; sondern auch weil sie zu unserer National=

poesie gehören, indem sich nachweisen läßt, daß sie schon mehre Jahrhunderte durch unter dem Volke gelebt.' Bald darauf schrieb Jacob: 'Es ist höchste Zeit geworden, alte Ueberlieferungen zu sammeln und zu retten, damit sie nicht, wie Thau in heißer Sonne vergeht, wie Feuer im Brunnen erlischt, in der Unruhe unserer Tage auf immer verstummen.' Und einen ähnlichen Gedanken sprach er im Mai 1812 in dem volltönenden Idiome Castiliens aus in der Vorrede zu den spanischen Romanzen. In der That scheint es, als ob die Leute, welche viel Märchen wissen, immer seltener würden, so daß diese nur durch Aufzeichnung vor dem Untergange bewahrt werden können.

Die Brüder Grimm hatten in ihrer Heimat, in den Main= und Kinziggegenden der Grafschaft Hanau seit etwa sechs Jahren unermüdlich gesammelt. Aber zur Veröffentlichung schien ihnen noch nicht reif, was sie gefunden hatten. Da kam Arnim 1812 nach Kassel und brachte einige Wochen bei ihnen zu. Er sah ihre Samm= lungen, die Märchen gefielen ihm am besten. Er trieb sie an, nicht zu lange damit zurückzuhalten: bei dem Streben nach Vollständigkeit bleibe die Sache am Ende liegen. Wilhelm Grimm hat die Situation in treuem Gedächtnisse bewahrt: Arnim las die einzelnen Blätter im Zimmer auf und ab gehend, während ein zahmer Kanarienvogel, in zierlicher Bewegung mit den Flügeln sich im Gleichgewichte haltend, auf seinem Kopfe saß, in dessen vollen Locken es ihm sehr behaglich zu sein schien.

Arnim überredete seine Freunde. Noch vor Weihnachten 1812 erschien der erste Band. Er enthielt alles, was die Brüder bis dahin gesammelt hatten und trug die Widmung: "An die Frau Elisabeth von Arnim für den kleinen Johannes Freimund."

Das Buch erwarb sich schnell Freunde, die es nun, wo sie bestimmt sahen, was und wie es gemeint sei, unterstützten. Diese Theilnahme anderer und besonders glückliche Zufälle, welche die Brüder auf reiche Märchenquellen stoßen ließen, machten es möglich, daß schon nach zwei Jahren, Ende 1814, ein zweiter Band abgeschlossen werden konnte. Bei anderthalbhundert Märchen waren auf diese Weise dem Dunkel entrissen. Ein ganzes kleines Volk war wie aus einer Verzauberung erlöst und trat aus Tageslicht. Rothkäppchen, Dornröschen, Schneeweißchen, Däumling, Hänsel und Grethel und wie die lieben Gestalten sonst heißen mögen, die bis dahin in den Spinnstuben, in den traulichen Ecken der Ofenbänke ein kümmerliches Dasein gefristet hatten, kamen hervor und erhielten eine sichere Wohnung im Herzen der ganzen Nation. Die Märchen waren fortan und sind der erste Schimmer von Poesie, der in die aufwachenden Kinderseelen fällt.

Der Geschmack der Gebildeten an den Märchen datirt in Deutschland freilich nicht erst aus dem Anfang unseres Jahrhunderts. Er wurde schon im vorigen aus Frankreich eingeführt, wo die Feenmärchen von Perrault und der Gräfin d'Aulnoy, dann Gallands Uebersetzung von Tausend und eine Nacht eine reiche, aber keineswegs lobenswerthe Märchenlitteratur hervorrief. Vieles davon gelangte durch deutsche Bearbeitungen, aber das meiste erst nach der Mitte des Jahrhunderts zu uns, ohne daß man auf den Gedanken gekommen wäre, aufzuzeichnen, was von ähnlichen Ueberlieferungen im Mund unseres Landvolkes lebte. Herders erste kräftige Hinweisung darauf scheint wirkungslos geblieben zu sein. In seinen letzten Lebensjahren kam er noch einmal darauf zurück. Er verglich die Welt der Märchen mit der Welt des Traumes: der Traum sei das Ideal des Märchens; jedes Märchen solle die magische, aber auch die moralische Gewalt des Traumes haben. 'Eine reine Sammlung von Kindermärchen', sagt er, 'mit allem Reichthum zauberischer Weltscenen, so wie mit der ganzen Unschuld einer Jugendseele begabt, wäre ein Weihnachtsgeschenk für die junge Welt künftiger Generationen.'

Gegen die Feenmärchen polemisirte Wieland mit seinem Don Sylvio. Aber später mochte er selbst zu solchen Stoffen greifen, um in seiner Manier, ironisch neben dem Gegenstande stehend, gewisse seiner Phantasie behagende Situationen auszumalen. Einer, der sich zum Theil an ihm gebildet hatte, der Weimarische Pagenhofmeister Musäus, gab in derselben Behandlungsweise 'Volksmärchen der Deutschen' (1782—85) heraus. Darunter befanden sich nur sehr wenige wirkliche Märchen: den Hauptinhalt bildeten Sagen. Man schied diese beiden Begriffe noch nicht, auch Frau Naubert bearbeitete in ihren 'neuen Volksmärchen der Deutschen' (1789—93) nur Volkssagen. Den Unterschied prägten erst die Grimm fest aus. Die Sagen haben stets das Besondere, daß sie an etwas Bekanntem und Bewußtem haften, an einem Ort oder einem durch die Geschichte gesicherten Namen; das Märchen steht beinahe nur in sich selber fest, ohne äußeren Halt. Die Sage ist historischer, das Märchen poetischer; die Sage farbloser, das Märchen bunter.

Das Märchen ist einer ganz kindlichen Weltanschauung fähig, welche da am schärfsten hervortritt, wo es sich um Lebensideale handelt. Wenn wir von dem Märchenhaften der Odyssee sprechen, so denken wir zunächst an die Phäakeninsel, an die mit wunderbaren Kräften ausgestatteten Schiffe, an die Pracht des Palastes, die üppige Fülle der Gärten. Das deutsche Märchen zeigt seine Kindlichkeit am deutlichsten in den Vorstellungen von Wunschdingen, von dem Tischchen-deck-dich, dem Goldesel, dem Knüppel aus dem Sack und ähnlichem, oder in Vorstellungen wie die von dem Häuslein mitten im Wald aus Brot gebaut, mit Kuchen gedeckt und die Fenster von hellem Zucker. Und wie ein Kind sieht das Märchen geschehen, was geschieht, wie ein Kind das die Motive der handelnden Personen nicht kennt und nicht weiß, daß es sie nicht kennt.

Die Sage ist die nothwendige Form, in welcher der rohe und wundergläubige Mensch auffallende Thatsachen in die Reihe seiner Anschauungen einordnet und sie künftigen Geschlechtern überliefert. 'Um alles menschlichen Sinnen Ungewöhnliche', sagen die Brüder Grimm, 'was die Natur eines Landstrichs besitzt oder wessen ihn die Geschichte gemahnt, sammelt sich ein Duft von Sage und Lied, wie sich die Ferne des Himmels blau anläßt und zarter feiner Staub um Obst und Blumen setzt.'

Das Märchen ist seinem Wesen nach losgelöst von allem Wirklichen, ein freies Spiel der Einbildungskraft. Es hat keinen sittlichen Zweck. Es führt daher, wie Goethe sagt, den Menschen nicht auf sich selbst zurück, sondern trägt ihn außer sich hinaus ins unbedingte Freie. Trotzdem freilich sind sittliche Motive nicht allen deutschen Märchen fremd, und zwar Motive der christlichen Sittenlehre. Die Tugenden, die aus Liebe und Demuth stammen, werden verherrlicht. Bosheit und Falschheit, Ueberhebung und ungemessenes Wünschen werden gestraft. Liebreich und hilfreich gegen Menschen und Thier, bescheiden, schonend und mitleidend: so ist eine ganze Klasse bevorzugter Märchenhelden. Der unschuldige Dumme, aber mit gutem Herzen, erringt, woran der Listige und Kluge, aber Hochmüthige] zu Schanden wird. Sehr selten, daß noch die Verbindung von Kraft und Einsicht und das Selbstvertrauen, das daraus fließt, wie es den Lieblingen des alten Epos eigen, zu Ehren kommt. Neben diesen christlich gefärbten stehen andere Märchen, in denen das Bewußtsein des Standes, der sie gepflegt, das Bewußtsein eines überall gedrückten, seines Selbstgefühls beraubten Bauernstandes sich ausspricht, dem die Verschmitztheit unter der Decke der Einfalt Alles gilt bis zur Stumpfheit gegen das Verbrechen selbst. Anziehender sind die Geschichten, worin es der Verschlagene, Listige, Behende über die ungeschlachte Kraft davon trägt. Ebenso eine andere Art Charaktere, welche das Landsknechtwesen in diese Litteratur abgesetzt hat: der Spielhansel oder Bruder Lustig oder Bärenhäuter, der den heiligen Petrus ungenirt betrügt und den Teufel in Schrecken setzt, so daß ihn die Hölle nicht aufnehmen will und er sich den Himmel erlisten oder zwischen Himmel und Erde schweben muß. So hat das Märchen noch andere Charaktere durchgebildet: die des Aufschneiders, des Albernen, des Faulen. Alles überhaupt ist ihm erlaubt, dem es innere Einheit und Consequenz giebt: das Unmögliche und die Lüge sogar. Auch leblose Dinge dürfen reden und sich wie Menschen gebärden, wenn sie nur nicht aus der Rolle fallen.

Allen deutschen Volksmärchen gemeinsam ist die Gläubigkeit, mit der das Wunderbare erzählt wird, und eine gewisse Heiterkeit des allgemeinen Charakters, indem sie gerne mit der Aussicht auf lange und dauernde Glückseligkeit schließen. Beides fehlt den düsteren 'Volksmärchen' von Tieck. Sie erschienen 1797 und fanden nicht viele Bewunderer: vergebens bemühte sich Wilhelm Schlegel, ihnen welche zu werben. Vergebens versuchten sich auch andere Romantiker an selbstgedichteten Märchen. Vergebens nahmen schon einige Sammlungen ihre Stoffe zum Theil aus dem Volksmund auf. Keine erfreute sich eines durchgreifenden Erfolges. Sie alle dienten nur, um der Grimmschen Sammlung den Weg zu ebnen.

Niemand hatte die Treue und Wahrheit der Auffassung, die Wiedergabe nur des im Volke Lebenden ohne ausschmückende Willkür zum obersten Grundsatz erhoben, wie die Brüder Grimm es thaten. 'Unsere Zeit kann sich in den schwersten Gesetzen bewegen', schrieb Wilhelm 1809, 'nur nicht unschuldig und gerad erzählen.' Die Brüder selbst widerlegten das in den Märchen. Sie erreichten es durch den engsten Anschluß an die Erzählungsweise des Volkes selbst. Natürlich rührte der Ausdruck und die Ausführung des Einzelnen großentheils von ihnen her. Aber sie suchten jede bemerkte Eigenthümlichkeit zu erhalten: sie haben nichts Fremdartiges hinzugesetzt, keinen wesentlichen Zug der Erzählung verwischt, verschönert oder entfernt und den Ausdruck so schlicht gewählt, wie er aus dem Munde des einfachsten Mannes hätte hervorgehen können. Die volksthümlichen Wendungen, durch welche der Schluß angezeigt wird oder womit der Erzähler seine Zuhörer aufsordert an die Wahrheit des Erzählten zu glauben oder womit er diese Wahrheit bekräftigt, waren treulich bewahrt. Kurz: der Stil der Grimmschen Märchen ist der Stil der volksthümlich-kindlichen Prosaerzählung selbst, von gelehrten Philologen sorgsam beobachtet, von wahren

Künstlern geschmackvoll gehandhabt, von kindlichen Menschen den deutschen Kindern und Eltern liebevoll überliefert.

Die ehrfürchtige Treue, mit welcher die Brüder Grimm ihre Märchen aufzeichneten, floß aus der Ueberzeugung von der ursprünglichen, höchstens durch lückenhafte Tradition gestörten Vollkommenheit und Unübertrefflichkeit aller Volkspoesie. Sie wurde verstärkt durch die Meinung, es sei in diesen Märchen uralte einheimische Nationalpoesie erhalten, eine unmittelbare Fortsetzung der ältesten blos mythischen, welche neben der Heldensage ohne Unterbrechung fortbestanden und Mythen oder Reste von Mythen in sich geborgen habe. Eingehende und ausführliche Vergleichungen mit der ganzen zugänglichen Erzählungslitteratur der Welt wurden angestellt und daraus gefolgert: die Verwandtschaft ziehe sich in denselben Kreisen enger und weiter, wie die aus der Sprache erweisbare Völkerverwandtschaft und Urgemeinschaft. Wenn arabische und deutsche Märchen manchmal auffallend zusammenstimmen, so sei das auf die Urverwandtschaft des Deutschen und Indischen einerseits, und auf die Entlehnung des arabischen Märchens aus dem Indischen andererseits zurückzuführen.

Neuere Forschungen haben dieser Ansicht, die übrigens erst in den späteren Ausgaben der Märchen so formulirt ward, eine ganz verschiedene mit gutem Grund entgegengesetzt. Nationalpoesie mag man unsere Märchen immerhin nennen, wenigstens nationalisirte Poesie. Vergleicht man sie nur oberflächlich, vergleicht man Costüm, Sitten, Lebensweise, Landschaft, Charakter des Aberglaubens mit den arabischen Märchen, so ist in ihnen alles deutsch, das heißt: schlicht und treuherzig. Deutsch ist die Poesie des Waldes. Deutsch sind die Könige, die beständig ihre Krone auf dem Kopfe tragen. Deutsch sind die spärlichen Reste des Heidenthums, die hier und da zum Vorschein kommen, obgleich es nicht mehr ist, als was bis heut auch sonst sich von altem Heidenthum in unserem Volke gefristet hat. Aber nicht ebenso ursprünglich deutsch ist der Inhalt.

Die ältesten Märchen, die wir besitzen, sind nicht älter als das zehnte Jahrhundert, und was etwa vor dem zehnten Jahrhundert an europäischen Märchen vorhanden war, wissen wir nicht. Die einzige oder doch die reichste Märchenquelle, woraus die ganze alte Welt den größten Theil ihres Bedarfes holte, scheint Indien zu sein. Der indische Buddhismus, eine Reaction des weltlichen Adels gegen die Uebermacht des geistlichen und in einigen seiner Lebensäußerungen entschieden demokratischer Natur, brachte neben wissenschaftlicher Tiefe — wie die Zeit des zwölften und dreizehnten Jahrhunderts, welche einen ähnlichen Moment in Europa bezeichnet — ein gut Theil Weltlust ins indische Leben. Und wie er in der Wissenschaft brach mit der Tradition und den Veda als die oberste Quelle der Erkenntniß verwarf, so konnte seinen poetischen Bedürfnissen nur eine Dichtungsgattung entsprechen, welche der schaffenden

Phantasie den freiesten Spielraum ließ und worein die neuen Anschauungen ohne Scheu verarbeitet werden durften. Im Gefolge des Buddhismus verbreitete sich denn eine reiche Märchen- und Erzählungslitteratur über Indien. Mehrere Sammlungen entstanden, durch Rahmenerzählungen zusammengehalten, wie man sie aus Tausend und einer Nacht kennt. Das zehnte Jahrhundert, wo islamitische Völker ihre Macht auch nach Indien ausdehnten, verpflanzte diese Sammlungen aus ihrer ersten Heimat nach Persien und Arabien, um ihnen dort eine neue zu gründen. Aus diesen beiden Pflegestätten gelangten sie auf zwei verschiedenen Wegen nach Europa: der eine ging über die Länder des Islams nach Byzanz, Italien und Spanien, wo hauptsächlich Juden die Vermittelung übernahmen; der andere wurde durch den Buddhismus selbst gebahnt und führte wie nach China, so nach Tibet und zu den Mongolen, und durch deren zweihundertjährige europäische Herrschaft auch von dieser Seite nach Europa. Die Märchen bilden mithin einen Theil der romantischen Poesie in Wilhelm Grimms Sinne, d. h. einen Theil der bei uns importirten Poesie.

Der Romantik des Mittelalters verdanken sie ihre Einführung, der Romantik des achtzehnten und neunzehnten Jahrhunderts ihre Wiedergeburt und Wiederherstellung in der allgemeinen Litteratur. Man darf behaupten: die Grimmsche Sammlung der Märchen ist mit Uhlands Gedichten und Schlegels Shakespeare so ziemlich das Einzige, was sich von den litterarischen Producten der deutschen Romantik in dem Bewußtsein der Nation ununterbrochen erhalten hat und dem sich ohne Gefahr der Widerlegung eine unvergängliche Fortdauer prophezeien läßt.

Die Kindermärchen sind, wie gesagt, das erste gemeinsame Werk von Jacob und Wilhelm Grimm. Der Antheil beider Brüder an der ersten Gestalt derselben wird gleich groß gewesen sein. Auf gemeinsamen Wanderungen mögen sie gesammelt, bald der eine bald der andere mag die Aufzeichnung gemacht, ein jeder bei der Redaction seinen Rath dazu gegeben, seine Meinung beigesteuert haben. Seit der zweiten Auflage jedoch, das ist: seit 1819, scheinen sie der ausschließlichen Pflege Wilhelms überlassen worden zu sein. Die vielen Vermehrungen (um fünfzig Nummern etwa), Verbesserungen und gründlichen Veränderungen, welche seitdem mit der Sammlung vorgenommen wurden und sie nach und nach zu dem machten, was sie gegenwärtig ist, dann der größte Theil des Materials und die ganze Bearbeitung der beigegebenen Abhandlungen scheint von Wilhelm herzurühren, so daß ihm in der That ein größeres Verdienst um die Märchen zugeschrieben werden muß, als seinem Bruder Jacob.

Wir erinnern uns, welche gemeinschaftlichen Arbeiten sich an die bisherigen der Brüder noch anschließen sollten und wirklich unmittelbar anschlossen: 'die beiden ältesten deutschen Gedichte aus dem achten Jahrhundert' (Hilde-

8

brandslied und Wessobrunner Gebet, 1812), der 'arme Heinrich' (1815), die 'Lieder der alten Edda' (1815) und die 'Deutschen Sagen' (1816 und 1818). Zu den letzteren, ihrem ältesten Vorsatz, kehrten sie zurück, sobald Alles, was sich ihnen zufällig in den Weg geworfen hatte und was dringender schien, erledigt war. Und auch an der Absicht hielten sie noch fest, als sie den zweiten Band der Sagen erscheinen ließen, eine vollständige Abhandlung der deutschen Sagenpoesie mit umfassenden Uebersichten nach Ort, Zeit und Inhalt zu liefern. Dieser Plan ward aber nicht ausgeführt.

Die deutschen Sagen hatten keinen so großen Erfolg, wie die Märchen. Sie standen an epischem Reize zurück. Sie wandten sich nicht vorzugsweise an die kindliche Phantasie und sie setzten zum Theil wenigstens ein gelehrtes Interesse voraus. Die Sammlung umfaßte gegen 600 Nummern. Sehr viele davon waren aus der älteren gedruckten Litteratur, die geringere Zahl aus der mündlichen Ueberlieferung entnommen. Der erste Band enthielt die örtlich gebundenen, der zweite Band die geschichtlichen Sagen. Dort treiben die Figuren des Volksglaubens, christliche und heidnische, ihr Wesen, die Riesen und Zwerge, Frau Holle und der treue Eckart, die verzauberten Kaiser, die Ahnfrauen, die Wassermänner, Nixen, Kobolde, Hausgeister, Alraunen, Korndämonen; aber auch versunkene Schätze und Schlösser, prophetisch quellende Brunnen, Zaubergeschichten, Gespenster, die Felsen und Mauern, die der Teufel setzt, die Fußspuren Christi oder des Satans. Im zweiten Bande dagegen begleiten wir die deutschen Völker und Stämme von ihrer ältesten Geschichte bis auf die Zeiten Luthers herunter; die Sagen der Gothen, Langobarden und Franken lassen sich bequem überschauen, und auch die grausige Seefahrt der letzten Usipier, von welcher Tacitus erzählt, ist nicht vergessen. Anekdoten von Karl dem Großen leiten zu den Sagen des zehnten Jahrhunderts über, die zum großen Theil einer schwankhaften Spielmannspoesie ihren Ursprung verdanken, Albertus Magnus, der Brennenberger und der edle Möringer repräsentiren das geistige Leben des dreizehnten Jahrhunderts. Die einzelnen Landschaften steuern ihre historischen Sagen bei, und ihre berühmten Stätten zeigen sich vom Hauche der Poesie umwittert: Weinsberg, Rütli, die Wartburg, Nimwegen, wo der Schwanritter landete. Ausgeschlossen war die eigentliche Heldensage, das was französische, spanische Romanzen und Epen über Franken und Gothen berichten, überhaupt Sagen, die in eigenen Gedichten auf uns gekommen sind, und Alles, was aus der Heiligenlegende vielleicht zur deutschen Sage gerechnet werden kann.

Der schlichte Ton der Erzählung herrscht durchaus, aber es wird nicht immer erzählt; es werden auch bloße Thatsachen des Volksglaubens angegeben, Sitten geschildert und die mythischen oder halbmythischen Wesen der Sage charakterisirt; ja, es kommt vor, daß ein und dieselbe Historie in verschiedenen Fassungen hinter einander sich wiederholt, womit die ästhetische Wirkung vernichtet ist.

Schön redet das Vorwort über die Freude des treuen Sammelns; und was die Brüder bei ihrer Thätigkeit für die Märchen und Sagen empfanden, erhält dadurch einen gleichsam lyrischen Ausdruck: 'Das Geschäft des Sammelns, sobald es einer ernstlich thun will, verlohnt sich bald der Mühe, und das Finden reicht doch noch am nächsten an jene unschuldige Lust der Kindheit, wann sie in Moos und Gebüsch ein brütendes Vöglein auf seinem Nest überrascht; es ist auch hier bei den Sagen ein leises Aufheben der Blätter und behutsames Wegbiegen der Zweige, um das Volk nicht zu stören und um verstohlen in die seltsam, aber bescheiden in sich geschmiegte, nach Laub, Wiesengras und frischgefallenem Regen riechende Natur blicken zu können.'

Fünftes Kapitel.

Ansichten der Poesie.

Ihr achtet, was ein freies Herz gedichtet,
Was uranfänglich, doch der Welt verbunden,
Was keinem eigen, was sich selbst erfunden,
Was unerkannt, doch nimmer geht verloren,
Was oft erstirbt und schöner wird geboren.

Diese Worte rief Arnim seinen Freunden, den Märchen-Brüdern in Kassel, zu, die, mit ihm und Brentano durch Savigny früh verbunden, die Verehrung der volksthümlichen Poesie zu einem wissenschaftlichen Princip erhoben.

Für beide Grimm war Geschichte der Poesie so viel als Geschichte der Sage. Aber Poesie und Sage waren noch etwas mehr: sie waren die Geschichte selbst. Schon 1807 im Neuen litterarischen Anzeiger stellt Jacob Grimm folgende Sätze hin und behauptet ihre Identität, wie er sagt: 'Die älteste Geschichte jedwedes Volks ist Volkssage.

Jede Volkssage ist episch. Das Epos ist alte Geschichte. Alte Geschichte und alte Poesie fallen nothwendig zusammen. In beiden ist vermöge ihrer Natur die höchste Unschuldigkeit (Naivetät) offenbar.' Er setzt hinzu, daß es ungereimt sei, ein Epos erfinden zu wollen, 'denn jedes Epos muß sich selbst dichten.' Da haben wir die Quelle von Arnims Ausdruck: 'Was keinem eigen, was sich selbst erfunden.'

Die Erläuterung dessen, was Jacob Grimm hier meint, ist nicht ganz einfach.

Die Werthschätzung der volksthümlichen Poesie wurde von einzelnen Romantikern auch auf ihre Wahrheit ausgedehnt. Schon Novalis behauptete, es sei mehr Wahrheit in den Märchen der Dichter, als in gelehrten Chroniken, weil ein zarteres Gefühl für den geheimnißvollen Geist des Lebens; und dem entsprechend verkündigte er eine Zeit, 'wo man in Märchen und Gedichten erkennt die ewigen Weltgeschichten'. Arnim erklärte: 'Sagen sind, wenngleich ganz unwahr, doch das Wahrste, was ein Volk zur Darstellung seiner liebsten Gedanken hervorbringt.' Ganz unwahr? Das würden die Grimm nicht gerne zugegeben haben.

Sie beriefen sich auf Aussprüche von Johannes Müller, wie diesen: 'Gemeiniglich ist in Sagen ein wahrer Grund, oft ganz, oft zum Theil von populären Zusätzen entstellt.' Oder: 'Niemand wird solchen Sagen buchstäblich glauben, ihr Grund ist nichtsdestoweniger historisch.'

Sie polemisirten gegen die kritische Geschichtschreibung des achtzehnten Jahrhunderts und warfen ihr Mißachtung der Sagen vor. Sie hatten eine hohe Vorstellung von den Aufgaben der historischen Wissenschaft, und wenn sie in späteren Jahren sich scherzweise Propheten mit umgekehrtem Gesichte nannten, so wiederholten sie unbewußt ein altes Witzwort, durch das sie sich als Historiker bezeichneten. Friedrich Schlegel schrieb schon 1798: 'Der Historiker ist ein rückwärts gekehrter Prophet.'

Die Geschichte, sagen sie, hat das Leben der Völker und ihre lebendigen Thaten zu erzählen. Die Aufgabe der vaterländischen Geschichte ist die gründliche Erforschung des altdeutschen Lebens. Der Historiker soll die lebendige Pflanze aufnehmen, wie sie gewachsen ist, nicht wie sie von geschäftigen Händen getrocknet und aufbewahrt worden. Allein die bisherigen Geschichtschreiber achteten es gering, auf das Privatleben Rücksicht zu nehmen und beschrieben nur das politische Treiben, während doch die Götter selbst zu den Wohnungen der Menschen herabgestiegen sind und ihr Leben betrachtet haben. Ihre Werke gleichen oft ausgebrannten Gebäuden, von denen nur kahle Mauern stehen. Die moderne Geschichtschreibung ist den Sagen und Nationalliedern feind, weil sie kein rechtes historisches Factum daraus abnehmen kann und ihre innere Bedeutung und Natur nicht ahnt. Sie steht weit tiefer als die Nationaldichtung, als das Epos, während ihre Aufgabe in Wahrheit dieselbe ist. Sie wählt irgend einen

Punct, von dem aus sie die Welt betrachtet, greift dann ängstlich in den Vorrath gesammelter Facta und sucht heraus, was sich um diese beschränkte Ansicht reiht: während in die Nationaldichtung der Geist des Lebens und der Völker übergegangen ist und darin waltet. Die kritische Geschichtschreibung muß auf einem anderen Wege wieder dahin zu gelangen suchen. Die Bibel, Herodot, der Isländer Snorri, Johannes Müller: das sind die echten Historiker.

Und weiter! Zur Wahrheit reicht nicht das Factum hin, es gehört zu ihr auch der Eindruck, den es in das Gemüth der Lebenden macht. Dieser ist aber in alten Zeiten, je bedeutender das Factum, desto unzertrennlicher von dem Wunderbaren und Phantastischen. Was wir in der Sage als an sich unwahr erkennen, ist nicht unwahr, insofern es nach der alten Ansicht des Volkes von der Wunderbarkeit der Natur gerade nur so erscheinen und mit dieser Zunge ausgesprochen werden konnte. Es giebt eine doppelte Wahrheit in der Geschichte: neben der äußeren der Urkunden und Chroniken eine innere, auf lebendigen Begriffen und Anschauungen ruhende. Neben der factischen, historischen, eine bildliche, poetische. Bei dieser gewinnen wir mehr, weil nur sie uns lebendig an=sprechen kann. Wir müßten sie anerkennen, auch wo die Sage bei dem Gang durch viele Jahrhunderte alles Factische abgestreift hätte. Denn ursprünglich sind in der Sage und in ihrer dichterischen Gestaltung, im Epos, stets beide Arten der Wahrheit beisammen: nicht zusammengelegt und geleimt, sondern aus Einem Keim entsprossen und neben und in einander emporgewachsen. Ueberall, wo wir zurückgehen auf die frühesten Zeiten eines Volkes, sehen wir Poesie und Geschichte ungetrennt von Einem Gemüth aufbewahrt und von Einem begeisterten Munde verkündet.

In diesen Sätzen lag eine bemerkenswerthe Fortbildung der Ansicht des Epos. Friedrich Schlegel unterschied im homerischen Epos einfach zwischen den wirklichen Begebenheiten und den Erdichtungen, mit denen sie vermischt seien. Nur hatten sich, meint er, diese so allmählich angebildet, waren so innig verwebt, und Alles ward durch die Gewalt der Darstellung selbst in eine so wunderbare Entfernung hinausgeschoben, daß die dichterische Erfindung von der geschichtlichen Wahrheit nicht einmal getrennt, geschweige denn ihr entgegengesetzt erschien. Auch Görres sah nicht klarer. Er sagt, es sei die Weise der Poesie, insbesondere der eigentlichen Nationalpoesie, daß sie wohl liebe, historische Wahrheit zum Grunde zu legen, daß sie aber im Fortgange der Entwickelung, den gefaßten Gegenstand aufnehmend ins Reich der Phantasie, sich nur durch das Gesetz des Schönen, nicht aber durch das der Wahrheit binden wolle. Hierbei schwebt immer noch der moderne Dichter vor, der sich zu dem überlieferten Stoff nach Bedürfniß etwas ausdenkt und hinzufügt. Bei den

Brüdern Grimm aber entsteht der Zusatz zu dem Factum durch einen nothwendigen psychologischen Proceß.

Insoferne konnte der strengste Kritiker jene Sätze von zweierlei Wahrheit getrost unterschreiben. Aber sie enthalten in sich keine Hindeutung auf ihren Gebrauch, und ein Fehler war dabei leicht. Johannes Müller hatte mit seinen Aeußerungen über die Sage die kritiklose Verwebung ganzer Sagen, wie der vom Tell, in die Schweizergeschichte rechtfertigen wollen. Auch an den Grimm gewahrt man ein offenbares Bestreben, den Sagen möglichst viel factische Wahrheit zuzuschreiben. Wilhelm Grimm behandelt einmal die Sage von der trojanischen Abstammung der Franken, und läßt es, an der richtigen Fährte, die er wohl sieht, vorübergehend, auf eine sonderbare Art dahingestellt, ob sie vielleicht 'nicht ohne Bedeutung' sei, weil 'eine echte Volkssage niemals eine eitle Erfindung sei, sondern stets auf Wahrheit ruhe.' Der Nibelungensage soll durchweg Geschehenes zu Grunde liegen. Nicht nur Attila, Dietrich von Bern, Gunther, sondern auch Siegfried, Hagen, Kriemhild sollen wirklich gelebt haben. Jacob Grimm bemerkt, er habe an die alten Sagen vielfach glauben gelernt; und warnt, man möge sich hüten, über Sagen abzusprechen und wie mit einem harten Luftzuge die Asche der alten Tradition zu zerstäuben. Er selbst nimmt nach diesem Grundsatz auf die Sagen über den ältesten Meistergesang viel zu viel Rücksicht.

Im Jahr 1812 widmet er dem Thema von zweierlei Wahrheit eine besondere Abhandlung: 'Gedanken über Mythos, Epos und Geschichte.' Was er früher die poetische oder bildliche Wahrheit nannte, heißt ihm jetzt die mythische oder göttliche. Die Sage, das Volksepos hat weder eine rein mythische, göttliche, noch rein historische, factische Wahrheit: sein Wesen ist die Durchdringung beider. Zur Entstehung des Epos ist eine historische That nöthig, von der das Volk lebendig erfüllt sein muß, damit sich das Mythische daran setzen kann. So trägt das Epos einen göttlichen und einen menschlichen Theil an sich. Jener hebt es über die bloße Geschichte, dieser nähert es ihr wieder und verleiht ihr einen frischen Erdgeruch. Götter haben sich zu Helden gewandelt, die Wiedergeburten der Sagen rücken uns immer näher. Sondert man jene beiden Theile, so läßt sich dem Epos mancher Aufschluß über deutsche Mythen abgewinnen. Er versucht den Nachweis an den Sagen von Tell und von der Frau Bertha. Er ist dabei nicht gerade glücklich; aber er hat in jenen Aussprüchen das Wesen des Epos vollkommen richtig bezeichnet und damit einen Fundamentalsatz aufgestellt, den fernere Forschung bestätigte und weit fruchtbarer machte, als er selbst.

Wenn Jacob Grimm hier das nicht-factische Element des Epos und der Sage bestimmter und klarer als früher bezeichnete, so beruhte dies vermuthlich auf einer ihm geläufigen unberechtigten, in diesem Falle nur zufällig berechtigten, Ausdehnung des Begriffes des Mythus: alles Traditionelle in der Poesie, die Märchen- und Novellenstoffe, ja einzelne Sinnbilder und Gleichnisse, galten ihm als mythisch. Dies hängt wieder auf das Genaueste mit seiner allgemeinen Ansicht der Poesie zusammen, an welcher man deutlich die Einwirkung der mythologischen Werke von Görres und Arnold Kanne bemerkt. Denn auch die Naturphilosophie hat bei der altdeutschen Philologie zu Gevatter gestanden.

Görres handelt wiederholt von der ältesten Periode, von der Jugend der Geschichte. Der Mensch in dieser Periode ist somnambül, sein Denken ist Träumen, aber diese Träume sind wahr, denn sie sind Offenbarungen der Natur, die nimmer lügt, in ein junges reges unverlogenes Leben ohne Sünde und Missethat. Das Menschengeschlecht ist von Einem Punct ausgegangen. Es existirte ein einziger ältester Staat im Herzen Asiens, an den Bergen des Himalaya: Ein Staat und Eine Sprache und Eine Religion, Eine Mythe. Die Mythe war der erste Lebenslaut, den der Geist von sich gab, da er anfing die Kreise der Naturgewalt zu durchbrechen. Noch war er nicht losgelöst von ihr; der Strom des Naturlebens, das ist: des göttlichen Lebens, das als Naturleben sich offenbarte, quoll noch in ihn hinüber, erregte ihn, begeisterte ihn ohne Unterlaß. Aus diesem Affect brach die Mythe hervor: die stumme Materie hat in ihr Sprache gefunden. Alle Mythe aber war ursprünglich Poesie, und alle Poesie war mythisch. Die ältesten Anschauungen, wie sie in jenem Urstaate sich ausbildeten, waren die Mitgabe, welche die Völker, als sie sich trennten, auf ihren ferneren Zügen mit hinnahmen. Bei jedem einzelnen Volke hat sich nothwendig die Religion nach den besonderen Verhältnissen besonders ausgebildet. Aber das Spiel der vielgemischten Formen geht in wenige allen gemeinsame Ideen auf, und diese sind von ewiger Wahrheit. So wirken dieselben Elemente aller Orten, derselbe Keim der Fruchtbarkeit ist über die ganze Erde ausgestreut: aber viel tausend verschiedene Pflanzen sind aufgegangen, klimatisch wechselnd, bald unscheinbar wie die Moose, bald hochaufgeschossen wie die Palmen.

Arnold Kanne, einer der seltsamsten und verschrobensten Charaktere der Zeit, steht, ohne in seinen Anfängen von Görres abhängig zu sein, in naher Verwandtschaft zu ihm. Bei Kanne geht durchweg die Mythenforschung mit der Erforschung der Sprache Hand in Hand. In allen Sprachen und Religionen die Einheit nachzuweisen, 'in Allem Eins und Eines in Allem' war seine Absicht in einem Werke 'Hen to Pan', das er 1809 ankündigte. Davon erschien nach zwei Jahren das Pantheum: das Panglossum war auch vollendet, gelangte jedoch nicht zum Druck. Er stellte in jenem eine mystische Theogonie und Kosmogonie auf und erklärte sie für den Glauben, welcher von der Urnation allen Völkern mitgegeben sei. In allen Religionen, im Aberglauben, in den Sagen fand er ihn wieder. Die ganze Ueberlieferung über die älteste Geschichte des Volkes Israel, Mose und Simson mit eingeschlossen, wird von ihm mythisch gefaßt. Der thebanische und trojanische Krieg ist der Kampf der Götter des Lebens mit den Riesen der Finsterniß und enthält die Entwickelungsgeschichte des besonderen Daseins aus Gott und zu Gott, aus dem All und in das All zurück. Auch deutsche Kinderreime müssen gelegentlich helfen, alte Anschauungen des Göttlichen zu bestätigen oder zu erweisen. Und sehr vieles, was dem späteren Dichter zum poetischen Schmucke dient, ist nach Kanne der alten religiösen Idee entsprossen. Der Hauptgedanke, von dem er ausgeht und auf den er oft zurückkommt — es ist der Hauptkunstgriff, um sein System zum Stehen zu bringen — wurde schon vor ihm durch Wilhelm von Humboldt und Görres ausgesprochen: die mythische Einerleiheit der Begriffe des Erkennens und Zeugens. Diese sucht er mythisch und etymologisch zu begründen und ihre Symbole (Hieroglyphen nennt er sie) nach allen Seiten hin zu verfolgen und allerwärts aufzuspüren. Seine Etymologien sind unter den Besonneneren jener Zeit sprichwörtlich geworden. Er leistet das Unglaublichste darin. Dennoch sind sie ein Fortschritt gegen die frühere blos nach oberflächlicher Klangähnlichkeit urtheilende Methode oder Unmethode des Wortvergleichens, wie sie noch in Friedrich Schlegels Buch über Indien blüht. Kanne geht durchweg von der begrifflichen und mythischen Verwandtschaft der Vorstellungen aus und sucht diese in den Worten wiederzufinden. Er hat sich aber aufrichtig bemüht, Grundsätze des Verfahrens festzustellen und die möglichen Lautvertretungen zu ermitteln. Er ist großentheils stark fehlgegangen; die Regeln, die er gefunden zu haben glaubte, waren zu dehnbar und gestatteten in der That, Alles mit Allem zu combiniren. Aber zuweilen hat er Richtiges gesehen, das die fester begründete Wissenschaft dann allerdings nicht von ihm zu lernen brauchte.

Dieses Mannes Schriften übten auf Jacob Grimm, wie auf andere Fachgenossen, z. B. von der Hagen, eine nicht geringe Wirkung aus, und Jacob Grimm selbst verhehlte dies nicht. Ueber die Sage nur hatte er sich eine bestimmte Ansicht schon von anderwärts her gebildet, und Kannes rein mythische Auffassung derselben stieß bei ihm auf Widerstand, dem er durch die Abhandlung über Mythos, Epos und Geschichte Ausdruck gab. Aber seine Methode der Mythenvergleichung und der Etymologie war noch im wesentlichen dieselbe. Nur ein System des Pantheismus brachte er nicht hinzu. Er verfuhr empirischer, ruhiger und bedachtsamer, und ließ das Gegebene mehr auf sich wirken. Aber aus einer solchen allgemeinen Ansicht, wie er sie bei sich feststellte, fließen leicht vorgefaßte Meinungen über das Besondere, die sich um so leichter den Thatsachen aufdrängen, je weniger die Combinationslust durch strenge Regeln gezügelt ist.

Jacob Grimm hat später mehr gethan, als irgend ein Mensch, um feste Regeln der Etymologie zu gewinnen. Aber jetzt stellt er noch den Grundsatz auf: "Am richtigsten betrachtet man die meisten Anfangsconsonanten als gleichgiltige Vorsätze vor den Wurzelvocal." Er redet von der unendlichen Sprache, in der nur Ein unablässig in einander greifendes Leben wohne. Ein lebendiges Geschäft wache und walte bis in ihre kleinsten Theile, so daß jedes Wörtchen kettenweise zu dem Höchsten führen müsse. An sich, meint er, seien alle und jede Wörter nur eins, es komme darauf an die Kette nachzuweisen. Und so sänken auch in der ursprünglichen Mythologie Zeiten und Räume und Wesen zusammen, es handle sich nur darum die Reihe aller Mittelglieder zu finden. Sprache und Poesie spalte sich aus der inneren Einheit; was ewig und nothwendig differenzire, sei die Erscheinung.

Wie klar in solchen Aeußerungen die Verwandtschaft mit Görres und Kanne zu Tage liegt, so gilt doch, was wir mit Kannes eigenen Worten ausdrücken wollen: "Geht nicht alle Lehre blos deswegen ein in ein Gemüth, weil sie hier auch hätte geboren werden können?" Sätze, wie die angeführten, entspringen aus einem allgemeinen Trieb, aus einem allgemeinen Zuge des Denkens, der zu Ende des vorigen Jahrhunderts erwachte. Wir bezeichnen ihn nur unvollkommen und vergleichsweise, wenn wir ihn den Drang nach einer obersten Identität nennen. Friedrich Schlegel meinte dasselbe wenn er sagte: "Ohne eine gewisse

Beimischung des Pantheismus dürfen wir nicht erwarten, einen von den Schriftstellern des jetzigen Zeitgeistes zu finden.' Jener Drang erscheint in Schillers und Schellings Philosophiren. Er erscheint in Goethes Metamorphose der Pflanzen. Er erscheint in Friedrich Schlegels Begriff der romantischen Poesie als einer progressiven Universal=poesie. Er setzt sich in die historischen Wissenschaften hinein, in die Geschichte des Mythus, der Poesie, der Sprache bei Görres, Kanne, den Grimm. Die Herbei=ziehung des Indischen geht damit Hand in Hand. Ein Jahr, nachdem Görres zum ersten Male seine Gedanken über Religionsgeschichte dargelegt hatte, in demselben Jahre, in dem es Kanne that, im Jahr 1808, erschien Friedrich Schlegels Buch über die Sprache und Weisheit der Indier, schrieb Th. A. Rixner eine 'Darstellung der uralten indischen Alleinslehre'.

Jacob Grimm hat eine Reihe von Resultaten der Kanneschen Forschungen angenommen, sie zu bestätigen gesucht oder darauf weiter gebaut. Auch die Ueberein=stimmung der Methode ist so groß, daß an ein Lernen nothwendig muß gedacht werden. Doch war niemals bei Jacob Grimm irgend ein Lernen todtes Aufnehmen. Es war eine Befruchtung, aus der ein neues Leben entstand. Jacob Grimm spricht einmal einen methodischen Grund=satz aus, zu dessen Reinheit und Schärfe sich Kanne nie erhoben haben würde, der Ihn aber sein ganzes Leben lang bis zur Uebertreibung leitete. Jederzeit, sagt er, müsse eine Auslegung aus der allgemeinen Sprache oder Mythe so lange weichen vor der lebendigen, auf dem Boden der eigenen Sprachverhältnisse und Localsage beruhenden, bis sich beide erst wieder an einem höheren Puncte zusammenwenden können.

Görres und Kanne sind die Hauptmuster jener voreiligen Gattung von Gelehrten, welche die schwierigsten Probleme der Wissenschaft gleich beim ersten Versuch lösen, ein ganzes wissenschaftliches Reich auf den ersten Anlauf meinen erobern zu können. Görres zeigt sich so in seinen mythologischen Arbeiten und nicht anders in der Vorrede zu seiner Ausgabe des Lohengrin und in seinem Aufsatz über die Chronik des Hunibald (1813). Auch Jacob Grimm wagt vielfach zu Großes, wozu die Kräfte der damaligen Sprach= und Mythenforschung noch nicht ausreichten. Doch ist er mäßiger und verfährt bis zu einer gewissen Grenze methodisch. Der Schüler Savignys greift einen einzelnen Gegenstand der Außenwelt heraus, über dessen Identität kein Zweifel entstehen kann, und verfolgt ihn durch die Religionen und Poesien aller Völker; er untersucht etwa die mythologische Bedeutung der Milchstraße, faßt sie als Himmelsweg und sucht ihre Auffassung in den verschiedenen Mythologien mit den irdischen Wegen, die in der Sagenpoesie eine Rolle spielen, zu verknüpfen: die scharfe Analyse der zu Grunde liegenden Anschauung und wie darin Sinnliches in Geistiges überschwanke, ist sein Hauptaugenmerk. Der

Zögling Kannes jedoch benutzt mythologische Vorstellungen der einen Nation ohne weiteres zur Aufhellung der mythologischen Vorstellungen einer anderen Nation; er verknüpft überhaupt allzu Fernliegendes, wobei die historischen Mittelglieder nicht nachgewiesen werden können: Poesien des dreizehnten Jahrhunderts mit altnordischen Mythen, aus dem Christenthum stammende Anschauungen mit zufällig ähnlichen des germanischen Heidenthums. Die ganze Poesie steckt nach ihm voll von mythischen Ueberbleibseln.

Die allgemeine Ansicht der Poesie, worin Jacob und Wilhelm Grimm einig sind, spricht am deutlichsten Wilhelm aus. Er knüpft sie ausdrücklich an Görres, an dessen 'Mythengeschichte der asiatischen Welt', deren Resultate er mit zu den größten rechnet, welche die Zeit gewonnen. Das Göttliche, der Geist der Poesie ist bei allen Völkern derselbe und kennt nur Eine Quelle. Darum zeigt sich überall ein Gleiches, eine innerliche Uebereinstimmung, eine geheime Verwandtschaft, deren Stammbaum verloren gegangen, die aber auf ein gemeinsames Haupt hindeutet, endlich eine analoge Entwickelung. Verschieden aber sind die äußeren Bedingungen und Einwirkungen. Darum neben jenem Einklang auch wieder Verschiedenheit in der äußeren Gestaltung, abhängig von dem Himmel, worunter die Pflanze gestanden, und die in großen Massen wie im Einzelnen nachzuweisen ist bis ins Unendliche.

Wilhelm Grimm war in der Geschichte der Dichtung schon viel zu sehr bewandert, als daß er nicht die Möglichkeit von Entlehnungen hätte zugeben sollen, die Möglichkeit, daß Dichtungen in bestimmter Gestalt einem Volke von dem anderen hinübergereicht worden seien. Aber er war überall geneigt, wo nicht ein bestimmtes Zeugniß oder wörtliche Uebersetzung vorlag, Urverwandtschaft anzunehmen. Das zeigte sich bei der Nibelungensage, deren nordische Gestalt er im Norden entstanden glaubte; und es zeigte sich bei den Märchen, wie wir gesehen haben.

Fließt alle Poesie aus Einer Quelle, die sich in tausend Strömen und Bächen verbreitet: so wird die Betrachtung eines dichterischen Productes zunächst untersuchen müssen, ob es der ursprünglichen Lauterkeit und Reinheit mehr oder weniger treu geblieben, ob es vielleicht durch Aufnahme fremder Elemente sie getrübt oder vollends den Ursprung verläugnend seine eigene Bahn gesucht habe. Hier spielt die Unterscheidung von Naturpoesie und Kunstpoesie herein. Herder hatte diese Begriffe historisch genommen. Die Schlegel und Arnim gebrauchten sie meist dem Wortlaute nach in rein ästhetischem Sinn und mußten so dahin kommen, das Vorhandensein von Naturpoesie ohne alle Kunst zu läugnen. Die Grimm hielten aber an der Herderschen Unterscheidung fest. Sie fiel bei ihnen zusammen mit dem Unterschiede der ursprungstreuen, traditionell gebundenen und der neuen, selbstherrlichen, losgebundenen Poesie; dann auch mit dem Gegensatze der einheimischen und fremden, der nationalen und romantischen. Nur in den alten Heldengesängen, sagt Jacob Grimm einmal, reicht noch ein Zweig der alten Naturpoesie in unser Land herüber. Sie lassen aus dunkler Zeit, sagt Wilhelm, aus der nur wenige schweigende Ruinen stehen, über welche der Blick der Gegenwart unachtsam hingeht und von welcher die Geschichte kaum etwas spricht, Gestalten in dem hellsten lebendigsten Glanze hervortreten, an deren Tugend, Muth und Schönheit wir sehen, daß auch damals Großes und Mächtiges gewesen; stets neu gestaltet sich die Volksdichtung in einem beständigen Leben auf unendliche Art und, immer verschieden, ruht sie doch immer auf demselben Grunde, wie auf einem Urfelsen.

Beide Brüder haben wiederholt den Ausdruck gebraucht, der uns schon im Neuen litterarischen Anzeiger entgegen trat, Volkslieder oder Epen vermöchten sich nur selbst zu dichten. Man konnte sich dabei erinnern, daß Herder von der singenden Natur in den Volksliedern sprach und daß Friedrich Schlegel die Natur die eigentliche Verfasserin der homerischen Gedichte nannte; man fand den Ausdruck aber mit Recht wunderlich. Jacob Grimm nahm ihn in Schutz: wie alles Gute in der Natur gehe auch das Volkslied, das Epos, aus der stillen Kraft des Ganzen leise hervor; was dabei Leiden und Thun heißen kann, wer wolle es ihm absehen? Nicht hätten es wenige ausgezeichnete, überlegen begabte Menschen absichtlich hervorgebracht, sondern in dem, was diese thaten, dürfe man eher den Gegensatz des Epischen und wodurch sein nothwendiger Untergang bereitet wurde, anerkennen. Es handle sich um ein Wunder und Geheimniß der Dichtung. Und da sei der freilich sehr wunderliche Ausdruck fast an der Stelle.

Die Naturpoesie und, was ihren alleinigen Gehalt ausmacht, mit ihr zusammenfällt, die Tradition, die Sage genauer zu charakterisiren, hatte vorzüglich Wilhelm Gelegenheit. Er besprach ihre vereinzelte Weiterausbildung, wie das Lied mit seinem schimmernden fliegenden Sommer an einen kleinen unwesentlichen Umstand der Sage sich anhängt, so daß diese einen bedeutenden Theil ihres Inhaltes fallen läßt und an einem kaum beachteten Puncte neu hervortritt. Er hob ihre Beweglichkeit in Aeußerlichkeiten hervor: wie sie wohnen kann, wo es ihr gefällt, sich in ein anderes Leben einflicht und überall gleich zu Hause ist. Er bezeichnet durch ein überaus glückliches Bild ihren Stil: 'die Ereignisse', sagt er, 'stehen im Volksliede wie Berge neben einander, deren Gipfel nur beleuchtet sind.'

Jacob Grimm faßte besonders den Moment des Hervorgehens der Kunstpoesie aus der Naturpoesie ins Auge. Er setzte ihn freilich in der Geschichte der deutschen Poesie an eine falsche Stelle, an das Ende des zwölften Jahrhunderts erst, wo aus dem epischen Gesang und in epische Manier zuerst noch eingewickelt die Lyrik sich loswindet. Er suchte ihn in der übrigen europäischen Litteratur, bei den Provenzalen, Franzosen, Niederländern, im Norden, in England auf; verglich die dort gefundenen Erscheinungen mit den einheimischen; und legte, indem er Aehnlichkeiten wie Verschiedenheiten aufdeckte, den Grund zur Erkenntniß dieses Vorganges als eines historischen Gesetzes.

In allen Litteraturen folgt, nach Jacob Grimm, auf das alte Epos eine Poesie, die statt aus dem Gemüthe des Ganzen aus dem des Einzelnen hervorquillt. Was die Natur nach ihrer Unbewußtheit rein und vollendet in sich giebt, dasselbe strebt nun die Kunst frei zu ersetzen. Allein unerreichbar steht ihren anfassenden Händen der Gipfel alter Herrlichkeit. Es ist überall, als ziehe sich eine große Einfachheit zurück und verschließe sich in dem Maße, worin der bildende Mensch sie aus der eigenen Kraft, durch sein Nachsinnen zu offenbaren strebt. Wie das Leben selbst, so theilt sich die Poesie in die Herrschaft der Natur über alle Herzen, wo ihr noch jedes als einer Verwandtin ins Auge sieht, ohne sie je zu betrachten; und in das Reich des menschlichen Geistes, der sich gleichsam von der ersten Frau abscheidet, deren hohe Züge ihn nach und nach seltsam dünken. Die tiefsinnige Unschuld der Naturpoesie ist mit der indischen Sage vom göttlichen Kinde Krischna zu vergleichen, dem die irdische Mutter von ungefähr den Mund öffnet und inwendig in seinem

Leibe den unermeßlichen Glanz des Himmels sammt der ganzen Welt erblickt, das Kind aber spielt ruhig fort und scheint nichts davon zu wissen.

Poesie überhaupt ist nach Jacob Grimm nichts anderes, als das Leben selbst, gefaßt in Reinheit und gehalten im Zauber der Sprache, oder wie er sich ebenfalls ausdrückt, lebendige Erfassung und Durchgreifung des Lebens. Darum sucht er überall die genaue Vorstellung des lebendigen athmenden Menschen, aus dessen Seele die Dichtung hervorströmt: des kindlichen Menschen, der mit der ganzen Natur verkehrt, mit den festgebannten Pflanzen und Steinen, und das Leben der Elemente anerkennt; des Kunstdichters des dreizehnten Jahrhunderts in einer Atmosphäre von Ritterlichkeit, Frauenliebe und Blumenduft; des dichtenden Handwerkers der darauf folgenden Zeit, der in Geschmacklosigkeit und Trockenheit, aber auch in Ehrlichkeit und Selbstverkennung seine fromme Kunst übt.

Gedichtet kann nur werden, was der Dichter mit Wahrheit in seiner Seele empfunden und erlebt hat, und wozu ihm die Sprache halb bewußt, halb unbewußt auch die Worte offenbaren wird. Woran aber die einsam dichtenden Menschen leicht, ja fast immer verstoßen, nämlich an dem richtigen Maß aller Dinge, das ist der Volksdichtung schon von selbst eingegeben.

So ist die ganze Sympathie der Brüder Grimm überall nur bei der Volkspoesie. Der dichtende Einzelne erscheint bei ihnen stets im Nachtheil. Das Bewußte wird gegenüber dem Unbewußten herabgesetzt, die individuelle Arbeit und die freie That gegenüber dem Naturwüchsigen und Nothwendigen der Gesammtheit, wie bei Savigny und der ganzen historischen Rechtsschule. Die Grimm sind immer geneigt, dem einzelnen Dichter möglichst wenig zuzutrauen, ihm seinen Antheil an einem bestimmten poetischen Product möglichst zu schmälern. Sie forschen allerwärts nach dem Traditionellen und sind stets bereit, fruchtbare poetische Motive langer, in graues Alterthum sich verlierender Ueberlieferung zuzuschreiben und für diese selbst wo möglich mythischen Urgrund zu suchen und aufzuweisen.

Die Gewohnheit, Beobachtungen über die traditionelle Gebundenheit des dichterischen Geschäftes anzustellen und Alles in Poesie wie im Mythus zu combiniren, worin Analogie sich zu zeigen schien, mußte auch der Erforschung der Sprache zu gute kommen, sobald nur einmal das Interesse von den Uebergängen und Verwandtschaften der Begriffe und Anschauungen sich auf die einzelne Sprachwurzel mit ihren Verzweigungen wendete, von der Vergleichung aller Sprachen ohne Wahl auf einen Kreis von sicher und nahe zusammenhangenden, von den Wörtern und Sachen auf die Flexionen und Laute, von der Etymologie auf die Grammatik.

Den ersten Spuren einer solchen Wendung, die sich in Jacob Grimm allmählich vollzog, begegnet man in der

Zeitschrift 'Altdeutsche Wälder', welche die Brüder in den Jahren 1813, dann 1815 und 1816 erscheinen ließen.

Seit Gräters Bragur, der bis 1802 fortgesetzt wurde, waren wiederholt Versuche gemacht worden, die altdeutschen Studien und ihre Theilnehmer um eine Zeitschrift zu concentriren. Keine dieser Unternehmungen brachte es zu dauernder und gesicherter Existenz. Die Altdeutschen Wälder hatten das Eigene, daß fast alle Aufsätze von den Herausgebern herrührten. Ihr gemeinschaftlicher Vorrath altdeutscher Poesien war beträchtlich angewachsen. Sie wollten daraus Materialien mittheilen, die so vielseitig als möglich ausgelesen werden sollten. Die Zeitschrift hatte mit manchen Uebelständen zu ringen und brachte es nur auf drei schwache Bände.

Die ohne Zweifel von Jacob geschriebene Vorrede polemisirt gegen zwei Richtungen, welche den altdeutschen Studien sich nach seiner Meinung schädlich erwiesen hatten: gegen die engherzige, unrühmliche Kritik, die sich wider den regen Eifer für das deutsche Alterthum sträube und nur Wenigem aus jener Zeit das Recht allgemeinerer Beachtung zugestehen wolle, und gegen diejenigen, welche (wie von der Hagen) in raschem und ehrenwerthem Eifer die alten Gedichte in neue Form nothdürftig umpaßten und sich damit sofort ans große Publicum wandten. Jacob Grimm vergleicht sie mit solchen, die allein ein Schiff bemannen und aufs Meer treiben wollen, das nur vereinte sichere Kräfte und günstige

Winde, vor allem seine eigene Tugend, leicht und lebendig fortführen.

Die Individualitäten der Brüder grenzten sich in ihrer Zeitschrift deutlich gegen einander ab. Wilhelm legte darin den Grund zu seinem Hauptwerke, dem berühmten Buch über die deutsche Heldensage. Er sammelte die Anspielungen auf die Sage, die sich durch die ganze Litteratur des Mittelalters hin zerstreut finden. Er legte hiermit den Grund zu einer Geschichte der Sage, durch die erst das Bild der deutschen Litteraturentwickelung im Mittelalter ein vollständiges werden konnte. Außerdem beschränkte sich sein Antheil an den Altdeutschen Wäldern auf die Publication noch nicht herausgegebener Texte mit einigen Erläuterungen, welche zum Theil deutlich zeigen, wie befangen auch er in dem Streben war, überall mythischen Hintergrund zu entdecken.

Dagegen hat man Jacobs ganze Vielseitigkeit in keinem Werke dieser ersten Periode so anschaulich beisammen, wie hier. Er gibt Texte heraus. Er stellt metrische Beobachtungen an. Er handelt über die Nibelungen. Er sucht der lateinischen Dichtung des Mittelalters Einiges für die genauere geschichtliche Erkenntniß der deutschen abzugewinnen. Er verfolgt Novellenstoffe, Märchen und Sagen, poetische Motive und Vorstellungen durch die europäischen und orientalischen Litteraturen. Er weist auf neugriechische Volkslieder, wie er damals schon anderwärts auf die serbischen aufmerksam machte. Er berichtet über die Ceremonien, mit denen die Schmiede- und Böttchergesellen einen Lehrling unter sich aufnehmen. Er wünscht eine sorgfältige Sammlung der Sprache, Lieder und Gewohnheiten der Handwerker und aller Stände, der Jäger, Schiffer, Bergleute, Studenten, Landsknechte, des Adel- und Bauernstandes, ja selbst der Räuberbanden, weil dies alles mit der alten Poesie und ihren Formen zusammenhänge. Er giebt selbst einen weiteren Beitrag dazu, indem er alte Jagdsitten beschreibt und Waidsprüche und Jägerschreie edirt. Er bespricht altdeutsche Personen- und Ortsnamen und verlangt ein vollständiges Register derselben mit allen leisen Varianten. Unter aller dieser Vielgeschäftigkeit bemerkt man mit Vergnügen, wie sein Interesse an grammatischen Beobachtungen wächst und wie schon einige grammatische Ansichten auftauchen, die er allerdings von seiner späteren Höhe aus 'fast noch roh oder wild' nennen mußte. Seine eigentliche Liebe aber gehört noch den Mythen- und Sagenvergleichungen. Er verhehlt sich auch nicht, daß unter den versuchten Zusammenstellungen manches zu bunt und grell, manches unter einem ganz anderen Licht erscheinen könnte. Aber jede Betrachtung, die das Auge auf ein Einziges festhefte, sei schädlich. Und wo der Stoff so zuströme, wie bei derartigen Untersuchungen, da sei im Eifer der Arbeit ein Fehlgreifen hier und da unvermeidlich. Wer einen thaunassen Baum an einem Ast anrühre und einen Regen von Tropfen herabschüttele, der könne nicht immer schnell genug darunter weglaufen, um nicht durchnäßt zu werden.

Der erste Band der Altdeutschen Wälder wurde von Wilhelm Schlegel 1815 in den Heidelberger Jahrbüchern sehr scharf recensirt; und ein denkwürdiger Gegensatz ward offenbar, der sich zwischen den Bestrebungen der Brüder Grimm und einem Manne, dem sie viel Anregung schuldeten, herausgebildet hatte.

Wilhelm Schlegel betheiligte sich um diese Zeit zum letzten Mal an der altdeutschen Philologie, wie denn auch sein Bruder und Tieck seit 1812, Görres seit 1817 aus den Reihen der thätigen Editoren oder Litterarhistoriker, wenigstens was die altdeutsche Litteratur anlangt, ausschieden.

Wilhelm Schlegel beabsichtigte eine große sowohl kritische als wort- und sacherklärende Ausgabe des Nibelungenliedes mit einer Einleitung über die Bedeutung, Entstehung und Fortpflanzung dieser und anderer verwandter Heldensagen, zu der er massenhaftes Material gesammelt hatte. In seinem Nachlasse fanden sich drei Folianten darüber. Das Gedicht sollte durch diese Ausgabe Allen zugänglich gemacht werden, wie er sich ausdrückt, deren Gemüth nicht dafür verschlossen ist. 'Wir wollen der Nachkommenschaft beweisen', fährt er in seiner Ankündigung fort, 'daß wir in diesem Zeitalter allgemeinen Verfalls und hoffnungslosen Unglaubens die erhabene Vorzeit mit tiefer Verehrung erkannt haben und

mit Ernst bemüht gewesen sind, ihr heilbringendes An=
denken zu erneuern.'

Auch eine neue Ausgabe der Pariser Handschrift der
Minnesänger erwartete man von Wilhelm Schlegel. Wes=
halb weder diese noch die Nibelungenausgabe zu Stande
kam, wissen wir nicht. Aus der Einleitung zu den
Nibelungen veröffentlichte er 1812 einige Abschnitte, worin
er den lächerlichen Versuch machte, Heinrich von Ofter=
dingen, einen Dichter, von dem uns gar nichts Sicheres
überliefert ist, als den Verfasser des Nibelungenliedes zu
erweisen. Er war mithin von seiner früheren Ansicht, das
Gedicht habe gar keinen eigentlichen Verfasser, entschieden
abgefallen; er hatte kein Glück in der speciellen Unter=
suchung; die großen Entdeckungen wurden dicht neben
ihm von anderen gemacht: Lachmann bewies 1816, daß
das Nibelungenlied aus einer noch jetzt erkennbaren Zu=
sammensetzung einzelner romanzenartiger Lieder entstanden
ist; er gab 1826 das Nibelungenlied in der ältesten
erreichbaren Gestalt heraus; er schlug als Litterarhistoriker
und Textkritiker den alten Häuptling der Romantik hier
vollständig aus dem Felde.

Was dagegen die allgemeine Beurtheilung des Epos
anlangt, so war Schlegel durch litterarhistorischen Tact,
umfassende Erfahrung, verständige Klarheit und realisti=
schen Sinn allen seinen Zeitgenossen und vielen ihrer
Nachfolger noch immer weit überlegen; und seine Recen=

sion der altdeutschen Wälder lieferte dafür ein glänzendes Zeugniß.

Das Erhabene und Schöne, sagt Schlegel, kann zu allen Zeiten nur ein Werk ausgezeichneter Geister sein. Die Sage und volksmäßige Dichtung war allerdings das Gesammteigenthum der Zeiten und Völker, aber nicht ebenso ihre gemeinsame Hervorbringung. Wenn wir einen hohen Thurm in wohlgeordneten Verhältnissen über die Wohnungen der Menschen hervorragen sehen, so errathen wir freilich leicht, daß viele Bauleute die Steine herzugetragen haben. Aber die Steine sind nicht der Thurm: diesen schuf der Entwurf des Baumeisters. Alle Poesie beruht auf einem Zusammenwirken der Natur und Kunst. Wie unschuldig die früheste Kunst auch sein mochte, so mußte sie dennoch bald aufhören, unabsichtlich zu sein. Ja, in den Zeiten, woraus alle ursprünglichen Heldendichtungen herstammen, war die Poesie nicht blos eine Kunst; sondern sie war ein Gewerbe. Jeder Sänger hatte Mitwerber. Des neuzuströmenden Stoffes war wenig. Der Sänger mußte also durch den Vortrag dem Bekannten Neuheit zu geben suchen. Damals genoß die Heldendichtung des eigenthümlichen Vorrechtes, trotz allen Wundern für wahr zu gelten. Die Wunder waren daher das Feld, auf welchem die Dichter mit ihren Erfindungen sich den Rang abzulaufen strebten. Auch schöpften sie nicht unmittelbar aus der Geschichte, sondern aus der Sage, worin das zu Grunde liegende Geschichtliche schon mannigfach umgewandelt war: umgewandelt durch die eigentlichen Bewahrer derselben, die alten Leute, denen die Eindrücke ihrer Jugend unwillkürlich zu immer größeren Ereignissen anwuchsen; umgewandelt durch Uebertreibungen, welche Vorliebe und Abneigung, dann der dem menschlichen Geiste besonders in der ersten Frische der Einbildungskraft innewohnende Hang zum Wunderbaren hervorbrachte; umgewandelt durch die Ruhmbegierde der Völker und Fürsten, welche sich gern eine glorreiche Vergangenheit andichtete oder andichten ließ und mit der Aussicht auf Vortheil auch den einzelnen Dichter zu absichtlichen Erfindungen nach dieser Richtung hin verlockte.

Wenn man dem Begriff eines absichtlichen Erfindens die nöthige Einschränkung giebt; wenn man in das natürliche Wirken der dichterischen Phantasie etwas tiefer einzubringen versucht; wenn man die Unsicherheit der durch nichts controlirten mündlichen Ueberlieferung der alten Zeit, das vergrößernde Gerücht und die weiten Räume, die es durchläuft, in Anschlag bringt; wenn man daher bedenkt, daß die Sage, d. h. die Entstellung, unmittelbar nach dem Factum beginnen kann: so sind Schlegels Sätze vollkommen unwiderleglich, und eben darum widerlegen sie die meisten Ansichten der Brüder Grimm.

Gewiß fallen Epos und Geschichte, d. h. nicht das Geschehen, sondern der Bericht über das Geschehene, für die ältesten Zeiten zusammen. Das Epos ist, was die

Berichterstatter aus den Ereignissen gemacht haben. Die Entstellungen beruhen zum Theil auf Irrthum, mangelhafter Kenntniß, Mißverständniß, Verwechselung, kritiklos aufgenommenem Gerücht und abergläubischer Einmischung übernatürlicher Kräfte; zum Theil aber auch auf dem bestimmten sittlichen und künstlerischen Charakter der Berichterstatter, d. h. der Dichter.

Jeder Dichter ist der Sklave des Einfalls. Der Einfall hängt von dem Umfange seiner Lebenserfahrung und seiner dichterischen Bildung ab. Leben und Bildung, persönliche Erfahrung und die Summe der dem Einzelnen bekannten vorhandenen Gedichte liefern gewisse Schablonen, und je weniger ein Individuum individualisirt ist, desto leichter wird es sich in der Auffassung der Dinge mit der Schablone begnügen. Das Gerücht, an dessen Verbreitung so viele Durchschnittsmenschen betheiligt sind, arbeitet seinen Stoff nach den Schablonen um. Der Dichter wird die Lücken der Ueberlieferung am bequemsten nach den Schablonen ergänzen. Seine Phantasie wird in unzähligen Fällen ihm die Schablone statt der Wahrheit darbieten oder die Wahrheit der Schablone nähern. Kritik, vollends Selbstkritik und Selbstcontrole, welche der Phantasie die Flügel beschneiden, sind späte Errungenschaften ausgebildeter Menschheit. Wahrheitssinn und Wahrheitsliebe sind späte, spärliche Blüten einer hochgesteigerten Cultur. Und die Phantasie kann auch mit egoistischen Wünschen verbündet sein. Der Sänger erzählt dem Publicum, was es am liebsten hört. Er ist ein Schmeichler, ein Schmeichler der Kleinen und ein Schmeichler der Großen. Er sucht den Effect und er sucht den Lohn. Seine poetische Bildung bietet ihm Mythen dar; das Wunderbare gefällt; und wenn die Götter mit Ahnen eines Fürsten verkehren, so fällt auf den Fürsten ein göttlicher Glanz.

Poesie ist zu allen Zeiten dieselbe, nur die Zeiten sind andere: darin möchte sich etwa die Summe dessen zusammenfassen lassen, was man den Brüdern Grimm entgegenhalten muß. Volksdichtung und Kunstdichtung, oder wie man es nennen mag, stehen sich gewiß in vielen entwickelten Litteraturen gegenüber, aber ihr Hauptunter=schied besteht wohl in der mündlichen und in der schrift=lichen Ueberlieferung. Volksdichtung und Kunstdichtung sind auch im dreizehnten Jahrhundert als Gegensätze bei uns lebendig. Sie beziehen ihre Stoffe aus verschiedenen Quellen, sie arbeiten mit einer verschiedenen Technik, sie werden von Dichtern verschiedener Stände betrieben: aber Dichter, Menschen, Individuen, fehlbar, plump oder fein, ge=schickt oder unschickt, stehen hinter beiden; und die Forschung muß in beiden bis zu ihnen vordringen. Wenn Lach=mann Romanzen in den Nibelungen, Lieder im Liede, nach=wies, so hat er nicht blos Schlegels Osterdingen=Hypothese, sondern auch den Grimmschen Satz widerlegt, daß Volks=epen nur sich selbst dichten können. Er hat uns den einzelnen Dichtern gegenüber gestellt, die wir so gut in ihrer Eigenthümlichkeit erkennen können, wie die großen Kunstdichter Hartmann, Gottfried und Wolfram.

Das was Schlegel absichtliches Erfinden nennt, war freilich ein nothwendiger Proceß. Aber wie viel giebt es denn absichtliches Erfinden auch in neueren Zeiten? Der Dichter dichtet, weil er muß und wie er muß. Er steht unter einem Zwange seines Charakters und seiner Phantasie. Und je mächtiger der Zwang, je stärker der Drang, desto frischer das Product. Je mehr er sich zwingt, statt von innen her gezwungen zu werden, desto mehr verfällt er der Schablone, desto mehr hört er auf, ein Individuum zu sein und geht in der Masse unter. Die erworbene Technik wird ihm zur Seite bleiben, das was in der Kunst Handwerk ist, aber der Athem, der Leben einbläst, wird ihm ausgehen.

Unter den Dichtern einer Nation sind immer nur wenige vom ersten Rang; und wer in einer schriftlosen Zeit dichtet, wessen Werke sich nur mündlich fortpflanzen, der leidet unter dem unvermeidlichen Umstande, daß seine Poesien den Durchgang durch viele mittlere Menschen nehmen, welche Lücken ihres Gedächtnisses nur nach der Schablone zu ergänzen wissen. Viel Ausgezeichnetes und Ungewöhnliches kann einem dichterischen Product auf diesem Weg abgestreift werden; viel Unpassendes mag sich daran ansetzen; aber eine gewisse mittlere Linie des Geschmackes wird auch dabei beobachtet werden, und darauf möchte wohl der Eindruck beruhen, den die Brüder

Grimm von der Volkspoesie empfingen, daß sie gegen das richtige Maß aller Dinge selten verstoße.

Die Macht der Ueberlieferung zu betonen, die Vorstellungen von Erfindungskraft einzuschränken, hatten sie guten Grund; aber die fortschreitende Forschung zeigte, daß die Ueberlieferung bei allen Dichtern ein mächtiges Element ist, nicht blos in der Volkspoesie, aber allerdings in der Volkspoesie zuerst, weil sie die älteste ist. Und da sie in eine dunkle Tiefe der Zeiten zurückreicht, so können wir ihre Quellen schwer aufweisen; und da sie ihre höchsten Kräfte zuerst anwendet, um die Thaten der Götter zu preisen, da Mythologie ursprünglichste Dichtung zu sein scheint: so mag für den oberflächlichen Blick Mythus Urquell der Poesie sein. Dabei ist jedoch das Leben übersehen und die vielen Tropfen Lebens, die auch später noch in den Strom der Dichtung fallen und ihm immer neue Nahrung zuführen.

Freilich darf der Geschichtschreiber, darin hatten die Brüder Grimm recht, an den Epen und Volksgesängen nicht verachtungsvoll vorübergehen; er muß sie als Urkunden ehren, in denen die Zeiten selbst zu uns reden; er muß sie nicht blos als litterarhistorische Thatsachen einordnen, sondern auch Gesinnungen, Sitten, Zustände daraus ablesen. Aber, darin hatte wieder Schlegel recht, als ein Mittel zur Ueberlieferung historischer Thatsachen gewinnt das Epos durch solche Betrachtungen mit nichten eine höhere Autorität. Es bleibt ein unsicherer, unglaubwürdiger Bericht unter allen Umständen....

Schlegels Kritik der altdeutschen Wälder machte großes Aufsehen. Die sehr geistreiche Recension von Schlegel, schrieb Sulpiz Boisserée an Goethe, bereite die Menschen vor, das Rechte über die altdeutsche Litteratur und ihre Behandlung zu vernehmen; Schlegel lobe an den Grimm, was zu loben sei, aber das nichtige, kleinliche Sinnbildeln und Wortdeuteln, ihre ganze Andacht zum Unbedeutenden verspotte er mit grimmigem Witz.

Ihre Andacht zum Unbedeutenden! Welch ein schönes Wort hat Boisserée da gefunden!

Schlegel verhöhnt in seiner Recension den Gebrauch, den die Grimm von dem Mythus machten. Er will nichts davon wissen, daß man in Gleichnissen und Sinn= bildern die Spuren von Mythen und Sagen finde. Er bemerkt sehr treffend, daß die Novellen und Märchen in die Litteraturgeschichte der Nachahmungen und Uebertragun= gen gehören. Er hätte aber den Satz nicht schreiben sollen, mit dem er auf die Märchensammlung der Brüder Grimm anspielt: 'Wenn man die ganze Rumpelkammer wohl= meinender Albernheit ausräumt und für jeden Tröbel im Namen der "uralten Sage" Ehrerbietung begehrt, so wird in der That gescheiten Leuten allzu viel zuge= muthet.'

Die 'uralte Sage' in den Märchen muß man ihm preisgeben. Aber wenn er für die Sammlung als

Poesie, als Denkmal der volksthümlichen Erzählungsdichtung keinen Sinn hatte, so spricht er sich selbst das Urtheil und verräth seine Bornirtheit an einem Punct, an welchem die Grimm die freieren Menschen waren.

Aus der Ehrfurcht vor dem Trödel, von welcher Schlegel gesprochen hatte, machte Boisseree, unwillkürlich poetisirend und die Andacht zum Kreuz parodirend, seine 'Andacht zum Unbedeutenden'.

Als Spottname war es gemeint: als Ehrenname lebt es unter uns fort. Und nichts kann man finden, um das Wesen der Brüder besser zu bezeichnen als: Andacht zum Unbedeutenden.

Was wohl Goethe zu ihren Märchen gesagt haben mag? Seine Kindheit war mit Märchen genährt worden; an Märchen lernte er erfinden; und ein Knabenmärchen, freilich mit der reifsten Kunst ausgeführt, giebt er uns als sein ältestes dichterisches Product. In den deutschen Märchen wohnt eine häuslich liebe Nähe und Heimlichkeit, derselbe Sinn für die Verklärung des engen Raums und des befriedeten Glücks, mit welchem Goethe das deutsche Haus von Götz, Werther und den Anfängen des Faust bis zu den Episteln und Hermann und Dorothea dargestellt hat. Goethe wurzelt in der Idylle, die in ihren verschiedenen Formen die Menschen des vorigen Jahrhunderts zur Empfindung für die einfachen Reize des Alltäglichen und Natürlichen erzog. Sie setzt eine Genügsamkeit der Phantasie, einen Reichthum der inneren

Welt voraus, der den äußeren Glanz gern entbehrt. Das ist es, was Goethes bürgerlichem Epos die eigenthümliche Größe und den deutschen Charakter gegenüber den homerischen Helden und Göttern verleiht.

Dieselbe Genügsamkeit, die Freude der Armuth, das Behagen in traulicher Enge leitete die Brüder Grimm auf einem sanften Wege durchs Leben. Jacob Grimm schreibt einmal: 'Für glücklich halte ich mich nicht, allein Gott hat mir im Grund ein heiteres Gemüth gegeben, das gleich wieder ausmauert, wo es Risse und Lücken setzt.' Der Glückliche, der das Glück entbehren kann! Einem Klagenden erwidert er: 'Es scheint heut eine milde Frühlingssonne und Gott ist so gut, seien Sie auch von diesem Frühling an heiter und zufrieden, man kann sich daran gewöhnen, und das ist eine der schönsten Gewohnheiten.' Die Gewohnheit zufrieden zu sein! Das wäre der wahre Verjüngungstrank und die ewige Frühlingssonne.

Die Gewohnheit, einen engen Daseinskreis ruhevoll mit zufriedenen Augen anzusehen, die idyllische Befangenheit in geliebten Schranken wurde für Jacob Grimm und seinen Bruder die geheimnißvolle Flamme, welche dem Entdecker leuchtet und die Wilhelm Schlegel für ein Irrlicht hielt, während sie ihnen eine ganze wissenschaftliche Welt enthüllte.

Wie sie Jugenderinnerungen mit wunderbarer Treue festhielten, gleichgiltige Facta mit allen zufälligen Einzelheiten, Personen mit Form und Farbe der eigenthümlichen Tracht, Oertlichkeiten, Einrichtungsgegenstände mit den Gedanken, die daran hafteten, Gemüthsbewegungen in bestimmter Lebenslage mit den äußeren Umständen in ihrer Phantasie bewahrten, das Gute dankbar nachgenossen und das Böse vergaßen: so wußten sie aus einer reichen Gelehrsamkeit angenehme Vorstellungen zu ziehen, sie zu einem wohlthuenden Ganzen zu verbinden, mit verweilender Liebe das Kleinste sinnvoll zu sammeln und sicher aufzuheben, es an das Größte heranzubringen und, indem sie nichts verachteten, in das verborgene Weben des ursprünglichen Menschengeistes mit siegreicher Erkenntniß einzudringen.

Die Brüder Grimm haben die alte Philologentugend der Genauigkeit, die man bis dahin nur den griechischen und römischen Classikern sowie der Bibel gewidmet hatte, auf die ältere vaterländische Litteratur und auf die Ueberlieferungen des Volkes angewandt. Sie haben das Gebiet der strengen Philologie erweitert, und sie haben das Gebiet der anerkannten Poesie erweitert. Sie haben die vornehme Bornirtheit, mit welcher die Philologen auf die ungeschriebenen Ueberlieferungen, auf Volkslieder, Sagen, Märchen, Aberglauben, Kinderreime heruntersahen, abgelegt; und wenn auch die Würde einer uralten mythischen Weihe den populären Traditionen wieder genommen werden mußte, so blieb ihnen doch die Weihe der Poesie oder, wo selbst diese fehlte, der Werth einer die Bildung und das Seelenleben des Volkes charakterisirenden Thatsache. Unter den Händen der Brüder Grimm ist die Philologie national und populär geworden: sie ward aber zugleich ein Vorbild für die Erforschung aller Völker der Erde und für eine vergleichende Betrachtung alles geistigen Lebens der Menschheit, von welcher die geschriebene Litteratur nur ein kleiner Ausschnitt ist.

Sechstes Kapitel.

Die deutsche Grammatik.

Schlegels Recension der altdeutschen Wälder wandte sich nicht blos gegen die Grimmsche Theorie des Epos, gegen die mythische Auffassung aller Poesie, gegen die Ehrerbietung vor Kinderreimen und Ammenmärchen: sie spottete auch über die etymologischen Dithyramben, in denen sich Jacob Grimm zuweilen erging, nannte ihn einen etymologischen Heraklit und behauptete, daß er noch in den ersten Grundsätzen der Sprachforschung ein Fremdling sei.

Schlegel hob hervor, daß die Beschäftigung mit den alten einheimischen Schriften nur durch Auslegungskunst und Kritik gedeihen könne und daß diese nicht möglich seien ohne genaue grammatische Kenntniß. Er machte für die Sprache des karolingischen Zeitalters den sehr verständigen Vorschlag, erst jedes Denkmal für sich zu untersuchen und den Ertrag dann zu vergleichen. Er wies auf die meisterlichen Arbeiten des Niederländers Lambert ten Kate hin und warf die für alle wissenschaftliche Etymologie entscheidende Grundfrage auf: In welchen Fällen und unter welchen Einschränkungen treten die Buchstaben (wir würden sagen: die Laute) einer an die Stelle des anderen?

Ohne Zweifel fühlte Jacob Grimm die Gerechtigkeit von Schlegels Vorwürfen oder, wie es mit gerechtem Tadel zuweilen geht: er fühlte die Gerechtigkeit nicht sogleich, aber allmählich. Was Schlegel vermißte, was Schlegel verlangte, das hat Jacob Grimm geleistet, wie kein anderer, und der Beschäftigung mit der altdeutschen Litteratur, der deutschen Grammatik und der vergleichenden Etymologie erst eine wissenschaftliche Grundlage gegeben. Sollte die Vermuthung nicht erlaubt sein, daß Jacob Grimms Wendung zu grammatischen Studien, die um oder nach 1815 eingetreten sein muß, zunächst unter dem Einflusse von Schlegels Kritik stattfand?

Eigene Erfahrungen und der Umblick auf das, was in anderen Wissenschaften geschah, mußten ihn freilich auf denselben Weg drängen. Viele seiner Arbeiten gaben ihm Gelegenheit, den Mangel einer altdeutschen Grammatik zu empfinden. Die 'Lieder der alten Edda', die Ausgaben altdeutscher Gedichte in den 'Wäldern' und sonst mußten ihm die grammatische Unsicherheit auf Schritt und Tritt vergegenwärtigen. Die Nothwendigkeit, vorhandene grammatische Hilfsmittel zu nutzen, zeigte ihm wohl, wie viel noch zu thun, aber auch, wie viel nach manchen Richtungen bereits gethan war. Rasks isländische Grammatik erschien 1811 und konnte zum Wetteifer auffordern.

Rask stellte den Grundsatz auf, der auch für Jacob Grimm der entscheidende wurde: 'Eine Sprachlehre sollte nicht sowohl befehlen, wie man die Worte bilden müsse, sondern vielmehr beschreiben, wie sie gebildet und verändert zu werden pflegen.' Das war Jacob Grimm aus der Seele gesprochen; denn die Ehrfurcht, die er der Volkspoesie entgegenbrachte, hegte er auch für die Sprache als ein Product des Volkes. Und die Achtung vor der Individualität, welche den Menschen des achtzehnten Jahrhunderts so natürlich war, übertrug er auf die Sprache. In einer 1812 erschienenen Recension von Rasks isländischer Grammatik bemerkt er: 'Jede Individualität soll heilig gehalten werden, auch in der Sprache; es ist zu wünschen, daß auch der kleinste, verachtetste Dialekt, weil er gewiß vor dem größten und geehrtesten heimliche Vorzüge voraus haben wird, nur sich selbst und seiner Natur überlassen bleibe und keine Gewaltsamkeit erdulde.'

Die Achtung vor dem Dialekt erhebt sich zu einer tiefsinnigen, noch heute nicht völlig ausgeschöpften Erkenntniß, wenn es 1815 in der Ausgabe des 'armen Heinrich' heißt: die Mannigfaltigkeit der Mundarten verhalte sich zu einander, wie in einem weiteren Kreise die Sprachen selbst. 'Hier sind sozusagen Verstämmungen und Verästungen, wie dort Verzweigungen: beide in höchst ähnlichen Gesetzen sich ausdehnend und auslaufend. Gleiches, Gemeinschaftliches und Verwandtes zeigt jede Stufe, sowie daneben gleich sicher und unverboten das Eigenthümliche. So entsteht neben der Mundart der Landschaft die der Städte und Dörfer, dann die eines elterlichen Hauses und geschwisterlichen Umgangs, zuletzt schafft die selbsteigene Gewohnheit und Bildung einen besonderen, stets regsamen Kreis des Ausdrucks in der Rede.'

Man sieht, Jacob Grimm ist darauf aus, das Werden und Wachsen, die allmähliche Individualisirung zu beobachten, jene Herausbildung der Unterschiede, worin das ganze Geheimniß der Entwicklung beschlossen liegt.

Aber er redet noch bestimmter, ganz wie Rask, über die Aufgabe des Grammatikers, indem er die bisherigen Leistungen nicht schont: 'Die Regel unserer Grammatiker ist entweder aus der langen Gewohnheit gezogen (und dann meistens gut) oder willkürlich gefunden (und dann meistens schlecht): die wahre, rechte könnte erst aus einer reiflichen, historischen Ergründung unserer Sprache hervorspringen und würde sicher vielseitig und lebendig lauten. Heißen Grammatik und Wörterbuch Absetzung und Festschmiedung einer Sprache, so sollte es lieber keine geben. Allein man soll sie nicht in die Sprache hineinmachen, sondern, wie ein Studium (gemeint ist wohl die Studie des Malers) aus dieser ziehen; jedes Studium steht natürlich unter seinem Gegenstand."

Hier haben wir das Programm von Jacob Grimms deutscher Grammatik. Er wollte nicht Sprachlehrer, sondern Sprachforscher sein.

Die Grammatik hatte seit den Griechen das Schicksal der Logik getheilt. Von den höchsten Gipfeln der Philosophie war sie in den Staub der Schulen herabgesunken. In immer magerere Auszüge und Compendien, in einen immer dürreren Schematismus war schon in den letzten Zeiten der antiken Bildung das quellende Leben der lateinischen Sprache gezwängt worden. Der Donat wurde dann das Hauptschulbuch des Mittelalters und seit der zweiten Hälfte des sechzehnten Jahrhunderts auch das Vorbild für die deutschen Grammatiken, nachdem einige ältere noch nach praktischen Bedürfnissen entworfen worden waren. Mit ihnen beginnt die lange Reihe der Schulmeister unserer Sprache, in welcher später Schottelius, Bödiker, Frisch, Gottsched, Adelung auftraten.

Adelung selbst freilich setzt sich den vorgenannten entgegen. Ihre Grammatiken seien nur Copien der lateinischen, er aber suche das Wesen der deutschen Sprache in ihr selbst auf. Er wolle kein Gesetzgeber unserer Nation sein, sondern nur der Sammler und Herausgeber der von ihr gemachten Gesetze, ihr Sprecher und der Dolmetsch ihrer Gesinnungen, jede weitergehende Absicht des Sprachlehrers führe zur Despotie. In der That konnte Jacob Grimm die Anerkennung aussprechen, Adelung stehe weit über seinen Vorgängern, er habe die Sprache studirt und sei bis zu scharfsinnigen Entwickelungen durchgedrungen. Aber er muß doch einschränkend hinzufügen, Adelung habe sich von der unglücklichen Ansicht die Sprache zu zügeln nicht losreißen können.

Adelung war jedoch äußerst zahm, wenn man ihn mit Radlof verglich, und Radlof war äußerst zahm, wenn man ihn mit Wolke verglich. Johann Gottlieb Radlof und Christian Hinrich Wolke brachten ihre Wildheiten um eben die Zeit zu Markte, wo in Kopenhagen Rasks isländische Grammatik erschien: Radlofs 'Trefflichkeiten der südteutschen Mundarten zur Verschönerung und Bereicherung der Schrift-Sprache' kamen 1811 heraus; Wolkes 'Anleit zur deutschen Gesamtsprache' erblickte 1812 das Licht des Buchladens.

Radlof ging von einem lebhaften Gefühl der lautlichen Kraft und Vollkommenheit unserer alten Sprache aus, fand in süddeutschen Mundarten manche Reste davon geblieben und wollte diese Reste gern der Schriftsprache künstlich einpumpen. Das Anwachsen mundartlicher Litteratur, die lexikalische Bearbeitung der Mundarten, welche schon im vorigen Jahrhundert begonnen hatte und im Beginne des gegenwärtigen besonders eifrig wurde, konnte in einem Geschlecht, das die Achtung vor der Geschichte noch nicht gelernt hatte, auf dergleichen Pläne einer absichtlichen Sprachbesserung führen. Immer war so dem irrigen Grundgedanken das Band einer gewissen Regel angelegt.

Wolke dagegen verbessert und reinigt, reformirt und revolutionirt ganz auf eigene Hand, schwelgt in orthographischen Schrullen, erfindet neue Wörter und schreibt den wunderlichsten Stil von der Welt. Er redet von sich nicht in der ersten Person, sondern wie Cäsar in der dritten und schreibt dann seinen Namen nicht aus, sondern läßt es beim Anfangsbuchstaben. Zum Beispiel: 'Seine geneigten Leser bittet W.' Er ist fest überzeugt, daß um 1850 die 'Deutschen' zu seiner Lehre bekehrt sein werden. Sie werden nicht mehr von Offizieren, sondern von 'Krigamtern', nicht mehr von Brünetten, sondern von 'Brauninen', nicht mehr von Klavieren, sondern von 'Tastinen', nicht mehr von liebenswürdigen Damen, sondern von 'liebwürdigen Innen' reden. Sie werden nicht blos der Fremdwörter entrathen können, sondern ganze Gruppen und Classen von Wörtern und Wortbildungen, welche arglos Lessing und Goethe gebraucht hatten, werden um kräftigerer willen aus der 'Deutschin', d. h. aus der deutschen Sprache, gewichen sein. Sie werden durch Annahme von Wolkes Orthographie, vielmehr 'Schreibregellehre', in jedem Jahre 10 000 Jahre Arbeit oder 5 Millionen Thaler für 'unnütze' Buchstaben, vielmehr 'Staben', ersparen. Leider hat dem Segen, den diese wohlthätige Wolke spenden wollte, bei dem undankbaren 'Deutschvolk' der 'empfangige' Boden gefehlt; und sogar der Meister

der Sprache wehrte sich dagegen in einer Xenie, die er
dem Buchstabensparer widmete.

>So soll die orthographische Nacht
>Doch endlich auch ihren Tag erfahren;
>Der Freund, der so viel Worte macht,
>Er will es an den Buchstaben sparen.

Die Bestrebungen Philipps von Zesen wurden in Rablof und Wolke wieder lebendig, und Rablof bezeigte nicht übel Lust, diesen berüchtigten Vorgänger als einen Heiligen zu verehren. Dennoch blieben sie nicht ganz vereinzelt. Ja, die deutschreinigenden und sprachbessernden Bestrebungen fanden 1815 und 1817 in der Gründung der Berlinischen Gesellschaft für deutsche Sprache und Alterthumskunde und des Frankfurter Gelehrtenvereins für deutsche Sprache eine gewisse äußere Consolidirung.

Jacob Grimm wurde zu beider Gesellschaften Mitglied gewählt, aber er hatte nicht das Geringste mit ihnen gemein. Diese Leute, schreibt er einmal, wollen dem tiefsinnigen Sprachgeist nicht bescheiden nachspüren, sondern ihn umstoßen und ein elendes Götzenbild an seine Stelle setzen. Alles in Jacob Grimm widerstrebte solcher Gewaltthätigkeit, wie gegen eine Verletzung der Sitte war sein moralisches Gefühl dawider aufgeregt. Das nüchterne Neubilden in der Sprache gilt ihm für Sünde, weil es Lüge sei. Größeren Wohllaut wünsche man unserer Sprache? Ihr Wesen sei einmal nicht weichlich, vielmehr kräftig und stark, consonantenreich. Der aufgedrungene Wohllaut wirke gleich einer verderblichen

Schminke, statt deren die natürliche Bläſſe, Bräune und Magerkeit zehnmal beſſer ſtünde. Den Eifer, mit dem man kleine Abweichungen und Unregelmäßigkeiten tilgen und eine kahle Einförmigkeit herſtellen wollte, vergleicht Jacob Grimm mit dem 'Princip roher Freiheit und Gleichheit' in der Politik. Die Wortreiniger ſetzt er den Schreckensmännern der franzöſiſchen Revolution gleich. Dagegen will er an der hergebrachten wohlerworbenen Verfaſſung unſerer geliebten Sprache feſthalten, und will die kleinen Sprachauswüchſe ebenſowenig miſſen als die Mäler oder Narben in einem vertrauten Geſicht. Gerade ſie, findet er, verleihen jeder Sprache das unlernbare Heimatliche. Alte verlorene Trefflichkeiten aber unſerer Sprache wiederzubringen, dazu ſei nur der dichteriſchen Inſpiration und nur in einzelnen Fällen Macht gegeben. Die gelehrten Pedanten, die es maſſenhaft und mit Syſtem unternehmen, verfolgt er mit beißendem Spott. Auf ihrem Wege würde man dahin kommen, bemerkt er, Goetheſche feine Wendungen in den gothiſchen ſtarken Formen des Ulphilas auszudrücken, und zuletzt bis nach Aſien, von dannen wir gekommen ſind, hinterwärts zu ſtapfen.

Der eitlen Sprachbeſſerung hält er die wahre, die geſchichtliche Grammatik entgegen. Wer auf ihrem Wege gehe, der werde mit jedem Schritte beſcheidener und ſcheue ſich, irgend etwas Lebendiges in der Sprache anzurühren. Er weiſt Radlof ſchon 1813 auf den rechten Punct, auf den er sich stellen müsse. Er solle tüchtige, gründliche grammatische und lexikalische Werke über deutsche Dialekte liefern, sie unter sich, mit dem Altdeutschen und mit den Schwestersprachen, dem Niederländischen, Englischen, Neunordischen vergleichen: er solle sich an eine große historische Grammatik wagen. Noch denkt Jacob Grimm, wie es scheint, nicht daran, selbst eine solche große historische Grammatik zu unternehmen.

Unterdessen war auch von anderer Seite ein Grundriß grammatischer Forschung entworfen worden, der etwas Aehnliches im Auge hatte, wie es Jacob Grimm bald für die germanischen Sprachen leisten sollte.

Die Tiefe der Einsicht in das Wesen der Sprache, welche Herder bekundete, mußte früher oder später für die Grammatik ihre Frucht tragen. Aber nur die allgemeinen Fragen blieben vorläufig auf der Bahn. Die Frage nach dem Ursprung der Sprache, zu deren Lösung Herder so viel Glückliches gesagt, hörte nicht auf, die fähigeren Köpfe zu beschäftigen. Wilhelm Schlegel fand sich bewogen, sein Talent, wissenschaftliche Gegenstände gemeinfaßlich darzustellen, auch an diesem Problem in Aufsätzen der Schillerschen Horen zur Anwendung zu bringen. Selbst Adelungs Methode der Sprachbetrachtung hängt auf das Genaueste mit seinen philosophischen und culturhistorischen Voraussetzungen, insbesondere mit seiner Ansicht über den Ursprung der Sprache, zusammen. K. Ph. Moritz unterzog die Sprache der psychologischen

Betrachtung und gab den Herder'schen Anschauungen eine eigenthümliche Fortbildung, um deren willen die Fragmente des Schlegel'schen Athenäums ihn einen grammatischen Mystiker nannten. Dieselben Fragmente erklärten 1798: 'Ehe nicht die Philosophen Grammatiker und die Grammatiker Philosophen werden, wird die Grammatik nicht was sie bei den Alten war, eine pragmatische Wissenschaft und ein Theil der Logik, noch überhaupt eine Wissenschaft werden.' Dieser Grammatiker-Philosoph, welcher kommen sollte, war Tiecks Schwager A. F. Bernhardi. Seine sprachwissenschaftlichen Ansichten sind die Anwendung der Identitätsphilosophie auf die Sprachwissenschaft. Die Sprache wird aus der Vernunft deducirt, und die Identität von Subject und Object, das geheime Band zwischen Sinnlichem und Uebersinnlichem, bilden die philosophischen Grundanschauungen seiner Sprachlehre. Sie erschien zu Anfang unseres Jahrhunderts. Wilhelm Schlegel äußerte sich beistimmend, verlangte jedoch Ergänzung durch die specielle Grammatik der einzelnen Sprachen, definirte sie als eine Charakteristik ihrer Individualitäten und gelangte so zu dem Gedanken einer vergleichenden Grammatik, das ist: einer Zusammenstellung der Sprachen nach ihren gemeinschaftlichen und unterscheidenden Zügen.

Verwandte Ideen gediehen in Wilhelm von Humboldt zu viel größerer Kraft und stellten alle Theorien und Deductionen in Schatten.

Im Jahr 1812, gleichzeitig mit Wolfes 'Anleit', erschien Humboldts Ankündigung einer Schrift über die baskische Sprache und Nation: einer Monographie des baskischen Volksstammes, wie er sie nannte. Alle großen fruchtbaren Humboldtschen Sprachansichten kommen hier schon zum Vorschein: die Vereinigung des Sprach- und des Geschichtsstudiums, die erst recht förderlich werden könne, wenn man feste Grundsätze gewonnen hätte, um die Verwandtschaftsgrade der Sprachen zu bestimmen; die Völkercharakteristik als nothwendige Begleitung der Grammatik; die Völker als Individuen betrachtet; die Sprache als Vermittlerin zwischen dem Menschen und der Natur, zwischen einem und dem anderen Individuum. Aber damit nicht genug! Die 'Ankündigung' enthielt auch eine Schilderung der wahren Methode für die Untersuchung und Zergliederung der Sprachen.

In der Sprache beruht Alles auf Analogie, und ihr Bau ist bis in seine feinsten Theile hinein ein organischer Bau. Aber die Sprachbildung erleidet Störungen im Laufe der Geschichte durch Entlehnungen und Mischungen. Sie sucht das Fremde zu assimiliren, ohne daß es ihr vollständig gelänge, so daß die Analogie nun nicht mehr ganz durchgeht. Aber auch die vorhandene Analogie kann nicht immer erkannt werden: denn zum eigentlichen Wesen der Sprache bringt keine auch noch so vollständige Zergliederung vor. So besteht jede Sprache auf der einen Seite aus einer großen Menge analogisch gebildeter

Reihen, auf der anderen aus Grundstoffen, von denen sich weiter keine Rechenschaft geben läßt. Diesen zwiefachen Bestandtheil der Sprache nun muß eine gelungene Zergliederung derselben vollständig und genau nachweisen und, jede Spur systematischer Regelmäßigkeit verfolgend, die Sprache nach allen Richtungen untersuchen. Darum ist ihr letztes Resultat auch ein zwiefaches: ein System mehr oder weniger allgemeiner und sicherer Regeln, Grundsätze und Analogien, der eigentliche Organismus der Sprache, und eine gleichsam unorganische Masse von nicht weiter zerlegbaren Sprachelementen.

Organisch und unorganisch heißt hier, was man sonst regelmäßig und unregelmäßig genannt hatte. Aber in Humboldts klarer Schilderung der grammatischen Methode lag die Aufforderung, sich nicht vorschnell mit einer auf der Hand liegenden Regelmäßigkeit zu begnügen, sondern organische Reihen, so weit als irgend möglich, nachzuweisen. Und wenn er das Unorganische auf Entlehnung und Mischung zurückführte, so lag darin die Voraussetzung, daß Sprachen in ungestörter selbständiger Entwickelung nur organische Gebilde zeigen können und daß das Unorganische, das wir anzuerkennen gezwungen sind, in der Regel auf mangelhafter Erkenntniß beruhen müsse.

Jacob Grimm, der zeitlebens den Begriff des Organischen und Unorganischen ebenso wie Humboldt in der 'Ankündigung' verwendete, hat sich redlich bemüht, das

Organische, d. h. das Gesetzmäßige, in den germanischen Sprachen aufzudecken und die Zahl der unorganischen, d. h. in ihrer Regel dunklen Thatsachen zu vermindern. Humboldts 'Ankündigung' erschien in Friedrich Schlegels Deutschem Museum, woran Jacob Grimm mitarbeitete: er hat sie gewiß gelesen und wußte fortan, wie viel von Wilhelm von Humboldt zu lernen war.

Als Humboldts Schrift über Sprachstudium erschien, worin er außer der Untersuchung des Organismus der Sprachen auch die Untersuchung ihrer Angemessenheit zur Erreichung der Zwecke des Menschheit verlangte, schrieb Jacob Grimm an Lachmann (12. Mai 1823): 'Die lesen Sie ja, die beiden Richtungen der Sprache und des Sprachstudiums scheinen mir darin geistreich und vortrefflich entwickelt. So was kann mich trösten über das was meinen Arbeiten fehlt. Ich gehe wenigstens auf einem der guten Wege, der Geist der im herbeigeschafften Material schläft wird mit der Zeit schon erwachen oder erweckt werden.'

Als Jacob Grimm späterhin in seiner Grammatik über das Genus zu handeln hatte, schöpfte er die allgemeinen Bestimmungen aus Humboldts Lettre à M. **Abel Rémusat**. Und als er zwölf Jahre vor seinem Tode in der Berliner Akademie von dem Ursprung der Sprache redete, da trafen seine philosophischen Bemerkungen mit den Ansichten Humboldts auf das überraschendste zusammen.

Für Jacob Grimm waren die allgemeinen Gedanken niemals ein fester Punct, von dem aus er nun wieder die Resultate der Empirie in Bewegung gesetzt hätte. Sie traten bei ihm nur als die höchste Sublimation der historischen Forschung auf. Aber daß er nicht speculativ gestimmt war, darin dürfen wir eher einen Vortheil erblicken. Denn die dauernden Erfolge gehörten damals dem erfahrungsmäßigen Erkennen: die Kartenhäuser der Speculation, welche die Welt bestaunte, sind zusammengestürzt. Die Meisterschaft der empirischen Forschung, die auf Jacob Grimms Erziehung gewirkt hatte, die Lehre Savignys, kam jetzt erst in ihm zu völligem Durchbruch. Es war ein Ausdruck dieses Verhältnisses, daß er Savigny seine deutsche Grammatik widmete. Und die Gabe war nicht zu gering. Die deutsche Grammatik ist für die Philologie noch von weit höherer Bedeutung, als Savignys 'Recht des Besitzes' für die Jurisprudenz.

Jacob Grimm wollte in dem Buche zeigen, wie auch in der Grammatik die Unverletzlichkeit und Nothwendigkeit der Geschichte anerkannt werden müsse. Er äußert das Vollgefühl überlegener Kraft gegenüber denen, welche die Sprache wie etwas von heute betrachten, folglich den Ursprung und Fortgang ihrer mannigfaltigen Aeußerungen zu verstehen nicht im Stande seien, — welche bunte Verwirrung und Unzusammenhang sehen wo gerade, wenn man sich gewöhnt habe das nie still gestandene und nie still stehende wie es sich entwickelt ins Auge zu fassen, eine unendlich einfache, weise und tiefsinnige Austheilung der Lichter und Farben mehr und mehr erkannt werde. Räthselhafte Reste, die in der heutigen Sprache trümmerhaft und gleichsam versteinert stehen geblieben, hellen sich auf. Die Fortbildung des Aelteren zum Neueren wird von Stufe zu Stufe sichtbar. Noch höher hinauf liegt das Gothische, und der Blick hebt sich von da zu einem Aeltesten, in welchem die jetzt geschiedenen Sprachen, die verschwisterten Mundarten des Deutschen, eine einzige große Einheit ausmachten. Schon die bloße Betrachtung der heutigen Sprache und ihrer Bildung läßt es nothwendig erscheinen, das Niederdeutsche in seiner älteren und ältesten Gestaltung, in dem Altsächsischen, Angelsächsischen und Friesischen, mit herbeizuziehen: und daran schließt sich das Skandinavische ganz von selbst.

Alle diese Sprachen und Dialekte des großen germanischen Stammes setzte sich Jacob Grimm vor, in seiner Grammatik zu umspannen. Keine einzige, meinte er, dürfe ohne Nachtheil des Ganzen außer Acht gelassen werden. Und der Erfolg hat diese Meinung gerechtfertigt.

Zu Anfang 1818 erwähnt Jacob Grimm die Grammatik zum ersten Mal in einem Briefe. Zu Anfang 1819, Jacob Grimm war eben vier und dreißig Jahre alt geworden, erschien der erste Band.

Ungeheuere Massen des Stoffes waren bezwungen, ein überfließender Reichthum der Thatsachen in Gesetz und Regel gebracht. Einen dreifachen Stand der Sprache unterschied Jacob Grimm: einen alten, einen mittleren, einen neuen. Der jüngste war nur im Umriß gehalten, auf den alten fiel das meiste Gewicht. In leicht überschaubarer Gliederung erhob sich das Ganze. Erst die Declination, dann die Conjugation war je in Einem Abschnitte behandelt. Von Sprache zu Sprache schritt die Untersuchung vor, von Einzelheit zu Einzelheit. Aber eine Gesammtansicht aller Dialekte beschloß jeden Abschnitt und ging von da noch einmal in die einzelnen Sprachen hinein, um die Resultate in wenige Sätze zusammenzudrängen. Den Schluß bildeten Vergleichungen aus fremden Sprachen, und als Kuppel wölbten sich darüber einige allgemeine Hauptsätze, die sich aus der Geschichte der deutschen Sprache, soweit sie nun aufgestellt war, ergaben.

Es fehlte nicht an Hilfsmitteln für eine historische Grammatik der germanischen Sprachen. Hickes hatte für das Angelsächsische, Junius, Fulda, Zahn für das Gothische, ten Kate für das Niederländische, Rask für das Altnordische nach dem Maß ihrer Kräfte vorgearbeitet, und unter diesen war ten Kate für seine Zeit, Rask für alle Zeiten ein ausgezeichneter Forscher. Aber auch ihre Arbeiten machte Jacob Grimm neu; die methodische Vergleichung griff überall ein; und für die Geschichte der eigentlich deutschen Sprache, fürs Althochdeutsche, Altsächsische, Mittelhochdeutsche, Mittelniederdeutsche hatte er alles von Grund auf selbst zu schaffen und zu finden. Hatte schon Eckhart

erkannt, daß beinahe für jedes Jahrhundert des Mittel=
alters eine eigene Grammatik nöthig sei, so mußte Jacob
Grimm aus dieser Erkenntniß die praktische Folgerung
ziehen.

Für alle germanischen Sprachen schöpfte er aus den
Sprachquellen selbst. Und er begnügte sich nicht mit dem
gewohnten Material. Er machte den ersten Versuch, die
Personennamen und Ortsnamen, die unter den älteren
schon von Goldast und Schottelius, unter den jüngeren
von Wilhelm Schlegel beachtet waren, ernstlich heran=
zuziehen und ihnen Aufschlüsse für die Geschichte der
Sprachen abzugewinnen.

Die dunklen Bestrebungen einer langen Zeit schienen
plötzlich zur Klarheit zu kommen. Das Vereinzelte schloß
sich zusammen. Aus vielen Theilen ward ein Ganzes.
Und alle germanischen Völker mußten einem Deutschen die
entscheidende Belehrung über das wahre Gesetz ihrer
Sprachen danken.

Jacob Grimms deutsche Grammatik erschien als etwas
absolut Neues. Er wollte heraustreten, er trat heraus
aus der Reihe aller bisherigen deutschen Sprachlehrer.
Er betont ausdrücklich seinen Gegensatz gegen alle philo=
sophische d. h. auf etymologischer Grundlage oder sonst
nach Lösung allgemeiner Probleme strebende, und gegen
alle kritische d. h. praktische und gesetzgebende Grammatik.
Jacob Grimms deutsche Grammatik war, um es mit
dürrem Worte zu sagen, nicht was der Titel versprach,

sondern etwas viel Größeres: eine Geschichte der germanischen Sprachen. Und weil sie die Aufgabe einer vergleichenden Grammatik so ausgezeichnet löste, so war sie ein Grundwerk der historischen und vergleichenden Methode überhaupt, eines der ersten großen Muster, welche für die geschichtlichen Wissenschaften und ihren stolzen Aufschwung im neunzehnten Jahrhundert den Weg der Wahrheit zeigten.

Der Eindruck auf die betheiligten Zeitgenossen war überwältigend.

Jean Paul, der ziemlich tief in die Radloßschen und Wolkeschen Sprachmeistereien verstrickt war, zeigte sich unerschöpflich an enthusiastischen und wunderlichen Bezeichnungen des Buches: Grimms Meistergrammatik, dieses deutsche Sprachheroum, diese grammatische Polyglotta für Deutsche und ihre Völkervettern, Holländer, Schweden, Dänen, Briten, — dieses heilige Reliquiarium der Zungenvorzeit, das uns dieser grammatische Riesengoliath, gegen den er selbst nur ein Zwergdavid sei, gebracht und gefüllt habe. Sach- und sprachkundige Recensenten würden die Sprach- und Sprachenfülle der Grammatik und das längste tiefste Studium der deutschen Sprachantike und die scharfen Blicke der Entscheidung mit dem rechten Lobe zu erkennen wissen. Hoch über Adelung stehe Grimm an Fülle des Wissens wie an Großsinn.

Georg Friedrich Benecke zu Göttingen, den Wilhelm Schlegel seiner Zeit für den berufensten hielt, um in das Chaos der altdeutschen Grammatik Ordnung zu bringen, schrieb an Jacob Grimm: 'Wenn man an den Verfasser denkt, so weiß man nicht, ob man mehr seinen Scharfsinn oder seinen Fleiß und seine Kenntnisse bewundern soll; und wenn man an den Gegenstand denkt, so wird man von Freude ergriffen, daß eine Sprache in der Welt ist, die für solche Unternehmungen gemacht ist, und daß diese Sprache die unsere ist.'

Zugleich ließ sich Benecke in den Göttinger Gelehrten Anzeigen über das Buch aus wie folgt: 'Ehre dem Ehre gebührt! und dieser Grammatik, wie sie bescheiden sich nennt, gebührt sie. Gedanken, Anordnung und Ausführung zeigen so viel Scharfsinn, Ueberlegung und Gelehrsamkeit, daß jeder, dem ein Urtheil zusteht, sie für ein Meisterwerk erklären muß. Man sieht es der Arbeit an, daß sie mit Begeisterung und Liebe unternommen und mit nie ermüdendem Fleiße ausgeführt wurde. Alles ist verständig gedacht und verständlich gesagt. Der Verfasser ist seines Gegenstandes vollkommen mächtig. Sicher und ruhig, wie er selbst fortschreitet, folgt ihm der Leser mit Leichtigkeit, freut sich des immer heller werdenden Lichtes, und erblickt endlich, wo er vorher nur eine verworrene Masse sah, eine Welt voll unbegreiflicher Ordnung. Was Zeit und Raum zu trennen schienen, fügt sich zur Einheit, und allenthalben verräth sich das Weben und Leben Eines wundervollen Geistes, der gleichförmig wirkt in der größten Mannigfaltigkeit und sparsam in der größten Fülle.'.... 'Wir möchten diese Grammatik eine Naturgeschichte der Sprache nennen, wenn unsere Leser uns den Gefallen thun wollten, das Wort Naturgeschichte in seiner eigentlichen und wahren Bedeutung zu nehmen.'.... 'Daß uns eine deutsche Grammatik noth that, haben wir alle gefühlt; daß unser Wunsch auf eine solche Art würde erfüllt werden, hat wohl keiner geahnt: denn keiner hat sich die Aufgabe in dem Umfange gedacht, den wir jetzt als nothwendige Bedingung anerkennen müssen.'

Wilhelm Schlegel selbst, der grimmige Recensent der altdeutschen Wälder, konnte nicht umhin, freilich in etwas gönnerhaftem Ton, über die 'deutsche Grammatik' an Wilhelm von Humboldt zu schreiben: 'Ich schätze diese Arbeit so hoch wegen der rein historischen Behandlung und des unendlichen Fleißes im einzelnen bei einer durchgeführten Idee im ganzen. Grimm hat gezeigt, wie viel durch beharrliche Prüfung mit Fragmenten auszurichten ist. Ich werde es mir umsomehr zum angelegentlichen Geschäft machen, dies anzuerkennen, weil ich früher wegen seiner Etymologien à la Kanne sehr hart mit ihm umgegangen bin.'

Siebentes Kapitel.

Mitarbeiter.

Die erste Epoche altdeutscher Gelehrsamkeit, das sechzehnte und siebzehnte Jahrhundert bis in den Anfang des achtzehnten, war zu ausschließlich den ältesten Sprachperioden zugewandt und beschränkte sich in deren Betrachtung zu sehr auf den lexikalischen Gesichtspunct.

Die zweite Epoche seit der Mitte des achtzehnten Jahrhunderts war beinahe blos bedacht auf die Publication poetischer Denkmäler aus der blühendsten Zeit des Mittelalters.

Die dritte Epoche, die von jeder Einseitigkeit frei die ganze deutsche Vergangenheit aus Sprache und Litteratur im Zusammenhange mit den verwandten germanischen Völkern zu enthüllen unternahm, begann mit Jacob Grimms Wendung zur Grammatik oder, wenn man alle die Anzeichen, die auf einen strengen methodischen Betrieb hindeuteten, zusammenfassen und einen bestimmten

Zeitpunct nennen will, im Jahr 1816: in demselben Jahre, welches durch die Auffindung des Gaius der römischen Rechtswissenschaft einen ganz ungeahnten Impuls ertheilte und welches durch Franz Bopps 'Conjugations= system' das Geburtsjahr für die vergleichende Grammatik der arischen, durch Raynouards Grammaire romane für die vergleichende Grammatik der romanischen Sprachen geworden ist: denn 1816 erschien Beneckes Ausgabe des Bonerius, der Anfang der wissenschaftlichen Lexikographie; 1816 erschien Lachmanns Abhandlung über die ursprüng= liche Gestalt der Nibelunge Noth, der Anfang der wissen= schaftlichen Kritik in der altdeutschen Philologie.

Lachmann und Benecke sind die echten Mitarbeiter der Grimm. Alle ihre gleichstrebenden Zeitgenossen können höchstens für Gesellen oder Lehrlinge gelten. Der betriebsamste unter ihnen war von der Hagen, der ge= schulteste war Docen.

Friedrich Heinrich von der Hagen aus Schmiede= berg in der Ukermark war ein litterarischer Geschäftsmann im großen. Er hatte die Sorte von Fleiß, welche in Viel= leserei und Vielgeschäftigkeit sich äußert. Er hatte die Sorte von Kenntnissen, welche durch Vielleserei und Viel= geschäftigkeit erworben wird. Er war kein treuer Arbeiter im kleinen und einzelnen. Er war ein höchst ungetreuer Genoß im Ganzen der Wissenschaft: die bedeutendsten Resultate, die neben ihm von Anderen gewonnen wurden, affectirte er bis an sein Ende nicht zu kennen, oder dünkte sich groß genug, sie nicht beachten zu dürfen. Er war äußerst fruchtbar an Uebersetzungen und Bearbeitungen aller Art und ging darin selbst über den Kreis der germanischen Litteraturen hinaus: den arabischen Märchen ließ er ebensowohl seine Sorglosigkeit und Oberflächlichkeit zu gute kommen, wie dem Nibelungenlied und den altnordischen Sagas. So hat er denn in der Wissenschaft keine anderen Spuren zurückgelassen, als welche sich noch niemand die Mühe gab zu verwischen.

Bernhard Joseph Docen aus Osnabrück war ein Mann von großem Verstand und nicht gemeinem Scharfsinn, von tüchtigem Wissen und redlicher Gesinnung: aber ohne Ausdauer, Fleiß, Beharrlichkeit und Concentration. Er besaß Selbstverläugnung genug, um in seinen Bemühungen auch trockene Materien nicht zu scheuen. Allein etwas Großes kam dabei nicht zu Stande, und das Kleine trat mit einer gewissen Prätension und in dem unangenehmen Putz eines sehr gezierten Stiles auf. Er hat niemals nach einem zusammenhangenden Plan eine umfassendere Arbeit unternommen, in der es sich um Erledigung einschneidender Fragen handelte. Die Schätze der Münchener Bibliothek, deren Custos er war, hütete er wie nur je ein Geiziger die seinigen, indem er ihren Anblick behaglich für sich genoß, vor der Welt nur von Zeit zu Zeit einen seltenen Stein, aber auch manche bunte Glasscherbe in der Sonne funkeln ließ. Wo man ihm jetzt noch begegnet, wird man ihn stets mit Achtung begrüßen; aber man begegnet ihm selten, da er blos auf Seitenwegen zu finden ist.

Wie anders als die genannten steht Benecke da! Wie ist er ganz auf das specielle Fach seiner Begabung concentrirt! Und wie Ausgezeichnetes, Unübertroffenes, vielleicht Unübertreffliches gelingt ihm da! Selbstvergessenheit und Hingebung, strenges Sondern und vorsichtiges Binden: das ist der Charakter seiner Arbeiten. Und wo hätten ihm diese Eigenschaften besser zu statten kommen können, als auf dem Gebiete der Exegese und Lexikographie, welches er sich erwählt? Jedes Wort der alten Sprache wird von ihm geprüft und verglichen mit dem heutigen, ob nicht ein verborgener Sinn, eine feine kaum merkliche Färbung der Bedeutung, eine engere oder weitere Grundanschauung darin zu entdecken sei. Jedes Denkmal der alten Poesie wird hineingestellt in die Zeit, an den Ort, in die Gesellschaft, in die Welt-, Lebens- und Kunstanschauung, aus der es hervorgegangen ist, nicht von deren Standpunct aus wir es heute lesen. Diese streng historische Ansicht der Litteraturdenkmäler hält Benecke überall fest. Er stellt sich damit in einen Gegensatz zur ästhetischen Betrachtungsweise. Die Aesthetik vergleicht die poetischen Producte unter einander und sucht sie in eine Stufenfolge zu bringen, welche gegen das Absolute hin sich bewegt. Nur zu lange hatte man die deutsche Litteratur lediglich mit ästhetischen Augen angesehen. Und daher kam es, daß bald die Nibelungen gegen die Ilias, bald die Ilias gegen die Nibelungen zurückgesetzt wurde. Darüber hat schon Goethe im Diwan beherzigenswerthe Worte gesprochen: 'Haben wir Deutsche nicht unseren herrlichen Nibelungen durch solche Vergleichung den größten Schaden gethan?' sagt er: 'So höchst erfreulich sie sind, wenn man sich in ihren Kreis recht einbürgert und Alles vertraulich und dankbar aufnimmt, so wunderlich erscheinen sie, wenn man sie nach einem Maßstabe mißt, den man niemals bei ihnen anschlagen sollte.' Dies Einbürgern, dies vertraulich und dankbar Aufnehmen: dahin stand Beneckes Sinn.

Benecke gehörte nicht der Generation an, welche den Aufschwung der altdeutschen Studien vorzugsweise bewirkt hatte. Er war älter als die Grimm, als Tieck, als die Schlegel, ja als Gräter. Er war 1762 im Fürstenthum Oettingen, aber aus einer norddeutschen Familie, geboren. Die äußere Physiognomie seines Charakters bezeichnet Jacob Grimm als halbenglische stolze Sprödigkeit. Die Anregung zum Altdeutschen soll bei ihm schon aus seiner Augsburger Gymnasialzeit stammen, aus der Bibliothek eines gelehrten Onkels, der sich mit altdeutschem Rechte beschäftigte. Ueber seine weitere Entwickelung sind wir nicht näher unterrichtet; im deutschen Museum, im Bragur, an denen er sehr wohl hätte mitarbeiten können, begegnen wir seinem Namen nicht. Er wirkte als Bibliothekar und Professor in Göttingen und war wohl der erste, welcher Vorlesungen über ältere deutsche Litteratur und Sprache in den Kreis des regelmäßigen Universitätsunterrichtes einführte. Lang hielten ihn seine Amtsgeschäfte von größeren Leistungen ab. 'Was ich für mein Lieblingsstudium thun kann,' schrieb er 1811 an Jacob Grimm, 'sind verstohlene Besuche, wie sie ein armer verliebter Knabe, den Vater und Mutter und Hofmeister Tag und Nacht bewachen, bei seiner Geliebten macht.' Aber auf den Bonerius folgte noch seine Ausgabe des 'Wigalois' (1819), sein Antheil an der Ausgabe des 'Iwein' (1827), sein Wörterbuch zum 'Iwein' (1833), und er hat sich damit als Erklärer und Wortweiser, wenn der Ausdruck erlaubt ist, ein unvergängliches Denkmal gesetzt.

Sein Mitarbeiter am 'Iwein' war Karl Lachmann, der einst in Göttingen bei ihm gehört hatte. 'Weil Benecke Jahr aus Jahr ein Vorlesungen über Gedichte des dreizehnten Jahrhunderts hielt,' erzählte Lachmann, 'fühlte ich mich gereizt, altdeutsch zu lernen, wie man englisch und italienisch lernt.'

Lachmann wurde 1793 in Braunschweig geboren. Er war acht Jahre jünger als Jacob Grimm. Daraus erwuchs ihm der Vortheil, daß die ersten Arbeiten der Grimm, Görres, von der Hagen für ihn schon ein Gegebenes waren, zu dem er unbefangen und unbeirrt durch das Bestechende des Augenblicks und die mitreißende Strömung der Zeit, seine Stellung wählen konnte. Ueber diese Wahl aber war er um so weniger zweifelhaft und bewahrte sich um so leichter das volle Gleichgewicht besonnenen Urtheils, als er an das Altdeutsche herantrat ausgerüstet mit der ganzen bisherigen Erfahrung der classischen Philologie, deren Methode überdies um ein bedeutendes Stück weiterzubringen und in dem wichtigsten Puncte der Textkritik erst auf die richtige Bahn zu leiten, gleich seiner frühesten Arbeit gelang. So erklärt sich, daß es in dieser Zeit der gährenden Bildung nicht viele Gelehrte gegeben haben wird, welche so wenig in ihrem Leben zu bereuen und zurückzunehmen hatten, wie Lachmann.

Lachmann ist ein Philolog in der engsten Bedeutung des Wortes, in der man nur die formale Philologie im Gegensatze zur realen oder materialen darunter versteht. Die letztere ist Jacob Grimms Gebiet, in der ersteren herrscht Lachmann. Mit allen Kräften seines Wesens ist er darauf gerichtet; kein Gegenstand scheint ihm zu un= wichtig, um nicht mit der peinlichsten Sorgfalt, mit der achtsamsten Vorsicht behandelt zu werden; bei dem Aller= äußerlichsten und Kleinsten beginnt seine Arbeit, bei den Buchstaben und der richtigen Schreibung, und steigt hin= auf in die höchsten Geheimnisse des poetischen Schaffens: überall mit keinem anderen Zweck als dem, irgend einem Schriftsteller oder Dichter denselben Dienst zu leisten, welchen der Restaurator dem Künstler leistet: seine Werke in solcher Gestalt der Auffassung Mitlebender dar= zubieten, wie sie aus seinem eigenen Geiste hervorgetreten sind. Die Richtung des Gemüthes auf eine derartige

Thätigkeit kann nicht gedacht werden ohne grammatisches Interesse und ohne stilistisches oder poetisches Interesse. Jedes philologische Bemühen entfließt einer unreinen Quelle, das nicht aus diesen beiden sich nährt, wie jedes philologische Bemühen fruchtlos bleibt, das nicht mit der genauesten Kenntniß der Sprache und dem eindringendsten Verständnisse für Poesie verbunden ist und mit diesen Mitteln wirkt.

Das wußte Lachmann sehr wohl. Den Gedanken, die gothischen Palimpseste aus Mailand zu holen, den er einen Augenblick gehegt hatte, gab er auf: denn, schrieb er, soll ich, der ich gar keinen linguistischen Trieb oder Geschick habe, mich hinsetzen und gothisch studiren, bis ich es selbst ohne Fehler schreiben kann? So viel hielt er für die Arbeit nöthig, so hohe Forderungen stellte er an sich selbst. Um die philologische Aneignung bemühte er sich nur bei den Sprachen, deren Denkmäler herauszugeben ihm am Herzen lag. Das waren im Kreise der germanischen Sprachen die mittelhochdeutsche und althochdeutsche. Lachmann war ein großer Kenner des Althochdeutschen, und seine Ausgabe des Hildebrandsliedes bildet noch heute den Gipfel und das schwer erreichbare Muster des für das Althochdeutsche Geleisteten. In namenlosem Fleiß unterzog er sich den mühsamsten und trockensten Forschungen, um aller der Kenntnisse Herr zu werden, die er für seine Zwecke bedurfte. Er hat die Wissenschaft der alt= und mittelhochdeutschen Metrik nicht blos begründet, sondern beinah auch vollendet. Er hat für die Geschichte der altdeutschen Literatur mehr gethan als irgend ein anderer. Zahlreiche chronologische Bestimmungen, ohne die ein wirkliches Eindringen in den inneren Zusammenhang unmöglich war, gehen auf ihn zurück. Und vor allem: die ästhetische Durchbildung der mittelhochdeutschen Blütezeit, das Feingefühl, mit welchem die ritterlichen und volksthümlichen Dichter Vers und Sprache behandelten, der melodische Klang, der Rythmus der Periode, die Gewandtheit und Freiheit des Ausdruckes würden ohne die von Lachmann mit der äußersten Sorgfalt festgestellte Schreibung und Interpunction uns nicht so anschaulich werden, daß sie jeden hingebenden Sinn mit überzeugter Bewunderung erfüllen müssen.

Noch höher aber steht Lachmanns Verständniß für Poesie und seine Nachempfindung der dichterischen Production. Darauf beruht sein Fortschritt über Friedrich August Wolf hinaus in der Betrachtung des Volksepos. Er hat das lebendigste Gefühl des Individuellen, für den Ton verschiedener Autoren die feinste Unterscheidungsgabe. Er steht in der ausgebildeten Anschauung des Stoffes mit allen Einzelheiten und Verzweigungen, Beziehungen und Zusammenhängen. Es ist eine neue Methode des Lesens; die er übt, mit einer Spannung des Gemüthes und einer Versenkung in den Gegenstand, bei welcher die Stimmung des blos hingebenden Genusses gar nicht mehr aufkommt, so daß ihm das Lesen beinahe zu einem

Nachproduciren wird. Wo daher Werke verschiedener
Dichter zu einem scheinbar einzigen verbunden worden, da
können, wofern nur die ursprünglichen Gedichte in ihrem
Wesen nicht angetastet sind, alle Erweiterungen, Ver=
kittungen und Verschränkungen seinem Scharfblicke das
wahre Sachverhältniß nicht verschleiern. Dieses Scharf=
blickes erste Probe legte er in dem bereits erwähnten
Habilitationsvortrage über die ursprüngliche Gestalt des
Nibelungenliedes ab; und seine definitive Begrenzung der
zwanzig Nibelungenlieder, sowie seine verwandten Unter=
suchungen über die Ilias, wovon er um 1821 die
ersten Resultate vor Freunden laut werden ließ, sind der
höchste Triumph der formalen Philologie.

Die kritische Meisterschaft bewährte sich im Kleinen
an jeder Gestaltung eines Textes, die aus Lachmanns
Hand hervorging, an jeder Wahl der Leseart, an jeder
Conjectur. 'Er war zum Herausgeber geboren,' sagt
Jacob Grimm, 'seines gleichen hat Deutschland in diesem
Jahrhundert noch nicht gesehen.' Nur durch das Ver=
mögen sich ganz und gar in den Geist des Dichters hin=
einzuversetzen gelingt es, die einzelnen Aeußerungen dieses
Geistes aus dem Schutte der Jahrhunderte fast in ihrer
ersten Reinheit wieder hervorgehen zu lassen. Nur so ist
es möglich, die doppelte Gefahr zu vermeiden: dem
Dichter etwas aufzudrängen, was allein in dem Kopfe
des modernen Kritikers entsprang, und dem Dichter das
nicht zu nehmen, wodurch die Unaufmerksamkeit und

Willkür der Abschreiber seine Werke verfälscht und verunstaltet haben. Lachmann leistete beides so ausgezeichnet, weil ihm in ganz ungewöhnlichem Maße die Gaben verliehen waren, welche die Grundbedingungen aller methodischen Forschung bilden: der unbestechliche Wahrheitssinn und das Vermögen des Zweifels an sich selbst. Der Geist der Wahrheit öffnete ihm den Blick für die Abstufungen der Gewißheit und für die Möglichkeit, an einem gegebenen Stoffe sie zu erreichen. Der Geist des Zweifels ließ ihn die ersten Beobachtungen unaufhörlich wieder vornehmen und prüfen, machte ihn mißtrauisch gegen sich selbst und nahm ihn in eine scharfe Zucht, deren Wirkungen ihm zur zweiten Natur wurden.

Die Härte gegen sich selbst berechtigt aber auch zur Strenge gegen andere. 'Sorgfältige Treue, Eifer für die Wahrheit und wider den Schein: dahin richtet sich unser wohlbewußtes Streben,' erklärte Lachmann, 'und wenigstens gefühlt haben als das seinige muß dies wer sich zu uns rechnen will.' Es war ein aristokratischer Zug in ihm. Aber kein echter Gelehrter oder Dichter oder Künstler kann die Vornehmheit des Wesens entbehren ohne Schaden an seinem Heiligsten zu nehmen. Nur während sie der Eine um der Verträglichkeit des Lebens willen vielleicht still in seiner Seele verschließt, glaubt der Andere sie um der Aufrichtigkeit willen scharf zur Schau tragen zu müssen. Kunst und Wissenschaft sind keine Güter, zu deren Erreichung Association und Organisation der Maſſen viel helfen können. Zu dulden und zu hegen, weſſen Geſinnung unecht befunden worden, blos weil er in gewiſſen Richtungen vielleicht Brauchbares leiſtet, dazu liegt kein Grund vor. Wohl aber hat, wer ſich als einen rechten Prieſter des Wahren und Schönen fühlt, vollauf Urſache, ſeine Perſönlichkeit vor jeder Berührung mit dem Unreinen zu ſchützen. Denn Gelehrte und Künſtler wirken ebenſoſehr durch das was ſie ſind, wie durch das was ſie thun.

Kein ſchöneres Schauſpiel aber, als wenn edle Kräfte von hoher Selbſtändigkeit ſich zu gemeinſamem Werke verbünden. Zwiſchen Benecke, Lachmann und den Brüdern Grimm beſtand eine ſolche Einhelligkeit der Forſchung, das rückhaltloſeſte Geben, das dankbarſte Empfangen.

Benecke und Jacob Grimm verkehrten ſchon ſeit 1807 und wechſelten ſeit 1819 ohne Unterlaß ausführliche Adverſarien: Fragen und Gegenfragen werden geſtellt, Bedenken geäußert, Controverſen ausgefochten, über die gedruckten Arbeiten Bemerkungen ausgetauſcht; was einer mehr weiß als der andere, theilt er mit; was ihnen beiden noch entgeht zu erlangen, unterſtützen ſie ſich gegenſeitig.

Der Verkehr und die Freundſchaft Lachmanns mit Jacob Grimm und Wilhelm Grimm beginnt ebenfalls im Jahr 1819 nach dem Erſcheinen des erſten Bandes der Grammatik. Die Verſchiedenheit ihrer Naturen ward ihnen bald eben ſo klar, wie die Nothwendigkeit des

Zusammenwirkens. Sie hatten das volle Bewußtsein, daß sie allein, mit Benecke, auf dem richtigen Weg und im Stande seien, aus den Bestrebungen für das deutsche Alterthum eine Wissenschaft zu machen. 'Lassen Sie uns', schreibt Jacob Grimm an Lachmann (1. April 1820), 'auf diesem Wege fortfahren, und bald wird ein philologisches Fundament entstehen, welches dem Publikum mehr Zutrauen einflößen soll, als das Geschwätz und die Halbwisserei, die bisher ihr Spiel mit der altdeutschen Litteratur getrieben haben.'

Ein sehr reger Briefwechsel begann. Zwischen Jacob und Lachmann wurde Grammatik und Metrik verhandelt, zwischen Wilhelm und Lachmann die altdeutsche Litteraturgeschichte und insbesondere die deutsche Heldensage. Denn der Mann, der den Text des Lucretius ins Reine brachte, ohne sich mit der Philosophie Epikurs zu beschäftigen, der den Text des Neuen Testamentes bearbeitete, ohne sich in die Geschichte des Urchristenthums einzulassen, wollte doch bei seiner Beschäftigung mit dem Nibelungenliede nicht am Worte haften, sondern auf die Sachen übergehen. In gemeinschaftlichen Erörterungen stellten sie ihre Ansichten darüber fest.

Lachmann fühlte sich mit Wilhelm Grimm verwandter, als mit Jacob. 'Der unermeßliche Reichthum und das Massenhafte ist so wenig Ihr als mein Fach,' schreibt er ihm einmal, 'wir müssen das Jacob lassen. Aber ohne Neid,' fügt er hinzu, 'kann es nicht abgehn,

wo man sich einmal seiner Art zu nähern gezwungen ist.'
Einen anderen Unterschied berührt er einmal gegen Jacob
mit den Worten: 'Ihre Weise ist anders als meine, Sie
sind viel lehrhafter, bei mir heißt es discendo docemus;
beide haben ihr Gutes, meine ist für den Mitforschenden
schwerer, aber weniger überredend: am besten, beide
stehen neben einander.' Auch eine andere Eigenthümlichkeit,
die man oft getadelt hat, berührt er wiederholt. Er
könne nicht anders für den Druck schreiben, als ein wenig
vornehm und mit Deckung. Und als ihn Benecke mit
dem englischen Philologen Porson verglich, mißbilligte er
das, wenn Benecke dabei an Porsons widerlich vornehme,
orakelmäßige Vorsichtigkeit denke. Diese sei wahrhaftig
bei ihm nur scheinbar und gewöhnlich Unvermögen oder
Ueberdruß, das Bekannte noch zu sagen: 'Gott besser's!'
schließt er mit einem Stoßseufzer.

Eine ausführliche Selbstcharakteristik findet sich gleich
in einem der ersten Briefe an Jacob, vom 22. April 1820,
unmittelbar nach einer Reihe von scharfen Urtheilen über
Fachgenossen: 'Was mich besonders hindert, ist ein
fahriges Wesen, bei dem ich mich auf Alles mit Wuth
stürze. Der erste Gedanke ist meistens gut, aber dann
hängt sich allerlei Unrath an. Gehörig sammeln und
excerpiren fällt mir auch schwer: so raffe ich aus dem
Gedächtniß vieles zusammen, und das Beste ist fort.
Mich weiter zu verbreiten, davon hält mich ab, daß ich
die classische Philologie nicht ganz vernachlässigen will

und gar noch (als außerordentlicher Professor in Königs=
berg) schöne Wissenschaften lehren soll, außerdem ein
natürlicher Trieb, der an sich so schlecht nicht ist, Ein
Ende fest und beharrlich anzufassen und nicht weiter zu
gehn bis ich hier durch bin. Anderes wird mir mit Un=
recht vorgeworfen. Daß ich mich erzürne über mich und
andere, schadet mir nicht, denn ich bin sogar leichtsinnig
genug es bald zu vergessen; und meine Freunde, das
heißt die tüchtigen und ehrlichen, werden's mir zu gut
halten, bis ich anfange, auch sie hinterm Rücken oder ins
Angesicht zu schmähen. Das wird aber nie geschehen.'

Wie Lachmann, so wird auch Jacob Grimm nicht
müde, seine Art mit der des Freundes zu vergleichen und
dessen eigenthümliche Vorzüge mit Wohlgefallen zu be=
trachten. 'Ich bewundere immer mehr', schreibt er ihm,
'die ausnehmende Genauigkeit und Strenge Ihrer Unter=
suchungen. Dergleichen habe ich nichts aufzuweisen. Und
welchen Vortheil wissen Sie aus allem zu ziehen, nament=
lich für die Beurtheilung der Echtheit der einzelnen Ge=
dichte und der Mundarten.' Als Lachmanns Ausgabe
der Werke Wolframs von Eschenbach erschienen war,
meinte er: eine solche Arbeit glücklich vollbracht zu haben,
müsse andere Freude und Beruhigung gewähren, als er
bei seinen Büchern empfinden könne. Von diesen werde
lange nichts mehr stehen, wenn noch Lachmanns Muster
von vielen nachgeahmt und von wenigen erreicht bleiben
werde. Bedenken, die er gegen Einzelheiten dieser Aus=

gabe äußerte, nahm er mit den Worten halb zurück: 'Allein ich traue Ihnen beim Herausgeben hier mehr Bedacht zu, als mir beim Lesen, Sie werden für Alles gute und erwogene Gründe haben.'

Bei der schönen Unmittelbarkeit, mit der Jacob Grimm sich stets zu geben wußte, darf es nicht Wunder nehmen, wenn zuweilen mitten in die gelehrten Berathungen der Ton des tiefsten und wahrsten Gefühls hereinbricht. 'Meine Eltern sind mir früh gestorben', schreibt er einmal, 'und ich habe auch sonst weniges in der Welt, zu dem ich über Berg und Thal reisen möchte, wie gerne ginge ich Ihnen nach so weit mich die Beine trügen.' Als Lachmann im Jahr 1824 eine litterarische Reise nach München und St. Gallen unternahm, wünschte Jacob Grimm ihn begleiten zu können und malte sich aus, wie sie mit einander auf dem Bodensee schiffen würden. 'Aber was würden Sie an mir haben?' setzt er hinzu: 'Ich bin still, einseitig und oft traurig.'

Achtes Kapitel.

Der Ausbau der Grammatik.

Die ersten Denkmäler des Zusammenwirkens zwischen Jacob Grimm und Lachmann sind des letzteren 'Auswahl aus den hochdeutschen Dichtern des dreizehnten Jahrhunderts' und die zweite Auflage des ersten Bandes von Jacob Grimms 'deutscher Grammatik' oder 'der Grammatik' schlechthin, wie sie unter den deutschen Philologen genannt wird.

Lachmanns 'Auswahl' war allerdings vor der Begründung seiner Freundschaft mit Jacob Grimm begonnen worden, aber als er in der Einleitung die Grundzüge einer mittelhochdeutschen Vocallehre vorlegte, konnte er sich bereits auf neue Entdeckungen des Freundes berufen, die ihm dieser mitgetheilt hatte und die ihm dabei zu gute gekommen waren.

Die zweite Auflage des ersten Bandes der Grammatik erschien 1822: die erste Auflage war absichtlich klein gemacht worden und daher schon im nächsten Jahre nach dem Erscheinen vergriffen. Jacob Grimm schrieb seine neue Ausarbeitung, wie alle seine Bücher, leidenschaftlich, ohne Concept, oft ohne zu überlesen, sogleich für den Druck, der im October 1820 begann, und war dem Setzer immer nur wenige Bogen voraus. Mitunter machte er noch die wichtigsten Entdeckungen wie vor dem Thorschluß. Die gedruckten Bogen wurden Lachmann partienweise zugeschickt und seine Bemerkungen im Anhange nachgetragen. Jacob Grimms Briefe drehten sich, wie begreiflich, in dieser Zeit ganz und gar um das, was ihm von Tag zu Tag, von Woche zu Woche in der Förderung seines Werkes gelang, um Befürchtungen und Hoffnungen, die er damit verband.

Wenn er sah, wie viel einzelne Dinge noch unergründet waren und wie vieles er dennoch in allgemeiner Fassung niederschreiben mußte, so bangte ihm vor der Fehlerhaftigkeit des Buches. Das beste werde sein, meint er, daß er sich ein Herz gefaßt hätte, so viel unfertiges Zeug in die Welt zu schreiben und auf seinen Namen zu nehmen. Da einmal Lachmann längere Zeit nicht schreibt, sorgt er, der Freund sei ihm böse geworden, weil er in der Grammatik so manches nicht besser gemacht habe.

Je mehr aber der Band seiner Vollendung entgegen reiste, desto mehr stellte sich Befriedigung ein, woran Lachmanns Beifall kein geringes Verdienst hatte. Treffend nannte Lachmann Jacob Grimms Selbstvorwürfe ungerechte Klagen darüber, daß er aus dem Nichts tief in die Wahrheit, aber noch nicht bis ans Ziel gedrungen sei. Und er stellte ihm vor, daß es gar kein gutes Buch gebe, das heißt keins, das nicht der Verfasser, so wie er ist und noch in dieser Welt wird, besser könnte gemacht haben. Ohne vielfache Irrthümer gehe es einmal nicht ab, und deren Verbesserung könne man getrost neuen Auflagen oder den Nachfolgern überlassen. 'Und wären Sie', bricht der heftige Mann aus, 'wären Sie unmittelbar nach Ihrer ersten Ausgabe der Grammatik gestorben; Schuft, wer nicht auch dann noch, wenn keine Seite mehr so wie sie ist gelten könnte, Ihren Namen mit dankbarer Verehrung genannt hätte! — Verzeihung! wenn mirs Ernst ist und ans Herz geht, kann ich nicht bedenken, was etwa schicklich und anständig sein mag.'

Jacob Grimm war sehr dankbar für solchen kräftigen Zuspruch. 'Ihre Briefe trösten mich gewaltig', schreibt er; 'wenn ich denke, nun wird er mit allen Seiten deiner Arbeit unzufrieden sein, so kommt Ihr Brief, worin ich lese, daß Sie sogar noch einzelnes in dem Buche fein bemerkt finden.' Doch sei es ein vierschrötiges Gezimmer, dem einzelnes Gute nicht aus den Nöthen helfe, worin es stecke. Derartige Unmuthsäußerungen hindern ihn aber nicht mehr, die wahre Bedeutung des Werkes zu würdigen. 'Es ist ein grammatisches Haus auf die Beine gekommen', erkennt er an, 'worin man nun einziehen und das man ausbauen kann. Es sind nun Geschäfte möglich und es steht mir vor, es werden bessere getrieben werden. Vermuthlich gehts der Masse des Publikums, wie ich an mir selbst genug erfahren habe, man verliert manchen guten Einfall und reibt seine Lust an einer Arbeit nach und nach auf, sobald man nicht unternimmt, sie wirklich anzufassen und zu fördern. Und wunderbar fühlt sich der Geist selbst durch fortschreitende Thätigkeit gefördert.'

Die neue Auflage erschien in einem neuen Gewande: mit lateinischen Lettern gedruckt und ohne große Buchstaben außer im Anfange des Satzes und in Eigennamen. Jenes beruhte damals auf ganz äußerlichen Gründen. Auf dieses legte Jacob Grimm ebenfalls kein Gewicht: er wollte, wie er sagte, eigentlich blos zeigen, da er in der Thesis alle Sprachneuerungen erklärt hasse, daß er nicht so sehr Ultra sei, um nicht auch einmal einen liberalen Vorschlag zu machen und auf die Abstellung einer im Wesen unserer Sprache durchaus nicht begründeten Pedanterei hinzuwirken.

Auch der ursprüngliche und in der ersten Auflage festgehaltene Plan war verändert. Eine Lehre von den Vocalen und Consonanten der germanischen Sprachen hatte früher den zweiten Band beginnen sollen, ward aber jetzt als erstes Buch an die Spitze des ganzen Werkes gestellt und mit der Flexionslehre als dem zweiten Buche zu dem ersten Bande vereinigt.

'Von den Buchstaben': so lautete die simple Ueberschrift dieses ersten Buches, das wir nach dem heutigen wissenschaftlichen Sprachgebrauch und nach Jacob Grimms eigener späterer Bezeichnung lieber eine 'Lautlehre' der germanischen Sprachen nennen. Es ist unter den vielen großen und folgenreichen wissenschaftlichen Thaten Jacob Grimms vielleicht die allergrößte und folgenreichste. Man darf ohne Uebertreibung behaupten: so hoch der erste Band der Grammatik von 1819 über aller bisherigen Grammatik stand, so hoch erhob sich die Lautlehre von 1822 über die Leistung von 1819. Hatte er damals für die Flexionen der germanischen Sprachen die vergleichende Methode an einem einleuchtenden Beispiele so umfassend und consequent durchgeführt, daß jedermann von der Richtigkeit der Behandlung überzeugt werden mußte: so fand er jetzt das Princip der Vergleichung, die Regel, der sie sich fügen muß, wenn ihre Resultate bis in alle Einzelheiten hin als gesichert gelten sollen. War ihm dort Bopp für die Gesammtheit der arischen Sprachen, Raynouard für die romanischen Sprachen in der Anwendung der vergleichenden Methode vorangegangen, hatte ihm hier Rask mit einer wichtigen Erkenntniß vorgearbeitet: so stellte er alle Vorgänger doch gleich in Schatten und wurde für Bopp wie für die romanischen Grammatiker das eigentliche Muster, dem sie nachstrebten, für das ganze Gebiet der Etymologie Anfang einer neuen Zeit und Lehrer der Zukunft.

Den einzelnen Buchstaben oder Lauten hatten zwar schon die philosophischen Grammatiker, schon Moritz, schon Bernhardi, ja sogar Adelung, freilich in sehr verschiedenem Sinne, besondere Betrachtungen gewidmet; Kanne untersuchte den Lautwandel zwischen dem Griechischen und Deutschen in einem besonderen Schriftchen; Wilhelm Schlegel forderte, wie wir sahen, eine Untersuchung über die Beschränkungen des Consonantenwechsels. Aber Fordern und Thun, Suchen und Finden ist zweierlei. Jacob Grimms Behandlung der Laute und seine zahlreichen Entdeckungen auf ihrem Gebiete mußten als etwas völlig Neues und Ungeahntes gelten. Sie verdienen es, daß wir ihnen näher treten. Nur wer auch in diesen Regionen Jacob Grimms Thätigkeit einigermaßen zu würdigen weiß, hat eine Ahnung von seiner wissenschaftlichen Bedeutung.

Ein Aggregat von Lauten wird durch den Accent erst zum lebendigen Wort. Accent aber, diese Seele des Wortes, ist Hervorhebung, helle Beleuchtung Einer Silbe — oder, genau gesprochen, des Vocales Einer Silbe — vor den übrigen in Dunkel zurücktretenden. Und da hervorgehoben wird, was am bedeutendsten scheint, so beruht die Setzung des Accentes auf einer Ansicht von dem Werthe der Silben. Während nun die ursprünglichen Accentverhältnisse der europäischen Sprachen, die aus dem arischen Urstamme sich abzweigten, wahrscheinlich, wie im Indischen, alle die verschiedenen Ansichten, welche je nach verschiedenen Umständen beim Acte der Wortbildung sich geltend machen können, getreulich bewahrten: führte die germanische Sprache, als sie aus der Masse der übrigen europäischen sich losriß, ein neues Accentprincip ein, indem sie keine anderen Unterschiede des Silbenwerthes mehr anerkannte, als welche in den zwei verschiedenen Elementen, aus denen jedes Wort besteht, gefühlt werden.

Diese Elemente sind das materiale und das formale. Jenes, aus wenigen zu Einer Silbe zusammengefaßten Lauten bestehend, das wir mit einem nicht ganz passenden Vergleich uns die Wurzel zu nennen gewöhnt haben, als ob daraus das ganze Wort emporwüchse gleichsam, tritt nach germanischer Sprachanschauung in einen Gegensatz des Werthes zu den Formelementen, den Ableitungen und Flexionen. Die Wurzelsilbe oder Stammsilbe allein wird für so bedeutend gehalten, um auf die auszeichnende Betonung ihres Vocales Anspruch erheben zu können. Auf sie wird nun aller Glanz im Worte versammelt, Ableitungs- und Flexionssilben (was wir kurz die Endungen nennen) müssen von dem ihrigen an sie abgeben und ihre Farbe in sie reflectiren, so daß der Vocal der Stammsilbe in eine gewisse Abhängigkeit von dem Vocale der Endung geräth. Wenn wir 'Engel' sagen, wo die alte Sprache **angil**, und 'Kräfte', wo die alte Sprache **krafti**, so hat das i diese Wirkung hervorgebracht, indem es dem vorausgehenden a einen Beisatz von sich zufließen ließ. Aber der ganze Proceß, auf den wir hindeuten, ist nur eine Tendenz, welche lange nicht vollständig durchgeführt wurde. In dem gegebenen Lautmaterial schon stößt sie auf mechanischen Widerstand, den sie nur theilweise überwinden kann. Consonanten behindern und lassen wie eine undurchsichtige Wand die Strahlen der Vocale nicht passiren. Einige Vocale sind ihrer Natur nach unempfindlich gegen einander, wie chemische Grundstoffe ohne Affinität. Das helle i ist von allen der mächtigste und greift die übrigen fast ohne Ausnahme an. Das dumpfe u übt nur in localer Beschränkung und auch da nur beschränkte Wirkung aus. Das a kann ein u der Wurzelsilbe zu o und seltner ein i zu e verwandeln, welche o und e gleichsam Brechungen des i und u sind, deren reine Kraft durch das folgende, dem i gegenüber dunklere, dem u gegenüber hellere a nach der Richtung von a abgelenkt wird. Das a der Endung hat aber auch die Macht, ein e oder o der Stammsilbe vor der Wandlung in i und u zu schützen, die unter gewissen Umständen nach dem Lautgesetz eintreten müßte. Wenn wir sagen 'er nimmt', so heißt das althochdeutsch nimit; und wenn wir sagen 'ihr nehmt', so heißt das althochdeutsch nemat: dem a der Endung entspricht ein e der Stammsilbe; dem i der Endung entspricht ein i der Stammsilbe.

Während der deutsche Sprachgeist die Stammsilben in der geschilderten Weise begünstigt, entzieht er den Endungen sichtlich seine Gunst. Schon im dreizehnten Jahrhundert ist alle Pracht der tönenden Vocale aus ihnen verschwunden und hat dem farblosen e überall den Platz räumen müssen. Es sind, mit Jean Paul zu reden, dem herrlichen Althochdeutsch die vollen Baßsaiten abgeschnitten und die dünnen E=Quinten aufgeschraubt, so daß aus den köstlichen Formen herrono, tago, erdu, fisgo, guati die dünnstimmigen Herren, Tage, Erde, Fische, Güte wurden — und unsere Sprache, die reichen Klang=Singstimmen ihrer Jugend einbüßend, gleich einer alten Frau da kreischte und pfiff, wo sie früher gesungen hatte.

Solche Zerstörung hat der veränderte Accent ange=richtet in der deutschen Sprache. Dennoch aber kam aus der vorgermanischen Periode eine merkwürdige Erbschaft auf die germanische, eine Vocalveränderung, welche zum Theil auf jenem älteren freieren Accente beruhte und, nachdem ihre eigentliche Existenzbedingung weggefallen war, eine selbsteigene Triebkraft, ein spontanes Wandlungs=vermögen der germanischen Wurzel zu verrathen schien. Wenn man einst sagte: ich singe, ich sang, wir sungen: so beruhte wenigstens das u, wie sich bestimmt behaupten läßt, auf uralter Accentlosigkeit der Stammsilbe. Und wenn es in der älteren Sprache anstatt unseres einförmi=geren: ich biege, bog, wir bogen — oder: ich reite, ritt, wir ritten — mit mannigfaltigerem Wechsel hieß: ich biuge, baug, wir bugen — oder: ich rite (mit gedehntem i), reit, wir riten (mit kurzem i): so stehen die langen Vocale, die iu und au, die ei und gedehntes i, in ursprünglich betonten, die kurzen u und i dagegen in ursprünglich unbetonten Silben.

Fast alle diese Erscheinungen des Vocalwandels, bei deren Darstellung die tiefer liegenden Ursachen hier zum

Theil etwas eingehender berücksichtigt wurden, als es in Jacob Grimms Behandlung geschehen ist, waren von den früheren Grammatikern nicht unbemerkt geblieben; und Rablof wohl zuerst bezeichnete sie mit dem gemeinschaftlichen Namen des Umlautes. Aber weder sah er auch nur die nächsten Gründe, noch wurde ihm klar, daß hier zwei ganz verschiedene Erscheinungen vorlagen. Jene Wirkung des i auf vorangehende Vocale war ziemlich jung in der Geschichte der germanischen Sprachen und im Gothischen noch gar nicht vorhanden: auf sie schränkte Jacob Grimm die Bezeichnung des Umlautes ein, während er die Beziehung des a zu vorhergehendem e und o als eine Brechung von i und u auffaßte und so benannte. Jener uralte Vocalwechsel in der Conjugation aber erhielt von ihm den Namen Ablaut. Und nicht blos in der Conjugation beobachtete er ihn, sondern in der ganzen Wortbildung erkannte er ihn als thätig. Reihen verwandter Wörter, die sich leicht finden ließen, wie 'die Binde, das Band, der Bund; die Beugung, der Baug (Armring), der Bug, der Bogen', trugen deutlich das waltende Gesetz an der Stirn. Und Jacob Grimm ging so weit, für alle derartige Formeln, wenn ihnen auch in den überlieferten und bekannten Sprachen ein Verbum nicht zur Seite stand, ein solches doch als ehemals vorhanden und nur für uns verloren zu statuiren. Denn überall schien ihm das Verbum das Erste und Ursprüngliche, das Nomen nur abgeleitet; das Lebendigere und Beweglichere älter, als das mehr Ruhende und Starre.

Der beinahe leidenschaftliche Eifer, mit welchem Jacob Grimm alle Spuren des Ablautes verfolgte, beruhte in seinen Anfängen auf einer ganz sinnlichen Empfindung, auf einer für die Wahrnehmung des Wechsels verwandter Vocale, aber ganz vorzugsweise der einfachen Grundlaute a, i, u, besonders günstigen Disposition seines Ohres. Es ergötzte ihn einmal, aus den verschiedensten Sprachen Wörter zusammenzustellen, in welchen jene reinen Vocale in schöner Mannigfaltigkeit sich neben einander finden. Mit einem solchen Wohlklange schlugen diese Laute an sein Ohr, als ob ihnen ein Zauber beiwohnte. Verwundert und nicht ohne Lächeln beobachten wir, wie er in seinen jüngeren Jahren ebenso aus den Farben sich drei erwählte, Schwarz, Weiß und Roth, die er als die reinen bezeichnete und deren Combination auf sein Auge einen ähnlichen, starken Reiz ausgeübt haben muß. Reinheit war ihm, wie für Goethe in einer bestimmten Epoche seines Lebens, der höchste ästhetische und moralische Begriff, und er befaßte manches darunter, was schwerlich etwas damit zu thun hatte. Auf dem Gebiete des Vocalismus waren die Klänge a, i, u für ihn die Reinheit, das Ideal. Es scheint, daß wir hier für die wissenschaftliche Entdeckung des Ablautes vor einer Quelle stehen, die im tiefsten Grunde des Gemüthes entsprang, die uns in der Seele des Entdeckers auf eine Stelle führt, an welcher Sinnliches und Geistiges sich in einander verschlingen.

Darum stoßen wir auf die Lehre vom Ablaut so früh bei Jacob Grimm. Im Jahr 1813 spricht er gelegentlich von dem Uebergange des Naturlautes in Menschensprache, wie er sich ausdrückt. Er meint damit Schallnachahmungen, wie die des Hauens mit dem Beil durch hikhak, der Mühle durch klippklapp. Das hat für ihn etwas Schauerliches, und er bewundert daran das reine Verhältniß der Umlaute: so nannte er den Ablaut noch. Er stellt neben den 'Dualismus' klippklapp die 'Trilogie' bimbambum, und sogleich denkt er dabei an Verba wie 'springe, sprang, gesprungen'. Das seien unsere vollkommensten Zeitwörter und der Vocalwechsel sei die trefflichste und weit älteste Formel deutscher Verbalbiegung. Bei derselben Meinung beharrte er mit Recht, als er tiefere Einsicht in das Wesen der Bildung gewonnen hatte. Und da sie ihm aus der Kraft und Stärke der Wurzel zu entspringen schien, so nannte er die Zeitwörter, in denen sie herrschte, die starken, und die anderen, welche dieser Kraft entbehrten und auf Zusammensetzung mit einem Hülfsworte sich angewiesen zeigten, nannte er schwache. Beide Classen an sich hatten die älteren Grammatiker bereits unterschieden: als gleichfließende und ungleichfließende Schottelius, als richtige und unrichtige Gottsched, als regelmäßige und unregelmäßige Adelung. Aber die regelmäßigen waren Grimms schwache und die unregelmäßigen Grimms starke. Dagegen hatte schon ten Kate (1723) die höhere Wichtigkeit der starken Conjugation erkannt und zum Eckfteine seines Werkes gemacht. Darauf wies dann gelegentlich Wilhelm Schlegel hin, Rask erkannte im Altnordischen das richtige, Rasloff erhob sich zu der gleichen Einsicht, und selbst Wolke behauptete, diese 'Umbildeform', welche 'Kraftkürtse, Mannigfaltigkeit und Wohllaut des Ausdrucks beförderte', sei die 'erstzeitige' gewesen. Erst Jacob Grimm aber brachte die starken Verba in Classen und dehnte den Gegensatz von stark und schwach auch auf die Substantivdeclination aus, indem er die gleichmäßigeren, abwechselungsärmeren Formen für die schwachen, die mannigfaltigeren und beweglicheren für die starken erklärte.

Alle im Vorstehenden berührten Ansichten, soweit sie nicht in der ersten Ausgabe der Grammatik schon niedergelegt waren, theilte Jacob Grimm an Lachmann im April 1820 mit. Ihre Fruchtbarkeit bewährte sich erst recht in der consequenten Durchführung durch alle vorhandenen Verba und Substantiva, durch alle deutschen Schwestersprachen, und in der überraschenden Ordnung die sich für eine Masse von Thatsachen daraus wie von selbst ergab. Wurde nun Ernst gemacht mit einer allgemeinen Vergleichung, verfolgte man einzelne Worte durch alle Dialekte, so mußten die Entsprechungen und Gleichungen der Vocale sich bald ergeben. Wie viel Schwierigkeiten waren aber im Einzelnen zu lösen! Und wie glücklich hat Jacob Grimm viele, ja die meisten gelöst! Lachmann mochte anfangs Bedenken gehegt haben gegen die ungeheuere Ausbreitung der Arbeit. Nicht lange jedoch und er schrieb: 'Ich sehe immer mehr, es ist gut, daß Sie keine Mundart ganz ausschließen: aber wo Sies alles hernehmen, weiß Gott.'

An einer der folgenreichsten Neuigkeiten, welche die zweite Auflage der Grammatik brachte, hatte Lachmann sehr bedeutenden Antheil. Daß in unserer alten Sprache ein jetzt verschwundener Quantitätsunterschied der Vocale geherrscht habe, ist im wesentlichen seine Entdeckung. Doch gab ihr Jacob Grimm erst die entscheidende Fassung, und zwar anfangs ohne Lachmanns Beistimmung.

Nicht weniger als in der Vocallehre wurde Jacob Grimm vom Glücke begünstigt, da er den Consonantismus der germanischen Sprachen durchforschte. Eine äußerst wichtige Wandelung der Consonanten enthüllte sich ihm.

Wenn dem indischen dantas 'der Zahn' und dem griechischen thyra 'das Thor' im Gothischen tunthus und daur, im älteren Hochdeutsch zand und tor entspricht, so zeigt sich in dem Wandel des ursprünglichen d zu t und z (welches dem th vergleichbar), des ursprünglichen t zu th und d, des ursprünglichen th zu d und t eine bestimmte Regel der Lautumbildung, welche bei den übrigen sogenannten stummen Consonanten fast ganz in derselben Weise beobachtet werden kann. Dieses gesetz=

mäßige Verhalten der genannten Laute, durch welches die niederdeutschen und nordischen Sprachen gegen die urverwandten, die hochdeutsche gegen die niederdeutschen sich abgrenzt, war es, was Jacob Grimm das Gesetz der Lautverschiebung, was seine Nachfolger schlechthin Grimms Gesetz nannten. Vorgearbeitet war auch hierfür, ja hierfür mehr als für die Lehre vom Vocalwandel. Abgesehen von sporabischen Beobachtungen englischer und deutscher Grammatiker und Etymologen, unter welchen abermals Wilhelm Schlegel erwähnt werden kann, so hatte Kanne in seiner Schrift über die Verwandtschaft der griechischen und deutschen Sprache (1804) für ein paar Fälle die ganze Lautverschiebungsreihe angegeben und Rask im Jahre 1818 die völlig richtigen Lautgleichungen zwischen den classischen Sprachen und dem Nordischen aufgestellt. Aber erst Jacob Grimm, der übrigens nicht verhehlte, daß er über das Verhältniß der europäischen Sprachen unter einander durch Rask beträchtlich gefördert worden sei, hat das Ganze in seiner Reinheit, den Stufengang eines zweimal in gleicher Weise vollzogenen Processes nachgewiesen. Und erst seit er es nachwies, ist es Gemeingut der Wissenschaft geworden. Am 25. November 1820 gab er Lachmann die ersten Andeutungen darüber, am 1. April ~~1820~~ legte er ihm die ganze Entdeckung vor.

In dem Gesetze der Lautverschiebung, in der Lehre vom Umlaut, Brechung, Ablaut, in den Vocaltabellen, in denen Grimm die Entsprechungen der Vocale der verschiedenen germanischen Sprachen anschaulich machte, in allen diesen und vielen ähnlichen Erörterungen, Untersuchungen, Lehrsätzen lag der unermeßliche Fortschritt der gesammten Sprachwissenschaft, durch welchen eine Sicherheit ihrer Resultate verbürgt wurde, wie man sie kaum für möglich, ja vielleicht nicht einmal für nothwendig gehalten hatte.

Man schlägt die Tafel der langen Vocale auf: man findet in allen germanischen Sprachen ein langes, gedehntes i, dagegen in unserem Neuhochdeutschen ein ei. Man vergegenwärtigt sich einen Fall wie mittelhochdeutsch rîten, neuhochdeutsch 'reiten', mittelhochdeutsch wîp, neuhochdeutsch 'Weib'; man geht alle ähnlichen Fälle durch, alle mittelhochdeutschen Wörter, in denen ein î vorkommt und die uns in der heutigen Sprache geblieben sind: man findet das î überall durch ei vertreten; die durchgängige gleichmäßige Vertretung ist ein Gesetz, ein Lautgesetz, das auf dem gewöhnlichen Wege der Entwickelung keine Ausnahme duldet. Auf dem Wege der Entwickelung: denn wenn der Turnerausdruck 'Riege' neben dem vollkommen entsprechenden Wort 'Reihe' vorkommt, so ist das nicht Entwickelung, sondern Entlehnung — Entlehnung aus dem Plattdeutschen, welches das alte î bewahrt hat.

Lautgesetz! Das war das Geheimniß. In dies eine Wort faßt sich Jacob Grimms denkwürdigste Entdeckung zusammen. Es gibt Lautgesetze; wir müssen sie finden; wir dürfen keine Wörter verschiedener Sprachen oder verschiedener Sprachepochen mit einander vergleichen, d. h. von einander oder von einer zu Grunde liegenden Urform ableiten, wenn nicht die Unterschiede ihrer Laute sich auf ein Lautgesetz zurückführen lassen.

Lautgesetze sind keine Naturgesetze. Aber die wissenschaftliche Wortableitung und Worterklärung darf so wenig gegen die Lautgesetze verstoßen, wie die Erklärung einer Naturerscheinung gegen die Naturgesetze. Nur durch die methodische Erforschung und Anwendung der Lautgesetze gibt es eine wissenschaftliche Etymologie. Nur durch wissenschaftliche Etymologie gibt es eine wahre vergleichende Grammatik, eine Erkenntniß von Völkerverwandtschaften, eine Reconstruction von Ursprachen, woraus sich die unter einander verwandten Tochtersprachen ableiten lassen. Nur aus dem methodisch reconstruirten Wortschatze solcher Ursprachen läßt sich ein Schluß auf die Zustände des Urvolkes, auf dessen Religion, Verfassung, Wirthschaft ziehen. Kurz, die am Lautgesetz hängende wissenschaftliche Etymologie hat die Möglichkeit, in die Vorzeit unseres Geschlechtes zu schauen, unberechenbar erhöht und die Epochen, in die uns ein Rückblick vergönnt ist, um Jahrtausende verlängert. Die wissenschaftliche Etymologie ist, man verzeihe den Ausdruck, ein verbessertes Fernrohr durch die Riesenzeiträume der Urgeschichte.

Und Jacob Grimm hat zu dem Baue der wissenschaftlichen Etymologie den Grundstein gelegt. Derselbe Mann, den Wilhelm Schlegel noch 1815 nicht mit Unrecht wegen seiner Wortableitungen verspotten und mit dem Ausspruche von Voltaire necken konnte, die Etymologie sei eine Wissenschaft, wobei die Vocale für gar nichts und die Consonanten für sehr wenig gerechnet werden, derselbe Mann hat sieben Jahre später die Etymologie zu einer Wissenschaft erhoben, in der jeder Vocal und jeder Consonant als das bedeutungsvolle Glied einer gesetzmäßigen Entwickelungsreihe betrachtet wird.

Jacob Grimm hat den Grundstein gelegt: er hat den Bau nicht vollendet. Vollendet ist er noch heute nicht, weder für das germanische noch für irgend ein anderes Sprachgebiet. Jacob Grimm hat nicht alle Lautgesetze gefunden, und er hat selbst die gefundenen nicht immer beachtet. Aber wer möchte hier den Muth fassen auch nur zum leisesten Tadel? Wer darf, wo so viel Licht ist, sich über den wenigen Schatten beklagen?

Vieles, was der erste Band der Grammatik von 1822 enthält, ist umgestaltet worden; und vieles wird noch umgestaltet werden. Den Vocalismus unterzog Jacob Grimm selbst 1840 einer neuen Bearbeitung, die zum Theil keine Verbesserung war.

Diesen und andere Theile der Grammatik hat er auch später noch erörtert und doch nicht mehr wesentlich vorwärts gebracht. Er hielt sich oft zu wenig den lebendigen tönenden Laut gegenwärtig und blieb mehrfach an dem Aeußerlichen des Buchstabens haften. Seine Lehre von der Lautverschiebung konnte durch die Anwendung der

Physiologie darauf in ihrem Wesen um ein bedeutendes aufgehellt werden. Seine Lehre von dem Umlaut und der Brechung bedurfte einer Modification. Seine Lehre von der Declination und Conjugation hat durch die vergleichende Grammatik der arischen Sprachen wesentliche Verbesserungen erhalten. Seine Lehre vom Ablaut ist auf demselben Weg umgestaltet, jedoch die Erscheinung noch nicht völlig aufgeklärt worden.

Merkwürdiger Weise sträubte sich Jacob Grimm, dem sonst kein Fortschritt fremd blieb, manche der Fortschritte, die schon bei seinen Lebzeiten gemacht wurden, anzuerkennen. Wie er seine größten Erfolge fast nur durch die Beschränkung auf die Welt der germanischen Sprachen erlangt hatte, so war ihm eine Neigung geblieben, den Blick auf dieselben festzuheften. Und mancherlei unnöthige Subtilitäten, die von anderer Seite aufgewendet wurden, mochten ihn darin bestärken. Ueberall, wo die Erklärung irgend einer sprachlichen Erscheinung rein aus den germanischen Sprachen möglich schien — und wir haben gesehen, wie früh er sich dafür einen Grundsatz gebildet hatte, — ging er über deren Kreis nicht hinaus. Und er hielt sich wohl noch öfter innerhalb desselben, als er durch seinen Grundsatz gezwungen gewesen wäre. Das hinderte ihn jedoch keinesweges, auch fremden Sprachen sein lebhaftes Interesse zuzuwenden.

Mit den slavischen Sprachen, zunächst mit dem Serbischen, beschäftigte er sich in Wien, ohne Zweifel durch den ausgezeichneten Slavisten B. Kopitar angeregt, sehr eifrig. Mit der Gewandtheit eines Sprachgewaltigen ergriff er das Serbische, wie Goethe sagte. Und wie Jacob Grimm den serbischen Liedern seine Theilnahme zum erstenmale bewies, das erwähnten wir schon. Daß er sie ihnen erhielt, als uns Fräulein von Jakob (Talvj) mit der ersten Uebersetzung derselben beschenkte, dadurch gab er Goethe Gelegenheit zu dem bezeichnenden Worte, Grimm wisse eben so gut das allgemeine Organ zu schätzen, wodurch wir uns mittheilen, als das dadurch Mitgetheilte. Noch 1824 übersetzte er aus Gefälligkeit für Wuk Stephanowitsch dessen kleine serbische Grammatik, indem er eine vortreffliche Einleitung hinzufügte. Und so erfüllte sich beinahe die Hoffnung, die ein eifriger Slave 1816 aussprach, es werde sich an Jacob Grimm die 'bisher ausnahmslose Erfahrung bestätigen, daß wer einmal etwas tiefer in das Slavische geblickt hat, dafür Enthusiast wird.' Von den romanischen Sprachen kannte er längst die meisten und fügte gegen die Mitte der zwanziger Jahre, als sich Gelegenheit bot, das ihm noch fehlende Provenzalische hinzu. Später reizte ihn das Finnische zu vollständiger Kenntnißnahme, und eine schöne Abhandlung über das finnische Epos war das erste Ergebniß dieses Studiums. Auch der hohe Werth der eben aufblühenden indischen Studien blieb ihm nicht verborgen. Daß die deutsche Grammatik einmal große Vortheile daraus ziehen würde, hoffte er zuversichtlich. Aber wenn er betrachtete, was neben ihm von anderen in dieser Richtung geleistet wurde, so kam er sich vor, wie einer, der sich ein Haus baut und zuweilen über die Bodentreppe läuft, um durch die Luken zwischen die Nachbarsdächer zu schauen, immer jedoch gern wieder herabsteigt und unten wohnt, wo geringere Aussicht ist.

Auch für Jacob Grimm kam noch die Zeit größerer Ausbreitung. Unterdessen verrichtete er im zweiten Bande der Grammatik, der 1826 erschien, an dem deutschen Wortschatze die Arbeit, die unter allen Sprachen der Erde an der indischen zuerst und zwar durch die einheimischen Grammatiker vollzogen wurde. Er warf sich in die wirre, kaum übersehbare Menge der Worte und suchte die einfachen Elemente auf, aus deren Zusammenfügung sie entstanden ist. Wie die indischen Grammatiker stieg er in die Perioden unvordenklicher Sprachschöpfung hinauf und construirte sich ihr Bild, indem er gleichsam Aeste und Stämme abhieb und die einzelnen Wurzeln ausgrub, aus denen der ganze Wald erwuchs. Ueber siebenthalbhundert deutscher Wurzeln wies er nach, erforschte ihre Grundbedeutung, suchte allgemeine Regeln über ihre lautliche Gestalt zu gewinnen, zählte die vornehmsten Wörter auf, welche daraus abgeleitet wurden, und ging den Analogien in der Umwandlung der Bedeutungen nach, den Uebergängen in den Anschauungen der Sprache.

Er wandte sich von den Wurzeln hinweg zu den

Mitteln, durch welche aus ihnen die Wörter gebildet werden. Alle die zuwachsenden Elemente der Ableitung läßt er an uns vorüber gehen, ohne daß es ihm freilich gelänge, in ihren eigentlichen Sinn genügend einzubringen. Die einzelnen Laute sind die an sich stets gleichen Grundstoffe der Wurzeln und Wörter, worauf diese beruhen, wie die Naturkörper auf den chemischen Grundstoffen. Aber ihre wesentlichen Eigenschaften sind uns noch unbekannt. Wie sie in dem sprachgestaltenden Geiste zu den bezeichneten Gegenständen sich verhalten, die sie allein und in ihren Combinationen im Abbilde gleichsam zu wiederholen scheinen, das wissen wir nicht. Und jetzt so wenig wie damals wird die Lösung einer solchen Aufgabe für dringend erachtet.

Von den kleineren Lautcomplexen steigen wir im weiteren Verlaufe von Jacob Grimms Darstellung zu immer größeren empor. Auf das einfache Wort in Wurzel und Ableitung folgt das zusammengesetzte. Die scheinbar unüberschliche Masse gliedert sich nach höchst einfachen und doch ganz neuen Gesichtspuncten. Wir erhalten damit einen Führer an die Hand, der uns leicht und bequem durch die Menge hindurch leitet. Die allgemeinsten Regeln aufzudecken, wonach der deutsche Sprachgeist Wörter an Wörter kittet und zu Einheiten verschmelzt, blieb wie so vieles Jacob Grimm vorbehalten. Aber wenn es blos um diese Regeln sich handelte, so war die Untersuchung bald zu Ende, und nur wenige Beispiele oder der zwecklose Versuch, einen Reichthum bei Heller und Pfennig zu berechnen, den wir jeden Augenblick zu vermehren im Stande sind, konnte sich daran schließen. Hier jedoch suchte nicht ein kalt sichtender Verstand das Lebendige zu skeletisiren, sondern es widerstrahlte die ganze in Sprache gefaßte Welt von Anschauungen auf dem Spiegel einer raschordnenden Phantasie und einer feinen Empfindung für das Charakteristische und das Verwandte. Da fanden sich innerhalb der großen Formationsunterschiede noch unzählige Gruppenbilder, in denen vorwaltende Züge der sprachlichen Entwickelung sich kundgaben, und sie eröffneten nicht selten überraschende Einblicke in das geheimnißvolle Weben des ältesten nationalen Geistes.

Der gesammte Wortschatz der germanischen Sprachen sollte im dritten Buche der Grammatik, dessen erste drei Kapitel wir soeben überflogen, unter dem Gesichtspuncte seiner Entstehung und Ausbildung durchmessen werden. Auch der dritte Band, 1831 erschienen, war noch ganz dieser Aufgabe gewidmet. Die kleineren Theile der Rede, welche die leisen Beziehungen der Worte unter einander und der Sätze auf einander und zum Sprechenden vermitteln, wurden ein jeder einzeln vorgenommen und geprüft. Alle Verhältnisse, für welche die Sprache sich in eigenen Worten besondere Bezeichnungsmittel geschaffen hat, wie die Verneinung, dann die Frage und Antwort, kamen hier vorläufig zur Behandlung, und bilden so den

Uebergang zum vierten Buche, zur Syntax, worin der Gebrauch ersichtlich wird, den die Sprache von all dem Materiale zu machen weiß, das die drei ersten Bücher uns kennen lehrten, — worin die Kräfte, welche wir erst in Ruhe und Unthätigkeit betrachtet, nun in der Bewegung ihrer lebendigen Wirksamkeit vor uns auftreten.

Die Syntax beginnt im vierten Bande des ganzen Werkes, der 1837 herauskam. Den Schluß hat Jacob Grimm nicht geschrieben. Als zu Ende der dreißiger Jahre sein Verleger ihm die Wahl freistellte, ob er das Werk zu seiner Vollendung bringen oder eine neue Ausgabe des bereits Erschienenen unternehmen wollte, entschied er sich leider für das letztere; und so blieb die Grammatik ein Torso.

Wenn wir nun die gesammte Gestalt dieser Schöpfung überblicken, so dürfen wir sagen, daß Jacob Grimms deutsche Grammatik ein Buch ist, wie bis dahin kaum eines gedacht und noch viel weniger eines unternommen worden war. Der deutsche Sprachgeist selbst lebt und waltet darin. Wir erkennen seine frische und ursprüngliche Kraft, wir erkennen die Einbußen, welche die raschhinwandelnden Jahre an ihm verschuldet haben. Ueber der Derbheit und Wucht seiner Züge haben sich Narben und Falten gelagert. Keiner hat so tief in sein Innerstes geblickt, wie Jacob Grimm, keiner so viel von seiner Heimlichkeit erlauscht. Dennoch aber wie selten entfaltet eine reiche Individualität einem einzelnen Beschauer ihr ganzes Wesen! Wie vieles ist auch vor Jacob Grimm noch verborgen geblieben! Wie vieles hat er in falscher Beleuchtung gesehen!

In zwei Richtungen der Forschung stellt sich uns Jacob Grimms Verdienst bei der Grammatik vor allem dar. In beiden Richtungen finden wir ihn ohne die volle Energie des Strebens nach dem letzten Ziele. Die eine ist die **historische Betrachtungsweise**, die andere ist das **Eingehen auf den materiellen Gehalt der Sprache**.

Auf dem Satze von der ursprünglichen Einheit aller germanischen Sprachen ruht das ganze Gebäude unserer Sprachgeschichte. Diese Einheit so scharf und bestimmt zu construiren, als möglich, ist ihre erste Pflicht. Dann soll der Gang, in welchem die Unterschiede sich einschlichen nach und nach in die alte Gemeinsamkeit, offenbar werden. Die Gruppen der Völker und Sprachen soll die Forschung ergründen, welche das erste Resultat der Differenzirung waren, und wie sie selbst wieder ferner sich spalteten. Jacob Grimms Bemühen aber scheint manchmal auf die Vergleichung mehr zu gehen, als auf die geschichtliche Entwickelung. Und seine Vorstellungen von der Ursprache entlehnt er allzu ausschließlich dem Gothischen. Obwohl er theoretisch nicht zweifelte, dieses sei nur die älteste und ähnlichste Tochter der verlorenen Mutter, so vermißt man doch in seiner Praxis die consequente Anwendung der theoretischen Einsicht.

Noch weniger vollständig ist das zweite hervorgehobene

Princip seiner Sprachbetrachtung durchgeführt. Den materiellen Gehalt der Sprache vorzulegen, hatte man bisher dem Wörterbuch überlassen. Jacob Grimm erkannte die grammatische Natur auch dieses Stoffes, und die Lehre von der Wortbildung, sowie gewisse Partien der Syntax gaben Gelegenheit, ihn herbeizuziehen. Dabei sind große Wortreihen und Gedankengruppen übergangen. Aber das ist ein Mangel, der mit den besten Eigenschaften des Buches auf das genaueste zusammenhängt.

Die frühere Grammatik war eine kindische Bildnerei, wobei Kürbisse auf Holzstäbe gepflanzt Menschen bedeuten sollten. Jacob Grimm modellirt als vollendeter Künstler Gestalten, worin die Natur sich selbst wiedererkennen muß. Aber er arbeitet rasch, und Manier ist die Folge so hastigen Schaffens. Lieblingsformen und Lieblings=stellungen drängen sich vor, und die Naturwahrheit oder der innewohnende Gedanke seines Gegenstandes leidet dar=unter. Die allgemeinen Richtungslinien sind nicht immer sicher, scharf und deutlich genug gezogen. Die gramma=tischen Kategorien, nicht von vorne herein hinlänglich durchdacht, gehen in einander über. Unhaltbare und ge=wagte Einfälle mischen sich ein; er selbst wußte das ganz gut: es sei einmal seine Art, so zu arbeiten, sagte er, ohne die er auch andere Vortheile entbehren müßte. Zahl=reiche Widerrufe und Nachträge, daraus entspringend, be=förderten nicht die Klarheit des Planes, wohl aber die Unmittelbarkeit der Wirkung und das Hervortreten der darstellenden Persönlichkeit hinter den dargestellten Sachen. So trägt er auch seine persönliche Vorliebe und Abneigung in die Auswahl der zu behandelnden Objecte hinein. Gleichmäßige Erschöpfung des Stoffes ist nicht sein Ziel. Sorgfältig wird nur einiges ausgeführt, manches blos begonnen und angedeutet, vieles gar nicht in Angriff genommen.

Was sich ihm zumeist in den Vordergrund schob, sein Hauptinteresse auf sich und von anderen Dingen abzog, war das Poetische und das Alterthümliche.

Wo das poetische Vermögen der Sprache auf seinem Gipfel erscheint, da macht sie auf Jacob Grimms Phantasie den stärksten Eindruck; die größte Anzahl von Thatsachen ordnet sich ihm in analoge Reihen; das Bedürfniß stellt sich ein, der Sprache nachzufühlen und in beherrschenden Vorstellungen die Gründe ihrer Erscheinungen aufzuspüren.

Darum halten wir die Lehre vom grammatischen Geschlecht für den Höhepunct von Jacob Grimms Buche.

'Was ist ungereimter', hatte Adelung einst gefragt, 'als leblosen Dingen ein Geschlecht zu geben, abstracte Begriffe als Personen eines gewissen Geschlechtes anzusehen?' Jacob Grimm fand den allgemeinen Grund der Erscheinung mit Wilhelm von Humboldt in dem 'Einbildungsvermögen' der Sprache. Dann sucht er selbständig auf den verborgenen Wegen der Volksphantasie zu wandeln, indem er sie durch erweisliche mythologische

Vorstellungen erhellt, die in ihrem letzten Grunde zusammenfallen mit den Vorstellungen, aus denen die Genusbezeichnung entsprang. Er betrachtet den ganzen Schatz sinnlicher Benennungen, in übersichtliche Gruppen geordnet, und untersucht bei jeder Gruppe, wie die Eigenschaften der männlichen und weiblichen Natur von dem Sprachgeist an leblosen Objekten wiedergefunden und diese darnach als männliche und weibliche Wesen oder als solche, die keines von beiden seien, unterschieden werden konnten. Die Sprache wandelt die ganze Natur gleichsam in Person um. Jacob Grimm sucht diesen Personen ins Herz zu sehen, um ihre Charaktere, wie sie von der Sprache angeschaut wurden, ans Licht zu stellen.

Gleich entschiedenes Streben, die höchsten Aufgaben der Sprachbetrachtung zu lösen, finden wir nicht häufig bei Jacob Grimm. Selten zieht er die Blumen mit der Wurzel aus, allzuoft pflückt er sie über der Erde nur oder reißt blos die Blüten ab. Bei der Genuslehre beruhte auf poetischem Sinn und auf poetischer Nachempfindung die Lösung ganz und gar. Ueberall aber, wo poetisches Verständniß nicht ausreichte, wo mühsame gedankenmäßige Erörterung und Erwägung logischer und psychologischer Momente allein zum Ziele führen konnte, da ergreift ihn nicht einmal das Verlangen, den webenden Sprachgeist bei seinem Geschäfte zu belauschen. Er betrachtet das Gewebe, beschreibt uns die Zeichnung: wie die Fäden geschlungen wurden, kümmert ihn nicht.

Wir erkennen romantische Beschränkung in dieser Einseitigkeit. Wir erkennen romantische Beschränkung auch in der Neigung für das Alterthümliche, das vor der ruhelosen Bewegung des geschichtlichen Fortschrittes scheinbar unbewegt sich ausbreitet.

Darauf ruhen Jacob Grimms liebevollste Blicke. Er versenkt sich in die Anschauungen und Worte, in welche die kunstlose Phantasie der ältesten Germanen ihre einfache Welt gefaßt hat. Er schließt eine Zeit vor uns auf, in welcher Krieg und Schlachten, Sieg und Ruhm die einzigen Vorstellungen waren, an denen eine Menschenseele sich erhob und erbaute. Der unaufhaltsame Kämpfer und Rufer in der Schlacht, der streitende, siegende Held war das Ideal des germanischen Mannes. Die Walküre, auch sie streitbar und kampfesmuthig, aber von dem wundersamen Glanze räthselvoller Zauberweisheit umflossen, war das Ideal des germanischen Weibes. Und die germanischen Lebensideale durchdrangen die germanische Poesie. Diesen Lebensidealen entsprachen die bevorzugten Figuren der Sage. Diesen Lebensidealen entsprach der körperliche und geistige Schmuck, in dem sie auftraten. Jacob Grimm aber hat die Begriffe, welche damit zusammenhingen, aus den ältesten Gedichten aller germanischen Völker beinahe vollständig gesammelt und in der Wortbildungslehre, besonders in dem Kapitel von der Zusammensetzung, seinen Lesern vorgelegt. Wir lernen die poetischen Beiwörter kennen, die an jede Person und jeden Gegenstand sich hängen. Die zahllosen Synonyma breiten sich vor uns aus, mit denen der alte Dichter seine Materien hervorhebt und einschärft, als ob der einfache Ton nicht genügte, sondern ein vollklingender Accord ihn verstärken müßte. Häufige Beispiele vertreten die unübersehliche Masse der altdeutschen Personennamen, die jeden Knaben und jedes Mädchen zum Mitglied einer kampffrohen Gesellschaft weihten. Kurz, Jacob Grimm entfaltet die Weltanschauung der germanischen Urzeit und den Stil der Poesie, worin sie sich ausprägt, zwar nicht in einem Gesammtbild, aber so daß die zerstreuten Züge leicht sich ordnen.

Niemand vor Jacob Grimm, der in solcher Weise den Lebensinhalt einer ganzen Epoche zum Gegenstande der Grammatik gemacht hätte. Oder hatte jemals die griechische Grammatik etwa auch nur die epischen Formeln beim Homer zu ordnen und aufzuzählen für ihre Pflicht gehalten? Aber auch Jacob Grimm bringt nur eine verhältnißmäßig kleine Strecke weit vor in dem neu geöffneten Schacht. Er begünstigt in der ganzen Entwickelungsgeschichte unserer Sprache den Anfangsmoment ausschließlich, ohne daß ein innerer Grund dafür sich geltend machen ließe. Was hat der geistige Gehalt jener Zeit vor der staufischen Periode, vor dem Reformations- und vor dem Revolutionszeitalter voraus? Was hat der Stil der urgermanischen Poesie vor dem Stile Wolframs von Eschenbach, Luthers, Goethes voraus? Was haben die feststehenden Bezeichnungsweisen des germanischen Epos vor den philosophischen Terminologien der Mystiker, Jacob Böhmes, Christian Wolffs, Hegels voraus?

Kein Zweifel, entweder muß dies alles in die Grammatik mit aufgenommen werden, oder es dürfen weder das alte Epos, weder Wolfram, weder Luther, weder Goethe mit der sprachlichen Seite ihrer Individualitäten darin eintreten. Wir bedenken uns keinen Augenblick, Jacob Grimm vollkommen Recht zu geben, daß er die Thüren der Grammatik für unsere Dichter öffnete. Wir glauben uns aber zu der Folgerung berechtigt: die Grammatik soll eine Geschichte des geistigen Lebens sein, insoweit dieses in der Sprache sich niederschlägt; sie muß daher ihren Gang gleich einer historischen Darstellung nehmen und von Epoche zu Epoche den Sprachstand schildern; sie muß den gesammten Wortschatz in ihre Behandlung einbeziehen; sie muß die letzten geistigen Gründe für die sprachlichen Erscheinungen aufsuchen.

Wir haben gesehen, worin Jacob Grimm diesem Begriffe der Grammatik sich nähert. Wir haben gesehen, worin er ihm fern bleibt. Ihn für das letztere zu tadeln, kommt uns dabei nicht in den Sinn. Die Aufgabe, die wir bezeichneten, ist ungeheuer. Ein gewöhnlicher Mensch, dem sie in ihrer ganzen Größe aufgegangen wäre, würde davor zurückgeschreckt sein: und die Schranken der vorgrimmischen Grammatik wären unburchbrochen geblieben. Ihn führte seine Genialität darüber hinaus ihm selbst unbewußt. Alle die unterscheidenden Züge seiner Betrachtungsweise der Poesie und ihrer Geschichte, die wir im fünften Kapitel zusammengestellt, konnten auf die Sprache angewendet kein anderes Resultat ergeben. Er folgte den gewohnten Trieben seines wissenschaftlichen Interesses; kein Zügel eines Systems oder vorher festgesetzten Schemas hinderte ihn daran. Und die Liebe für das Naturgewachsene, Unbewußtgeschaffene gegenüber dem Künstlichen, Individuellen; das Bedürfniß nach der Gesammtanschauung des Lebens, dessen einzelne Aeußerungen ihn beschäftigten; der Glaube an die Alles durchdringende Macht der Poesie in der ältesten Zeit, waren solche Triebe, denen er sich überließ.

Auch der oberste Gesichtspunct, unter welchem sich ihm die Geschichte der Poesie darstellte, die Unterscheidung der Naturpoesie und Kunstpoesie und der allmähliche Uebergang von jener zu dieser, die Fülle und Beweglichkeit des Epos auf der einen Seite und die geistige Kraft des Dramas auf der anderen, fand seine Analogie in der Sprache. Und das leibliche Sinken und geistige Aufsteigen derselben ist der überall wiederkehrende Grundgedanke der 'Grammatik'. Ein Gedanke, der ganz ebenso, nur nicht mit denselben Worten und zum Theil noch mehr ins Einzelne ausgeführt, auch bei Wilhelm von Humboldt erscheint.

Eine progressive Berechnung fast ließe sich anstellen, sagt Jacob Grimm, über den Untergang der ursprünglichen sinnlichen Vollendung der Sprache, wenn man ihre heutige

Beschaffenheit mit älteren und immer älteren Zuständen vergleicht. Die wachsende Cultur der Sprache sucht allmählich ihre Natur aufzuheben. Die alte Sprache ist leiblich, sinnlich, voll Unschuld. Die neue arbeitet darauf hin, geistiger, abgezogener zu werden, sie sieht in den Worten Schein und Zweideutigkeit, denen sie auf alle Weise ausweichen möchte. Jene hat großen Reichthum an Wörtern und drückt selbst bloße Wendungen mit andern Wurzeln aus; alle ihre Wurzeln haben Glieder und Gelenke, die der mannigfaltigsten Bewegung gehorchen; durch ihre Zusammensetzungen bringt noch der innere Sinn. Diese giebt eine Wurzel nach der andern hin, ihr Ausdruck wird schärfer, bewußter, bestimmter. Sie umschreibt und meint mit dem unumwundenen Wort anzustoßen, gleich als schäme sie sich der Nacktheit. Ihre Mittel erscheinen von außen; die Ableitungen vermindern sich, die Zusammensetzungen nehmen zu; und wieder diejenigen Zusammensetzungen sterben immer mehr aus, in denen ein Glied nur die sinnliche Deutlichkeit des anderen erhöht, wie solche die heutige Volkssprache noch mit dem alten Epos theilt; dagegen diejenigen reißen immer mehr ein, in welchen ein Glied schon den ganz abstracten Begriff der Eigenschaft oder Art enthält. Der alten Sprache sind die Flexionen ebenso wichtig, wie die Wurzeln; auch die Flexionen lebten einst wirklich wie diese. In der neuen Sprache hingegen wird der Idee, folglich der Wurzel, entschiedenes Uebergewicht gegeben und von der Flexion nur das Wesentlichste gelassen, bis sie sich allmählich völlig abnutzt. Die alte Syntax zeichnet sich aus durch natürliche Mannigfaltigkeit bei härteren Uebergängen, die neue durch logische Bestimmtheit und reichere Füllung. Man kann die innerliche Stärke der alten Sprache mit dem scharfen Gesicht, Gehör, Geruch der Wilden, ja unserer Hirten und Jäger, die einfach in der Natur leben, vergleichen. Dafür werden die Verstandesbegriffe der neuen Sprache zunehmend klarer und deutlicher. Die geistigen Bedeutungen der Wörter erscheinen erst im Laufe der Geschichte und treten neben die sinnlichen hin oder verdrängen sie, ohne daß freilich weder diese rohleiblich noch jene dürrverständig zu nennen wären. Beide hielt vielmehr ein gemeinsamer Zug verbunden: das Sinnliche wuchs zuerst, in ihm schlummerten die Begriffe und wachten auf nach und nach.

Jacob Grimm hat in diesen Sätzen eine unbezweifelbare Wahrheit gefunden, welche keine auch noch so ausgebreitete, auch noch so ergebnißreiche Darstellung der gesammten Geschichte der germanischen Sprachen wird umstoßen können. So reiht sich an die zahlreichen speciellen Entdeckungen, die wir Jacob Grimm in der Grammatik verdanken, und an die unvergängliche Entdeckung der Lautgesetze noch die allgemeine Ansicht der Entwicklung vom Sinnlichen zum Geistigen in der Sprache, ein bleibender Beitrag zur Universalgeschichte der Menschheit.

Jacob Grimm meinte zu beobachten, daß der Wirkung seines ersten Bandes die der folgenden bei weitem nicht gleichkam, daß diese wohl ihm noch größeren Ruhm, der Wissenschaft aber keine nachstrebenden Jünger zubrachten. Sein Bruder und Lachmann zwar nahmen sie mit derselben, ja mit gesteigerter Bewunderung auf, wie den ersten. Vom vierten Bande schreibt Lachmann an Jacob: 'Ich bin wirklich noch ganz in der Bewunderung und im Lernen zum Theil ganz neuer Sachen, so daß ich gar nicht dazu komme etwas zu vermissen.' Und an Wilhelm: 'Grammatik kann man schon stückweise lesen, und das thue ich denn auch, unter uns gesagt mit beständigem Staunen, wenn ich dagegen die zarten Bißchen betrachte, die unser einer zu stande bringt.' Ebenso Wilhelm an Lachmann: 'Ich freue mich über den vierten Theil der Grammatik, weil man wie Robinson bei jedem Tritt auf unbekannte Dinge stößt, was eine Art behaglicher Verwunderung erregt.' Aber Fortsetzer und Nachfolger sind Lachmann und Wilhelm Grimm nie für Jacob gewesen, sondern neben ihm lenkten sie ihr eigenes Fahrzeug, und nur gelegentlich konnten sie ihm helfen, seine schwerere Ladung fortzubringen.

Indessen die Nachfolger blieben nicht aus. Sprachliche Beobachtungen werden nirgends so eifrig wie in Deutschland betrieben. Das Problem der Lautgesetze steht im Vordergrund aller linguistischen Forschung. Die vergleichende Methode dehnt sich immer weiter über alle

Sprachen der Erde hin aus. Werden einzelne Seiten der germanischen Grammatik einmal eine Zeit lang vernachlässigt, so ist doch kein Grund zu der Befürchtung, daß sie vernachlässigt bleiben. Zur Kunde der Mundarten, zur Lehre von der Wortbildung sind schöne Beiträge gegeben worden. Die lange zurückgestellte Syntax wird vielfach gepflegt. Alles, was mit dem Stile der altgermanischen Poesie zusammenhängt, wird sich durch fortgesetzte Sammlung der poetischen Formeln und Untersuchung der Eigennamen gewiß noch weiter erhellen. Auch dem Stile der neueren Poesie fängt man an, gesteigerte Aufmerksamkeit zu schenken; und den Wortschatz in die Grammatik umfassend hereinzuziehen, würde auf Grund ausgezeichneter lexikalischer Arbeiten jetzt schon viel leichter sein, als zur Zeit Jacob Grimms.

So ist denn seine Saat aufgegangen, und die Nachlebenden zeigen sich würdig eines so großen Führers.

Neuntes Kapitel.

Göttingen und Berlin.

Die Arbeit an der deutschen Grammatik zieht sich durch Jacob Grimms bestes Mannesalter, von seinem zweiunddreißigsten Lebensjahr etwa bis zu seinem fünfundfünfzigsten, und bildet für diese Zeit den festen Hintergrund seiner gesammten Thätigkeit, wie die Geschichte der Poesie oder die Erforschung der Sagen für die Zeit seiner gährenden Jugend.

Die Grammatik lagert breit in der Mitte seines Lebens; die höchsten Leistungen auf anderen Gebieten, die deutschen Rechtsalterthümer von 1828, der Reinhart Fuchs von 1834, die deutsche Mythologie von 1835, traten daneben hervor. Und so zerfällt seine ganze Entwickelung in drei Perioden: die vorgrammatische, die grammatische und die nachgrammatische; innerhalb der letzteren stehen neben zahlreichen Abhandlungen die Geschichte der deutschen Sprache von 1848 und das deutsche

Wörterbuch seit 1852 als die charakteristischen Erscheinungen da.

In der ersten Periode sucht Jacob Grimm unter gleichstrebenden Genossen seine eigenthümliche Stellung; in der zweiten tritt er aus ihrer Reihe heraus und schafft als ein Unabhängiger und Selbständiger Neues; in der dritten sucht er die Arbeiten anderer oder seine eigenen zu überbieten, zusammenzufassen, zu vervollkommnen. Die erste Epoche ist die vorbereitende, die zweite die gründende, die dritte die ausbauende. Die erste wie die dritte sieht ihn mit dem Bruder zu gemeinschaftlicher Arbeit verbunden: in der mittleren hat er für den ganzen Umfang seiner Thätigkeit keinen Ebenbürtigen.

Seinem äußeren Leben waren unterdessen viele Wandlungen auferlegt, die sich in dem Wechsel des Wohnortes spiegeln: von Kassel nach Göttingen, von Göttingen nach Kassel, von Kassel nach Berlin. In Kassel machte er den Uebergang zur Grammatik; in Kassel, Göttingen und wieder Kassel erreichte er seinen Höhepunct; nach Berlin gehört seine dritte Periode.

Der erste und zweite Band der Grammatik sind noch ganz in der Kasseler Bibliotheksstellung geschrieben. Der dritte machte halbgedruckt die Uebersiedelung nach Göttingen mit. Der vierte ist wenige Tage vor dem hundertjährigen Jubiläum der Universität Göttingen abgeschlossen, wenige Wochen vor dem Ereignisse, das Jacob Grimm für immer von Göttingen vertrieb. Die neue Ausgabe des ersten

Bandes endlich wurde wieder in Kassel ausgearbeitet, dem stillen Asyl, in das sich der Vertriebene zurückzog, und kaum ein halbes Jahr früher beendigt, als er von neuem seine Heimat verließ, um in Berlin endlich dauernd zur Ruhe zu kommen.

Eine ungerechte Zurücksetzung war die Ursache, welche Jacob und Wilhelm Grimm bewog, ihre Anstellung an der Kasseler Bibliothek aufzugeben. Der erste Bibliothekar, Ludwig Völkel, ein Mann, mit welchem die Brüder stets in dem besten Vernehmen gestanden hatten, war Anfang 1829 gestorben, und sie durften erwarten, daß Jacob in seine Stelle aufrücken, Wilhelm aber Jacobs Stelle erhalten würde. Sie sahen sich jedoch in ihren Hoffnungen getäuscht und die langjährige Dauer ihres Dienstes ebensowenig berücksichtigt, wie ihren persönlichen Werth: der hessische Geschichtschreiber und Director des Staatsarchivs Christoph Rommel wußte es durchzusetzen, daß ihm zu seinem bisherigen Amt auch noch die Direction der Bibliothek übertragen wurde.

Jede Aussicht auf künftige Beförderung war den Brüdern hierdurch abgeschnitten, und die Hoffnung, der steten Nahrungssorgen endlich ledig zu werden, mußten sie fahren lassen. Das Verhältniß zu ihrem neuen Vorgesetzten überdies schien kein angenehmes werden zu können. Alles dies vereinigte sich, um ihnen eine Veränderung ihrer Lage wünschenswerth zu machen, und bestimmte sie, die Gelegenheit, welche sich bot, nicht unbenutzt zu lassen. Schon im Sommer 1829 waren ihnen ehrenvolle Anträge nach Göttingen gemacht worden. Auf diese gingen sie jetzt ein. Der Kurfürst Wilhelm der Zweite, der seit 1821 regierte, hatte nicht den geringsten Sinn für das Mittelalter und keine Ahnung von der wissenschaftlichen Größe seiner bisherigen Bibliotheksbeamten. Ihr Abschiedsgesuch ward von heut auf morgen erledigt. Der Kurfürst äußerte: 'Die Herren Grimms gehen weg! Großer Verlust! Sie haben nie etwas für mich gethan.' Seine Verfügung ging dahin, daß den Brüdern Grimm die 'flachen Abschiede' ausgefertigt, Vorschläge über die Wiederbesetzung ihrer Stellen gemacht und dafür gesorgt werden sollte, 'daß gedachte bei der Bibliothek angestellt Werdende mehr für die Bibliothek selbst als für sich selbst arbeiten'.

Indessen fügte es ein Zufall, daß die Gräfin Reichenbach, welche den Beherrscher der Hessen beherrschte, sich für die Sache interessirte und entweder aus Malice gegen Rommel oder aus wirklichem Gerechtigkeitssinn den Kurfürsten umstimmte, der in der That nun Anerbietungen machte, welche zur rechten Zeit gethan die Brüder für immer an Kassel gefesselt hätten. Wie die Dinge lagen, mußten sie erwidern, sie könnten ein der hannöverschen Regierung soeben gegebenes Wort nicht zurücknehmen. Trotz dreimaligem Drängen hielten sie diesen Standpunct fest, und mit Neujahr 1830 traten sie ihre Göttinger Stellen an: Jacob als Professor und Bibliothekar, Wilhelm als Unterbibliothekar, wozu er die außerordentliche Professur bald erhielt.

Allem was sie bis dahin gewünscht, allen Plänen die sie für ihr Leben jemals gehegt, war die Veränderung ihres Aufenthaltes und ihres Berufes entgegen. Wir wissen, mit welcher reinen und uneigennützigen Liebe sie an ihrem Geburtslande hingen und aus wie edlen Motiven sie frühere Anerbietungen unbedenklich abgelehnt hatten. Ihr Haus war jetzt eben erst recht behaglich eingerichtet. Wilhelm hatte im Mai 1825 geheirathet, und es gründete sich auf alte unverbrüchliche Uebereinkunft, daß die Brüder mit einander wohnen blieben und alle ihre Habe zusammenwarfen. Ihre Bibliotheksgeschäfte waren nicht anstrengend gewesen, einige bureaukratische Quälereien konnte man zur Noth erdulden. Eine durch die Gewohnheit langer Jahre befestigte Art des Daseins, welche an den höchsten Zwecken des Lebens gemessen ausreichende Befriedigung bot, sollte nun mit Einem Male hingegeben und eine andere unbekannte von zweifelhaftem Werthe dafür eingetauscht werden. Die Brüder gehörten zu jenen Naturen, die an allen Einzelheiten ihrer Umgebung, an den Bergen in der Ferne wie an dem Laub, das ihre Fenster umschattet, mit der Seele haften. Und alles was sie liebes hatten unter den Menschen, unter Todten wie unter Lebenden, wollte sie in Kassel halten. Ihre Mutter war in Kassel begraben. Und die Geschwister hatten niemals aufgehört, sich als Eine Familie zu betrachten, zusammengehörig und verbunden, als ob die Mutter noch lebte.

Dagegen nun Göttingen. Freilich Benecke war da,

ein alter bewährter Freund. Und bald ergaben sich unter den übrigen zu Dahlmann, zu Otfried Müller, zu dem Theologen Lücke, später zu Gervinus nähere Beziehungen. Aber bis sie recht heimisch wurden, dauerte es lange. 'Die hiesige Lebensart will noch nicht recht schmecken, obwohl sie auch erst fünf Wochen lang versucht worden ist', schrieb Jacob im Februar 1830; 'in Kassel war vom Kurfürsten abgesehn Alles für unsere Natur und Arbeiten günstiger.' Ja, sogar Reue kam ihn in manchen Augenblicken an: es sei ein dummer Streich gewesen, von Kassel wegzugehn, äußerte er einige Monate später. Und noch nach Jahren machte sich ein vielleicht vorübergehendes Mißbehagen in den Worten Luft: 'Es sieht mich hier fremd an aus allen Gassen und ich möchte manchmal auf und davon.'

Es gab manches, was diese Mißstimmung erklärt. Die Gegend war mit der Kasseler nicht zu vergleichen. In der Bibliothek waren die drei Kasseler Amtsstunden zu sechsen erhöht. Auch in den Amtsstunden war man in Kassel ziemlich sein eigener Herr gewesen. Hier gab es Katalog zu schreiben, Aufsicht zu führen, das Ausleihe-Geschäft zu besorgen, lauter geistlose Arbeit, beschwerlich und innerlich nicht fördernd. Dazu die Professur. Jacob Grimm war fünfundvierzig Jahr alt, als er nach Göttingen kam, da lernt sich das Vortragen so leicht nicht mehr. Alle freie Zeit, die ihm von der Bibliothek blieb, schien durch die Vorbereitung für seine Collegien aufgebraucht werden zu müssen. Und es mag lange gewährt haben, bis ihn sichtbare Erfolge für die aufgewandte Mühe entschädigten. Seine ersten Erfahrungen waren wenig erfreulich. Den Zuhörern, schien es ihm, gefiel nur was sie auch bei anderen zu hören bekamen. Und was er für besser hielt, dabei glaubte er sie gleichgiltig zu sehen. Sogar seine innerste Natur widerstrebte: 'Das Auftreten zu bestimmter Stunde auf dem Katheder', schrieb er an einen Freund, 'hat etwas Theatralisches und ist mir zuwider.'

Sein Vortrag blieb, wie ein Zeuge versichert, hinter den Erwartungen zurück: wohl traten häufig die schönen schlagenden Bilder hervor, an denen seine Schriften so reich sind, aber gesprochen wirkten sie nicht wie geschrieben, sie wurden hastig, ruckweise hingeworfen und unterbrachen, fast befremdend, die nie versiegende Fülle der thatsächlichen Angaben. Seine öffentliche lateinische Antrittsrede hielt er, bezeichnend genug, über das Heimweh, **de desiderio patriae**: der Zustand seines Gemüthes gab ihm das Thema ein. Die Vaterlandsliebe, führte er aus, sei ein so heiliges und jeder menschlichen Brust tief eingeprägtes Gefühl, daß sie durch Leiden und Unglücksfälle, die uns im Geburtslande treffen, nicht geschwächt, sondern eher gesteigert werde. Er suchte die Gründe auf, die uns an das Vaterland fesseln, und verweilte zuletzt auf der Sprache, ihrer allmählichen Einigung in Deutschland und ihrem Einfluß auf die gesteigerte Liebe zum Vaterland.

Bald hat er das große gemeinsame Vaterland im Auge, bald unwillkürlich die engere Heimat, 'wo wir die mahnenden Stimmen vernehmen, die aus den Grabhügeln unserer Eltern zu uns bringen.'

Das Heimweh war nicht das Schlimmste. Es stand ihm in Göttingen ein viel schwereres Leid, die Sorge um das geliebteste Leben, bevor.

Im Winter 1830 auf 1831 hatte Wilhelm Grimm eine gefährliche Lungenentzündung durchzumachen. Man hielt ihn für ernstlich bedroht. Der Gedanke legte sich beängstigend auf Jacobs Seele: wenn er ihn verlieren müßte? wie sollte er es ertragen? würde nicht sein Leben von da ab in beständiger Trauer und Sehnsucht verfließen? Er saß an Wilhelms Tische, auf seinem Stuhle, betrachtete seine Schriften und Bücher. Mit unbeschreiblicher Rührung sah er die beiden ersten Bände der Grammatik auf das sauberste ausgezogen. Es war ihm, als wenn er das Buch blos für den Bruder geschrieben hätte und es gar nicht fertig schreiben könnte, wenn der ihm genommen würde. Im Colleg stockte er plötzlich mitten im Vortrag und entschuldigte sich: 'Mein Bruder ist so krank.' ... Nach Wochen banger Sorge trat Besserung ein und allmählich, doch sehr langsam erholte sich Wilhelm. Noch lange, nachdem er körperlich wiederhergestellt war, blieb sein Geist umdüstert. Aber auch das überwand die Zeit, und Arbeitslust und Arbeitskraft kehrten zurück.

Zugleich gestaltete sich in ihren Amtsverhältnissen

vieles angenehmer. Unter den Zuhörern zeigten sich manche eifrige und strebende. Die Bibliotheksgeschäfte sollten Jacob Grimm ganz erlassen und Wilhelm zum ordentlichen Professor befördert werden. Jacob Grimms litterarische Production hatte viel besseren Fortgang gehabt, als er anfänglich fürchten mußte. Die Vorlesungen erwiesen sich eher als eine Förderung, denn als eine Hemmung der vielseitigsten Thätigkeit. Die Zahl der befreundeten Collegen vermehrte sich; gerade die bedeutendsten schlossen sich näher zusammen, und wie sie gegenüber dem praktischen, auf gut eingerichtete Fachstudien gehenden Zuge der Georgia Augusta eine freiere Bewegung der Geister, ein reineres wissenschaftliches Leben vertraten, so herrschte in ihren geselligen Vereinigungen eine harmlose Heiterkeit, die von dem berühmten Göttinger Hofrathstone sehr angenehm abstach. Da konnte wohl Otfried Müller den Engländer in der Bildergallerie darstellen, Gervinus Volkslieder zur Guitarre singen, Wilhelm Grimm Hampelmanniaden vortragen und Jacob Grimm derbkomische Gedichte lesen. Der ernste Dahlmann, der doch auch unter den Freunden aufthaute, durfte als der Mittelpunct des Kreises gelten.

Doch wie lange die Befriedigung eines wohlgeordneten Lebens dauern soll, das hängt selten von menschlichem Wollen und von menschlichem Werthe ab.

Am 20. Juni 1837 starb König Wilhelm der Vierte von England. Die mehr als hundertjährige Personal=

union zwischen England und Hannover wurde hinfällig: in England succedirte Königin Victoria, in Hannover Ernst August, der bisherige Herzog von Cumberland, Bruder des verstorbenen Königs, ein brutaler Mensch, der die Menschen verachtete und dazu einige Ursache hatte, wenn er von sich auf die andern schloß. Ernst August zog am 28. Juni in Hannover ein, am 29. Juni vertagte er die Kammer, am 30. September löste er sie auf, am 1. November hob er die Verfassung von 1833 auf, entband alle königlichen Diener, d. h. die Staatsbeamten, des auf die Verfassung geleisteten Eides und gedachte im wesentlichen absolut zu regieren. Einstweilen wurden die Bestimmungen der Verfassung von 1819 wieder in Kraft gesetzt, bis mit den Ständen eine neue Constitution vereinbart sei.

Die Universität hatte einen Deputirten zu wählen. Wahlen konnten jeden Augenblick ausgeschrieben werden. Dahlmann setzte am 17. November einen Protest an das Universitätscuratorium auf, worin er und sechs Genossen erklärten: sie müßten sich durch ihren auf das Staatsgrundgesetz geleisteten Eid fortdauernd verpflichtet halten; sie würden daher an der Wahl eines Deputirten nur auf Grund der Verfassung von 1833 theilnehmen, eine Wahl auf anderen Grundlagen nicht annehmen und eine auf anderen Grundlagen gewählte Ständeversammlung nicht als rechtmäßig anerkennen.

Unterschrieben waren Dahlmann, Jacob und Wilhelm

Grimm, Gervinus, der Jurist Eduard Albrecht, der Orientalist Heinrich Ewald, der Physiker Wilhelm Weber.

Die Protestation ward in Abschriften verbreitet und in Zeitungen gedruckt. Die Collegen benahmen sich theilweise schlecht; die Regierung streute Lügen aus, als ob sich die Universität von den protestirenden losgesagt hätte; und durch ein königliches Rescript vom 11. December wurden die sieben Professoren ihres Amtes entsetzt. Dahlmann, Jacob Grimm und Gervinus aber, weil sie zur Verbreitung der Protestation beigetragen, erhielten durch ein Rescript vom 12. December, das am 14. December in ihre Hände kam, den Befehl, binnen drei Tagen das Königreich Hannover zu verlassen, widrigenfalls sie nach einem anderen Orte des Königreichs abgeführt werden würden. Ein Zwangspaß dirigirte sie über Witzenhausen nach Kassel.

Am 17. December reisten sie ab. Auf hannöverschem Boden wurde jede Demonstration verhindert. Aber vor Witzenhausen an der Werrabrücke warteten hunderte von Studenten auf sie, spannten die Pferde los und zogen ihre Wagen über die Brücke nach Witzenhausen, wo auch eine Anzahl Göttinger Collegen, die sich der Protestation nicht angeschlossen hatten, auf sie warteten, um Zeugniß dafür abzulegen, daß sie das Verfahren der Freunde billigten. Otfried Müller und fünf Genossen waren in öffentlichen Erklärungen für sie eingetreten und vollkommen darauf gefaßt, auch ihre Aemter zu verlieren: was aber nicht geschah.

Dahlmann und Gervinus wurden nicht länger als zwölf Stunden in Kassel geduldet. Jacob Grimm fand bei seinem Bruder Ludwig, Professor an der Kunstakademie, Aufnahme, und wohnte wieder in demselben Hause, das die Brüder vor ihrem Abgange nach Göttingen bewohnt hatten und das jetzt Ludwig Grimm gehörte. Erst im October 1838 zog auch Wilhelm Grimm mit seiner Familie nach Kassel: neun Monate lang waren die Brüder getrennt gewesen.

Aus zahllosen Adressen und Briefen konnten die sieben tapferen Freunde entnehmen, daß die tüchtigsten Männer des deutschen Bürgerthums auf ihrer Seite standen. Von Leipzig aus wurde die Bildung eines 'Göttinger Vereins' angeregt und durchgeführt, welcher die Vertriebenen vor materieller Noth schützte. Karl Reimer, mit Salomon Hirzel Besitzer der Weidmannschen Buchhandlung in Leipzig, der schon lange gern ein deutsches Wörterbuch verlegt hätte, wandte sich jetzt an die Brüder Grimm, um ihnen durch ein so großes Unternehmen ein bedeutendes Honorar zur Verfügung zu stellen; und er erlangte bald eine Zusage.

In allen Kreisen des Volkes gab sich rührende Theilnahme kund. Der reformirte Cantor in Göttingen, bei dem Wilhelms zweiter Sohn Rudolf in die Schule ging, weigerte sich, das zugeschickte Schulgeld zu nehmen. Er kam selbst und bat, es sei ihm unmöglich, man möge es nicht von ihm verlangen. Als ihm Wilhelms Frau beim Weggehn freundlich die Hand reichte und sagte: 'Es ist doch schön, Herr Cantor, daß Sie uns treu bleiben!' erwiderte er feierlich: 'Frau Professorin, treu bis in den Tod!'

Dagegen schienen die Regierungen unter sich einig, keinen der Sieben wieder anzustellen: nur Ewald wurde nach Tübingen berufen. Der preußische Minister von Rochow sprach das berüchtigte Wort vom beschränkten Unterthanenverstand. In Regierungsblättern und anderen Zeitungen fehlte es nicht an Schmähungen und Verdächtigungen — Verdächtigungen gegen Männer von einem Ernste des Charakters und einer persönlichen Unbescholtenheit, die, wie Georg Beseler sagte, 'nur der giftige Zahn frecher Parteileidenschaft zu seiner ewigen Schande anzunagen versuchen konnte.'

Beseler, damals ein junger Professor, der eben von Basel nach Rostock berufen war, schrieb zur Klärung des öffentlichen Urtheils über die sieben Göttinger Professoren und ihre Sache, indem er ihre Persönlichkeiten und wissenschaftlichen Verdienste charakterisirte. 'Kam es', fragte er, 'den ersten Gelehrten Deutschlands nicht zu, offen und freimüthig auszusprechen, was sie von dem Unternehmen des Königs dachten, und den Erfolg der sie bedrohenden Zumuthung im voraus darzulegen? Hat sich denn Deutschland seit Luthers und Huttens Zeiten so verändert, daß die freie, männliche Rede nicht blos den, welchen sie trifft, sondern auch die entfernten Zuschauer entsetzt?'

Unter den Vertriebenen selbst ergriffen Dahlmann, Albrecht, Ewald das Wort, und Jacob Grimm verfaßte (vom 12. bis 16. Januar 1838), ein dauerndes Denkmal seiner reinen Gesinnung, die Schrift 'über seine Entlassung', die, wie Dahlmanns und Ewalds Rechtfertigungsschriften, in Deutschland nicht gedruckt werden durfte, sondern nur von Basel aus verbreitet werden konnte.

Die Schrift beginnt: 'Der Wetterstrahl, von dem mein stilles Haus getroffen wurde, bewegt die Herzen in weiten Kreisen. Ist es blos menschliches Mitgefühl, oder hat sich der Schlag elektrisch fortverbreitet, und ist es zugleich Furcht, daß ein eigener Besitz gefährdet werde? Nicht der Arm der Gerechtigkeit, die Gewalt nöthigte mich ein Land zu räumen, in das man mich berufen, wo ich acht Jahre in treuem, ehrenvollem Dienste zugebracht hatte. "Gieb dem Herrn eine Hand, er ist ein Flüchtling", sagte eine Großmutter zu ihrem Enkel, als ich am 17. December die Grenze überschritten hatte. Und wo ward ich so genannt? In meinem Geburtslande, das an dem Abend desselben Tages ungern mich wieder aufnahm, meine Gefährten sogar von sich stieß.'

Schlicht und überzeugend erzählte er den Hergang, sprach ruhige, aber schonungslose Worte über den König und über die schwachmüthigen Collegen, und vermied doch unnöthige Verletzung. Er betheuerte, daß ihm politisches

Treiben verhaßt. Er sei kein Parteimann. Er habe mit innerer Freude getrunken an den stillen Brunnen des heimischen Mittelalters; in die rauhen Wälder unserer Vorfahren habe er einzubringen gesucht, ihrer edlen Sprache und reinen Sage lauschend: aber er habe aus der Vergangenheit keine Waffen entlehnt, um die Gegenwart zu bekämpfen. Und wenn er die waltende Gegenwart hoch halte und den Nutzen constitutioneller Einrichtungen nicht verkenne, so sei er doch auch kein Liberaler: an den Liberalen mißhage ihm ihr pedantisches Streben nach Ausgleichung und Gleichförmigkeit; 'Berggipfel möchten sie ebnen, stolze Wälder ausrotten, ihren Pflug in blumenreiche Wiesengründe die Furche des Ackers reißen lassen; ihr eigentliches Gefallen ist das Gewöhnliche, Nützliche.' Wenn er also keine Partei unbedingt loben könne, so müsse er jeder doch wieder einen größeren oder geringeren Theil Wahrheit zugestehen.

Nicht als eine politische That wollte er den Schritt angesehen wissen: das leuchtet aus allen seinen Worten hervor. Nur dem Drang einer sittlichen und religiösen Ueberzeugung war er mit seinen Freunden gefolgt. Die Heiligkeit des Eides, die Reinheit des Gewissens, die Offenheit des Urtheils mußte denen vor allen theuer sein, die als Lehrer 'den Sinn und das Bedürfniß der Jugend für das Heilige, Einfache und Wahre zu stimmen und zu stärken' hatten.

'Die Geschichte', sagt er, 'zeigt uns edle und freie

Männer, welche es wagten, vor dem Angesicht der Könige die volle Wahrheit zu sagen; das Befugtsein gehört denen, die den Muth dazu haben. Oft hat ihr Bekenntniß gefruchtet, zuweilen hat es sie verderbt, nicht ihren Namen. Auch die Poesie, der Geschichte Widerschein, unterläßt es nicht, Handlungen der Fürsten nach der Gerechtigkeit zu wägen. Solche Beispiele lösen dem Unterthanen seine Zunge, da wo die Noth drängt, und trösten über jeden Ausgang.'

Er schloß: 'Nun liegen meine Gedanken, Entschlüsse, Handlungen offen und ohne Rückhalt vor der Welt. Ob es mir fruchte oder schade, daß ich sie aufgedeckt habe, berechne ich nicht; gelangen diese Blätter auf ein kommendes Geschlecht, so lese es in meinem längst schon stillgestandnen Herzen. So lange ich aber den Athem ziehe, will ich froh sein, gethan zu haben, was ich that, und das fühle ich getrost, was von meinen Arbeiten mich selbst überdauern kann, daß es dadurch nicht verlieren, sondern gewinnen werde.'

Aehnlich schrieb er 1840 an Lachmann: 'Unsern Schritt habe ich noch keinen Augenblick bereut. Ich bestehe noch immer gut die Probe, wenn ich mich frage, was wohl ein Grieche oder Römer in unserer Lage gethan haben würde? Die Handlung ist mir zur Zeit des Ereignisses viel unbedeutender vorgekommen, aber natürlich und recht; ich glaube auch, daß den Menschen und ganzen Völkern nichts anders frommt, als gerecht und tapfer zu sein: das ist das Fundament der wahren Politik. Ob eine Frucht oder welche Frucht daraus hervorkommen soll, das liegt in Gottes lenkender Hand; es gibt auch Bäume, die nach Kräften aufwachsen, ohne alle Frucht, und nur in dem Laub grünen und schatten. Dem Gedanken kann ich aber auch nicht wehren, und er macht mich desto bemüthiger, daß wir vielleicht einen Funken hergegeben haben, ohne den sich ein Feuer des Widerstandes nicht angefacht hätte, das für unser ganzes Vaterland ein Segen wird. Denn die Zukunft unsers Volkes beruht auf einem Gemeingefühl unsrer Ehre und Freiheit.'

Länger als drei Jahre dauerte Jacob Grimms unfreiwillig erneuter Aufenthalt in Kassel. Woran er bald nach der Katastrophe gedacht hatte, sein Recht als auswärtiges Mitglied der preußischen Akademie geltend zu machen, nach Berlin zu gehen und an der Universität Vorlesungen zu halten: das sollte sich doch in anderer Form noch verwirklichen.

Niemand war eifriger, für die Brüder zu wirken, die Unteren und Oberen in ihrem Interesse zu bewegen, als Bettina von Arnim. Und ihr feuriges Werben war nicht vergeblich, hatte sie doch an den eigenen Intentionen König Friedrich Wilhelm des Vierten den besten Verbündeten. Noch als Kronprinz versicherte er, daß er sich gern mit den Grimm beschäftige, manche Lanze für sie gebrochen und manches vergeblich zu ihrem Besten anzuregen gesucht habe. Oder, wie er am 15. Mai 1840 an Bettina schrieb: 'Ich habe seit Jahren an sogenannten rechten Orten wiederholt den Wunsch geäußert, Ihre Freunde hier zu gewinnen und zwar durch den (sonst!) immancablen Passe-partout, den der Jacob besitzt, die akademische Mitgliedschaft. Ich bin durchaus nicht gescheitert, nur hat man mich noch nicht landen lassen. Deshalb ist meine Hoffnung und mein Entschluß, immer wieder Versuche zu machen, ungebrochen. Die Blicke, die Sie mir in Herz und Sinn der beiden gegönnt haben, erwärmen mich wie der beste Trunk im Rheingau und steigern mein Verlangen, sie die unsern zu nennen, unsäglich.'

Am 7. Juni 1840 starb König Friedrich Wilhelm der Dritte, der sich aus Rücksicht auf seinen Schwager Ernst August von Hannover schwerlich je entschlossen hätte, einen der Göttinger Sieben nach Preußen zu berufen.

Am 2. November 1840 schrieb der Minister Eichhorn an Jacob Grimm den förmlichen Berufungsbrief, in welchem er ein Gehalt von 2000 Thalern für beide Brüder zusammen anbot: irgendwelche Verpflichtungen sollten ihnen nicht auferlegt werden. Sie hatten ihren Aufenthalt in Berlin zu nehmen und am Wörterbuch zu arbeiten, Jacob konnte als Akademiker Universitätsvorlesungen halten, wenn er wollte; für Wilhelm, der bis dahin nur correspondirendes Mitglied der Akademie war, stand die Wahl zum ordentlichen und damit das gleiche Recht, an der Universität Vorlesungen zu halten, in sicherer Aussicht.

Jacob Grimm erhielt das Schreiben am 8. November und sagte für sich und seinen Bruder sofort zu, obgleich 2000 Thaler nicht viel war. 'Allein ich habe nie um Geld handeln mögen', bemerkte er zu Bettina, 'und erwäge billig, daß uns in Berlin kein Amt auferlegt ist, daß wir sparsam haushalten und durch das Wörterbuch demnächst noch dazu verdienen können.' Sie erhielten aber dann doch 3000 Thaler. 'Dadurch', schrieb Jacob Grimm an Dahlmann, 'ist unsere äußere Lage endlich einmal gut geworden.'

Am 15. März 1841 trafen beide Brüder in Berlin ein.

Sie hatten manche Vorurtheile gegen Berlin zu überwinden, zum Theil früh eingesogene. Aber es zeigte sich bald, daß ihnen nichts mehr den Aufenthalt dort ernstlich verleiden konnte.

Von dem Rechte, Vorlesungen zu halten, hat Jacob nur bis zum Sommer 1848, Wilhelm bis zum Sommer 1852 Gebrauch gemacht. Jacob las Rechtsalterthümer, Mythologie, Grammatik, Germania; Wilhelm nur Erklärungen mittelhochdeutscher Gedichte. In den Vorlesungen lag nicht der Schwerpunct ihrer Wirksamkeit, sondern in der stillen gelehrten Arbeit, für welche die Akademien einen so natürlichen Mittelpunct darbieten.

Jacob Grimm hat einmal in seiner Jugend ein

scharfes Wort gegen Akademien fallen lassen: der Begriff der Akademien sei ein nichtiger, weil es ihnen an gemüth= licher Gemeinschaft und Betriebsamkeit mangle. Jetzt wußte er ganz anders davon zu reden und ihre Vorzüge ins Licht zu setzen. Er verglich sie mit den Klöstern, den Hauptsitzen der mittelalterlichen Wissenschaft, deren Mauern Mönche aufnahmen, die dort in Geselligkeit ihrer inneren Pflicht ernster und strenger oblagen, als sie außerhalb im Gewühle der Welt gekonnt hätten. So war ja in gewissem Sinn ein Wunsch ihm in Erfüllung gegangen, den er noch vor der Berufung äußerte: 'Hätten wir Protestanten', schrieb er, 'die Sitte des klösterlichen Lebens ohne anderen Mönchsdienst; so brächte ich darin gerne vor dem Andrang der Leute meine übrigen Tage, die sich leicht umspannen lassen, geborgen zu.'

Als akademische Collegen trafen Jacob und Wilhelm Grimm jetzt die alten Freunde Savigny und Lachmann; dazu Alexander von Humboldt, der auch für ihre Berufung thätig gewesen war, und so viele andere, unter denen sich zu Eduard Gerhard durch dessen Frau, eine Kasselanerin, gleich nähere Beziehungen ergaben. Außerhalb der Aka= demie standen sie mit dem humoristischen Herrn von Meusebach, dem größten Kenner der deutschen Litteratur des sechzehnten und siebzehnten Jahrhunderts, von lange her in dem angenehmsten Verkehr; und Bettina von Arnim blieb sich gleich in ihrer enthusiastischen Liebe für die

Freunde, die auch ihres Mannes Freunde gewesen waren.

Jacob Grimm stand im Alter von 56 Jahren, als er in Berlin zur Ruhe kam. Er hat es abgesehen von ein paar größeren Reisen und einer längeren Abwesenheit zum Frankfurter Parlament nicht mehr dauernd verlassen.

Jacob Grimm war seinem ganzen Wesen nach so auf Arbeit gestellt, daß er zu Erholungsreisen immer gezwungen werden mußte und Vergnügungsreisen überhaupt nicht kannte. Im Herbst 1843 ging er auf ärztlichen Wunsch nach Italien, wo er in Rom mit Gerhards zusammentraf; im Herbst 1844 nach Dänemark und Schweden. Die Eindrücke dieser Reisen legte er den akademischen Genossen vor und lieferte damit ebenso wohl Beiträge zur Charakteristik seiner selbst, als zur Charakteristik der durchreisten Länder.

Wie schön stimmt es zu der Einfachheit seiner Natur, wenn ihm in Rom die aufgehäuften Kunstschätze der Museen peinlich sind und er sich aus der Unruhe der Villen und Hallen auf das Forum romanum rettet und an den halb zertrümmerten Bauten der alten Römer und ihrer unbeschreiblichen stillen Größe andachtsvoll emporschaut! Wie folgerichtig überträgt er seine von Jugend her feststehende Neigung für das Traditionelle auf das Gebiet der bildenden Kunst, wenn er die typischen Göttergestalten der Antike den modernen Gemälden vorzieht, in jenen das langüberlieferte Urbild, in diesen die Phantasie und Willfür des Malers empfindet! Wie bezeichnend und zugleich der Sache nach unwiderleglich, wenn der Kenner der deutschen, serbischen, finnischen Volksepik in Ariost und Tasso das Naive vermißt!

Mit welcher feinen Empfindung verkündigt er dagegen den Preis der italienischen Sprache und macht auf ihre Aehnlichkeiten mit dem Althochdeutschen aufmerksam! Auch die politischen Parallelen zwischen der deutschen und italienischen Entwickelung entgehen ihm nicht; und die katholische Herrlichkeit sieht er ohne die mindeste romantische Sympathie. Er spricht mit dürren Worten von dem Prunk einer hochmüthigen, wider den Sinn des Heilandes, dessen Reich nicht von dieser Welt sein sollte, gestifteten Herrschaft. Er meint: 'Päpste, die hartnäckig den Ton angaben, wie Gregor der Siebente, Innocenz der Dritte und Vierte, verleitet durch den Erfolg ihrer Streiche, stellten eine so unnatürliche Theorie allgemeiner die ganze Welt umspannender Priesterherrschaft auf, daß nicht menschliche, nur göttliche Kräfte den straffen Zügel zu führen vermocht hätten.'

Was aber soll man sagen, wenn dieser kindliche Mann, der kein Politiker war, noch sein wollte, die Verknüpfung der italienischen und deutschen Dinge zu einer Zeit voraussah, wo sie schwerlich schon einem deutschen Staatsmanne klar geworden war: 'Das heutige Italien', berichtet er, 'fühlt sich in Schmach und Erniedrigung liegen: ich las es auf dem Antlitz blühender, schuldloser

Jünglinge. Was auch kommender Zeiten Schoß in sich berge, die Macht, deren Flammen wir noch aufflackern sehen, wird nicht ewig über ihm lasten, und wenn Friede und Heil des ganzen Welttheils auf Deutschlands Stärke und Freiheit beruhen, so muß sogar diese durch eine in den Knoten der Politik noch nicht abzusehende, aber dennoch mögliche Wiederherstellung Italiens bedingt erscheinen."

Ueber die scandinavischen Eindrücke faßte er sich kürzer. Er fühlte sich in Dänemark und Schweden auf verwandtem Boden. Aber der dänischen Politik, sofern sie Deutsche vergewaltigen wollte, trat er, wie schon 1811, als er Rasks isländische Grammatik recensirte, entschieden entgegen.

Wo die deutsche Wissenschaft sich im nationalen Sinne zusammenschloß, da war Jacob Grimm die gleichsam symbolische Persönlichkeit, die in ihrer unschuldigen Größe Alles überragte und Alles vereinigte. In der Kraft des Glaubens und Hoffens wich er keinem, und wo es darauf ankam, die Zuversicht nationaler Wiedergeburt auszudrücken, da fand er schlichte Worte, die wir jetzt, da sich so vieles von dem verwirklicht hat, was er voraussah, nicht ohne Rührung lesen können.

Als Reyscher in Tübingen regelmäßige Zusammenkünfte der Germanisten anregte, d. h. solcher Männer, die sich der Pflege der deutschen Sprache, des deutschen Rechts und der deutschen Geschichte widmeten, da war Jacob Grimm mit seinem Bruder, mit Dahlmann, Gervinus,

Uhland, Lachmann, Ernst Moritz Arndt, Ranke, Beseler unter denjenigen, welche die Einladung erließen. Und als am 24. September 1846 die erste dieser Versammlungen zu Frankfurt am Main begann, da machte Uhland den Vorschlag, zum Präsidenten den Mann zu erwählen, 'in dessen Hand schon seit so vielen Jahren alle Fäden deutscher Geschichtswissenschaft zusammenlaufen, von dessen Hand mehrere dieser Fäden zuerst ausgelaufen sind, namentlich der Goldfaden der Poesie, den er selbst in derjenigen Wissenschaft, die man sonst als eine trockene zu betrachten pflegt, im deutschen Rechte, gesponnen hat.' Lauter Zuruf und stürmischer Beifall stellte Jacob Grimm an die Spitze der Versammlung.

Er sprach in seiner Dankrede über die drei Richtungen vaterländischer Wissenschaft, die unter den Theilnehmern vertreten waren, und erwog das Schicksal der Deutschen inmitten der europäischen Nationen: 'Wir', sprach er, 'aus deren Schoß seit der Völkerwanderung zahllose Heldenstämme nach dem ganzen Westen entsandt wurden, auf deren Boden immer die Schlachten der Entscheidung geschlagen, die kühnsten Aufschwünge des Geistes vorbereitet zu werden pflegen, ja wir hegen noch Keime in uns künftiger ungeahnter Entwickelungen.'

Die nächste Germanistenversammlung fand im Herbst 1847 zu Lübeck statt. Wieder war Jacob Grimm der Vorsitzende. Ihren Höhepunct erreichte die Versammlung bei einem Bankett in Travemünde. Es ward ein Toast auf Jacob Grimm, den Herrscher in drei Reichen, ausgebracht, den der Gefeierte in tiefster Bewegung beantwortete. Ueber ihm werde bald Gras wachsen; werde seiner dann noch gedacht, so wünsche er, daß man von ihm sage, was er selbst von sich sagen dürfe, daß er niemals im Leben etwas mehr geliebt, als sein Vaterland. Von der Empfindung überwältigt, sank er bei diesen Worten in Dahlmanns Arme. Alle Anwesenden waren, wie Dahlmanns Biograph erzählt, von dem ausbrechenden Gefühle der beiden sonst starken Männer ergriffen.

Die dritte Germanistenversammlung sollte zu Nürnberg stattfinden. Aber die Bewegungen des Jahres 1848 ließen solche Vereinigungen nicht aufkommen, und man kehrte auch nachher nicht wieder zu einem ähnlichen Unternehmen zurück.

Die Versammlungen hatten keinen ausgesprochenen politischen Zweck gehabt. Aber sie hatten eine entschiedene politische Bedeutung. Sie waren eine Art Vorläufer des Frankfurter Parlaments.

Auch an diesem nahm Jacob Grimm theil, indem er den Wahlkreis Mühlheim an der Ruhr vertrat. Er saß im Centrum der Paulskirche, vorn an dem Mittelgang, dicht an der Rednerbühne, und wußte so beredt zuzuhören, nach Heinrich Laubes Bemerkung, beredt durch Aufmerksamkeit auch auf den mittelmäßigsten Redner, ganz wie ein Litterarhistoriker, dem jedes Buch von Wichtigkeit ist.

Parteiversammlungen soll er nie besucht haben, und

in die Debatten griff er nicht bedeutend ein. Ausgeführte sachmännische politische Argumentation lag nicht in der Art seiner Bildung, und schallende Phrasen über sogenannte allgemeine Fragen widersprachen seinem Charakter. Er benutzte sprachliche Gründe zur Entscheidung politischer Streitfragen. Er wollte seine Ansichten über die ältesten Stammverwandtschaften der Germanen zur Richtschnur für Bestrebungen der Gegenwart machen. Etwas von der Poesie, die ihn aus unserem alten Recht anwehte, hätte er gerne den Grundrechten eingehaucht. Die Poesie seines eigenen Lebens, das Andenken der Mutter, die Liebe zu den Blumen, begleitete ihn auf die Tribüne. Zur öffentlichen Rede fehlte ihm eine unentbehrliche Vorbedingung, die Empfindung des Publikums. Alle seine Werke sind im Grunde Monologe, und was dem Leser schon eher zugemuthet werden darf, sich in den Sinn des Autors mit liebevoller Schmiegsamkeit zu versenken, das darf der öffentliche Redner von einer aufhorchenden Versammlung nicht erwarten. Jacob Grimm redete nur, er suchte nicht zu überreden. Er vertraute der natürlichen Gewalt der Wahrheit. Er glaubte bereits genug gesagt zu haben, wenn die Zuhörer meinten, das Eigentliche solle noch kommen.

Was aber seine politische Richtung anlangt, so stand er unbeirrt auf seinem alten Glauben, daß Preußen zur Führung Deutschlands berufen sei. Er nahm daher auch an der Versammlung in Gotha theil.

Indessen blieb das Scheitern aller so hoch gespannten Erwartungen und die bald hereinbrechende Reaction nicht ohne Einfluß auf seine Stellung zu den öffentlichen Dingen. Sein ursprünglich conservativer Sinn ward mehr nach links abgedrängt, und er, der in der Schrift über seine Entlassung sich gegen alles Parteiwesen erklärte, mochte sich selbst mit einem Parteinamen belegen. 'Wie oft', schrieb er 1858, 'muß einem das traurige Schicksal unsers Vaterlandes in den Sinn kommen und auf das Herz fallen und das Leben verbittern. Es ist an gar keine Rettung zu denken, wenn sie nicht durch große Gefahren und Umwälzungen herbeigeführt wird. Es kann nur durch rücksichtslose Gewalt geholfen werden. Je älter ich werde, desto demokratischer gesinnt bin ich. Säße ich nochmals in einer Nationalversammlung, ich würde viel mehr mit Uhland, Schober stimmen, denn die Verfassung in das Geleise der bestehenden Verhältnisse zu zwängen, kann zu keinem Heil führen. Wir hängen an unsern vielen Errungenschaften und fürchten uns vor rohem Ausbruch der Gewalt, doch wie klein ist unser Stolz, wenn ihm keine Größe des Vaterlands im Hintergrunde steht. In den Wissenschaften ist etwas Unvertilgbares, sie werden nach jedem Stillstand neu und desto kräftiger ausschlagen.' Wie ganz hatte ihn der prophetische Sinn verlassen, wenn er sich mit dem Ausblick auf eine Revolution befreunden konnte! Und die Erfüllung dessen zu erleben, was er einst gewünscht, erhofft, war ihm nicht mehr beschieden.

Zehntes Kapitel.

Die Rechtsalterthümer.

'Der Goldfaden der Poesie, den er selbst in der Wissenschaft, die man sonst als eine trockene zu betrachten pflegt, im deutschen Rechte, gesponnen hat': so sagte Uhland von Jacob Grimm bei der Frankfurter Germanistenversammlung. Er meinte Jacob Grimms 'deutsche Rechtsalterthümer', welche das Bild ursprünglich deutschen Lebens nach einer bestimmten Seite hin ausmalen.

Wie Jacob Grimm Naturpoesie und Kunstpoesie einander entgegensetzte, so glaubte er den Gegensatz zwischen einer ursprünglichen Einfachheit und einer späteren Ausbildung, den Gegensatz zwischen Natur und Cultur, wie man ihn kurz benennen mag, auch in Sprache, Sitte, Recht, Religion annehmen zu dürfen. Sein überwiegendes Interesse verweilt bei der Natur. Es hat sich gezeigt, wie er in der Grammatik den sprachlichen Naturzuständen eine weit ausführlichere und liebevollere Behandlung widmete, als den späteren Zeiten, denen nach dem Plane des Werkes gleiche Berücksichtigung gebührte. Seine Rechtsalterthümer, Mythologie und Abhandlungen zur Sittenkunde waren von vorneherein hauptsächlich oder ausschließlich auf die Erforschung des Naturzustandes angelegt. Sein 'Reinhart Fuchs' wollte Producte der Kunstpoesie ihrem Ursprunge nach in die Epoche der Naturpoesie zurückschieben. Seine 'Geschichte der deutschen Sprache' suchte von Seiten der Ethnographie und vergleichenden Sprachwissenschaft das Bild des deutschen Naturzustandes zu vervollständigen. Und nur das von außen an ihn herangebrachte 'deutsche Wörterbuch' sollte, im Gegensatze zu allem, was aus seiner eigenen Initiative hervorgegangen, lediglich die Zeiten unserer ausgebildeten Cultur im Spiegel der Sprache betrachten.

Die Naturbeschaffenheit des Rechtes ward 1814 von Savigny in der berühmten Schrift 'Vom Beruf unsrer Zeit für Gesetzgebung und Rechtswissenschaft' einer Betrachtung unterzogen.

Wie Jacob Grimm die Poesie definirt hatte als das Leben selbst gefaßt in Reinheit und gehalten im Zauber der Sprache, so lehrte Savigny: das Recht hat kein Dasein für sich, sein Wesen vielmehr ist das Leben der Menschen selbst, von einer besonderen Seite angesehen. Recht und Verfassung sind wie Sitte und Sprache nur einzelne Kräfte und Thätigkeiten eines Volkes, in der Natur untrennbar verbunden und nur unserer Betrachtung als besondere Eigenschaften erscheinend. Was sie zu einem Ganzen verknüpft, ist die gemeinsame Ueberzeugung des Volkes, das gleiche Gefühl innerer Nothwendigkeit, welches alle Gedanken an zufällige und willkürliche Entstehung ausschließt. Und insofern gehören die Regeln des Privatrechts selbst zu den Gegenständen des Volksglaubens. Sie sind aus einem klaren Bewußtsein der Zustände und Verhältnisse des Lebens hervorgegangen. Und ihr körperliches Dasein, die Form, in der sie festgehalten werden, bedarf der sinnlichen Anschaulichkeit, bedarf des Ernstes und der Würde, welche ihrer inneren Bedeutsamkeit entspricht. Das sind die symbolischen Handlungen, deren ausgedehnten Gebrauch wir bei den germanischen Stämmen ebensowohl wie bei den altitalischen überall finden, wo Rechtsverhältnisse entstehen oder untergehen sollen. Sie sind die eigentliche Grammatik des Rechtes in seiner ältesten Periode, wo es noch nicht durch die Jurisprudenz, sondern allein durch Sitte und Volksglauben erzeugt wird.

Wir wissen nicht, ob diese Ansichten Savignys schon zu der Zeit feststanden, als Jacob Grimm in Marburg sein Zuhörer war; auch nicht, ob Jacob Grimm durch den Gang seiner sonstigen Arbeiten dem altdeutschen Recht bisher fern geblieben; und wenn er schon sonst darüber geforscht hatte, ob der Gesichtspunct, unter dem er es betrachtete, von dem Savignyschen wesentlich verschieden war: das aber ist unzweifelhaft, daß der Aufsatz, den er

1815 über die Poesie im Recht schrieb, ganz und gar wie ein Versuch erscheint, Savignys allgemeine Sätze an dem altdeutschen Rechte zu exemplificiren.

Erinnern wir uns, welche Bedeutung für Jacob Grimm in seiner ersten Periode dem Begriffe der Poesie beiwohnte, so werden wir es begreiflich finden, daß er den Kern von Savignys Lehren über die Jugendzeit des Rechtes in den Ausdruck fassen konnte: das Recht ist poetisch.

Poesie und Recht, sagt er, sind aus Einem Bette mit einander aufgestanden. Wie das alte Epos, besteht das alte Recht aus einer unausscheiblichen Mischung himmlischer und irdischer Stoffe. Die Richter verwalteten Volksgut, wie die Sänger, deren keinem das Lied gehörte. Recht und Poesie hängen mit den Sitten und Festen des Volkes enge zusammen. Sie berühren sich in der Sprache, welche vielen ihrer hauptsächlichen Begriffe dieselben Worte zutheilt. Die Satzungen des Rechtes bewegten sich ursprünglich in den Formen und dem Stile der Poesie. Und was poetischen Gehalt anlangt, ist es nicht klare Poesie, wenn etwa die Bedingungen aufgezählt werden sollen, unter denen das Erbe eines vaterlosen Kindes angegriffen werden darf, und die Gesetze der Friesen eine ihrer Bestimmungen darüber beginnen, wie folgt: Wenn das Kind ist stocknackt oder hauslos und dann die düstere Nacht und der eiskalte Winter über die Zäune steigt: so eilen alle Menschen in ihren Hof und in ihr Haus, und das wilde Thier sucht den hohlen Baum und der Berge Schlüfte, drin sein Leben zu fristen: da weint das unmündige Kind und beklagt seine nackten Glieder und jammert, daß es kein Obdach habe, daß sein Vater, der ihm helfen sollte gegen den kalten Winter und gegen den heißen Hunger, so tief und in Dunkel ruht, unter Eichenholz und Erde, mit vier Nägeln verschlossen und bedeckt.'

Jacob Grimm führt seinen Nachweis ferner an dem Inhalt und den Symbolen der rechtlichen Bestimmungen selbst und an dem sittlichen Charakter des altdeutschen Rechtes, den er in Schutz nimmt und hoch erhebt. Der Reichthum von Thatsachen, die unter den Gesichtspunct seines Aufsatzes fallen, ist so groß, ja unermeßlich, daß er sich überall auf Vorlegung erwählter Beispiele beschränken und auf weitere künftige Ausführung vertrösten muß.

Die Ausführung gaben die deutschen Rechtsalterthümer, die 1828, als die Brüder Grimm noch in Kassel wohnten, erschienen.

Die Antiquitates iuris Germanici bildeten ein Object der juristischen Forschung schon im achtzehnten Jahrhunderte. Heineccius, Grupen, Dreyer, Haltaus, Bodmann, Kindlinger nennt Jacob Grimm selbst als seine Vorgänger. Aber wie verschieden war der Bienenfleiß ihrer mühseligen Gelehrsamkeit von dem combinatorischen Gestaltungsvermögen Jacob Grimms. Wie verschieden der Sinn, in welchem sie ihre weit=

schichtigen Sammlungen unternahmen, von dem Sinn, in welchem Jacob Grimm seine Rechtsalterthümer schrieb. Aber ist es nöthig daran zu erinnern, daß Peinlichkeit, Geschmacklosigkeit, Verworrenheit, Aufklärungsdünkel aus der Behandlung einer Wissenschaft verschwanden, sobald Jacob Grimm sich ihrer annahm? Der ganze Umfang des Gebietes war nur aus unzulänglichem Quellenvorrath bearbeitet worden. Werthvolles war nur geleistet, wo man sich auf Herbeischaffung von Material beschränkte oder verständiger Fleiß sich bescheidene Grenzen zog. Vor allem jedoch: Alterthümer und Geschichte flossen zusammen, und weil die Aufgaben beider nicht strenge geschieden waren, so wurde keine von beiden erfüllt.

Mit Unrecht hat man den Rechtsalterthümern vorgeworfen, daß trotz der Versicherung Jacob Grimms, er gehe überall geschichtlich zu Werke, dennoch eine wirklich historische Behandlung nicht durchgeführt sei: auf die allmähliche Umbildung der Institutionen werde nicht gehörig geachtet, auf die Ereignisse der politischen Geschichte nicht eingegangen, welche doch einen so wesentlichen Einfluß auf die Entwickelung des öffentlichen Rechtes nahmen. Was wollen solche Einwendungen besagen? Soll Jacob Grimm getadelt werden, daß er deutsche Rechtsalterthümer und nicht eine deutsche Rechtsgeschichte geschrieben hat? Oder will man die Berechtigung dieser Scheidung überhaupt bestreiten? Dann müßte wenigstens der Gegenstand der Rechtsalterthümer in die Rechtsgeschichte mit aufge=

17*

nommen sein. Der Wissenschaft des deutschen Rechtes, wie sie für unsere Zeit Eichhorn begründete, fehlte gänzlich das Bewußtsein des Mangels, welchem Jacob Grimm durch sein Buch abhalf.

Er hat sich seine Aufgabe strenge begrenzt. Er will ausschließlich das Alte betrachten und das Alte aus sich selbst, höchstens hilfsweise aus dem Jüngeren erklären. Ja er geht in der Beschränkung noch weiter. Er will nur Materialien vorlegen für das sinnliche Element des altdeutschen Rechts. Nur Materialien: was konnte auch füglich anderes zuerst geschehen, als daß Massen von Thatsachen geordnet und an einander gereiht wurden, wie sie sich gegenseitig am leichtesten erhellten? Denn wie sollte die Entstehung des Körpers erforscht, wie seine Gründe in der menschlichen Natur aufgesucht werden, wenn die Seele des Rechts, die den Körper sich anbildet, nicht gleichmäßig in der Behandlung berücksichtigt ward? Und daß sich Jacob Grimm auf das sinnliche, körperliche Element beschränkte, das lag in der Consequenz des besonderen Charakters seines Rechtsstudiums. Nichts anderes war gemeint mit dem sinnlichen Element, als was Savigny so bezeichnete, was er selbst früher das Poetische nannte: das Anschauliche und Sichtbare, die Sitten und Gebräuche, die symbolischen Handlungen, die alte reichquellende Sprache des Rechts, kurz das ganze lebendige Spiel in die Sinne fallender Formen, das wohl weniger auf dem Wege Savignys, als aus dem Umstande zu erklären ist, daß schriftlose Zeiten einen sichtbaren sinnfälligen Abschluß von Rechtsgeschäften nothwendig brauchen, daß schriftlose Zeiten für die gedächtnißmäßige Bewahrung und Ueberlieferung des Rechtes zu festen Formeln am zweckmäßigsten greifen und daß die öffentliche Verkündigung des Rechtes, wie sie wenigstens unter den Germanen üblich war, nach einem feierlichen und eindringlichen Ausdruck strebte.

Dies alles, sofern es den sämmtlichen Rechtsgebieten gemeinsam, stellt die Einleitung zusammen in Einem Bilde. Dann zertheilt sich die Betrachtung, und wir durchwandeln Standesrecht, Familien- und Erbrecht, Sachen- und Obligationenrecht, Strafrecht und Proceß. Wir sehen in das Haus und auf den Markt. 'Wir sehen über dem steinernen Richterstuhl die blühende Linde,' sagte wieder Uhland von dem Buche.

Es folgt aus dem Plane des Werkes von selbst, daß die Verfassung so gut wie außerhalb des Kreises seiner Forschung fiel. Gelegentliche Andeutungen sind mehr um der Füllung der Darstellung, als um ihrer selbst willen eingestreut. Wo von der höchsten Würde im Staate die Rede ist, erfahren wir nichts vom Kaiserthum. Wo er vom Adel spricht, läßt er die Entwickelung des Reichsfürsten- und Ritterstandes bei Seite. Wo er den Stand der Freien behandelt, lehnt er die Betrachtung der städtischen Verfassung und des Bürgerthums von sich ab. Doch sind dies spätere Bildungen, für die man in den ältesten Zuständen nicht einmal Keime vorfindet. Aber auch die älteste Verfassung bildet keineswegs einen Vorwurf eigener Untersuchung: die Rechte des Königs, die Rechte der Volksversammlung, die Eintheilung und Gliederung des Volkes werden nur beiläufig berührt, nicht erörtert, weil daran nichts von Poesie hängt.

Das reichste Material für Jacob Grimms Hauptabsichten boten nicht die offiziellen juristischen Quellen, aus denen man vorzugsweise bis dahin Aufklärung über das älteste deutsche Recht gesucht hatte. Die symbolischen Handlungen werden darin meist vorausgesetzt und selten in erwünschter Anschaulichkeit beschrieben, da sie im Bewußtsein des ganzen Volkes lebten. Die poetischen Formeln der Rechtssprache gingen verloren in den theils lateinischen, theils von gelehrten und gebildeten Männern angefertigten Aufzeichnungen. Jacob Grimm wendete sich daher an die ungelehrten autonomen Rechtsaufzeichnungen der Bauern, die uns in den sogenannten Weisthümern erhalten sind, an die im Volk umlaufenden und in der Litteratur zerstreuten Rechtssprichwörter und an die Werke der Poesie, in denen beiläufig juristische Handlungen geschildert werden. Was von den letzteren ihm zugänglich war, wird beinahe vollständig ausgenutzt sein, während aus den reichen Aufschlüssen der Fastnachtsspiele z. B. ihm noch wenig Vortheil erwuchs.

Die Weisthümer dagegen führte recht eigentlich er ein in die juristische Quellenlitteratur, obgleich er an Kindlinger eine Art Vorgänger darin hatte. Die Weis=

thümer dürfen die Hauptquelle genannt werden, aus welcher die Rechtsalterthümer sich Belehrung holten. Leider lag Jacob Grimm ein so geringer Theil derselben erst vor, als er das Buch abfaßte, daß er an Michelet in Paris (der in seinen Origines du droit français die Rechtsalterthümer zum Theil übersetzte) mehrere Jahre später schreiben konnte, der reiche und wichtige Inhalt dieser Rechtsdenkmäler sei ihm damals so gut wie gar nicht bekannt gewesen. Und als ihm fast unmittelbar nach Vollendung des Buches eine Fülle neuen Stoffes zufloß, war ihm das für den Augenblick zwar sehr ärgerlich, doch tröstete er sich bald: hätte er das Buch nicht so wie es sei gleich fertig geschrieben, so würde er es nie geschrieben haben. Um den Mangel späterhin leichter ersetzen zu können, unternahm er eine eigene Sammlung der Weisthümer, von welcher drei Bände rasch hinter einander erschienen, ein vierter kurz vor seinem Tode herauskam und drei weitere von Richard Schroeder bearbeitet wurden. Diese Sammlung abzuschließen, die Sammlung der überaus zahlreichen österreichischen Weisthümer zu erleben und die Fülle der Ergebnisse, die er daraus gezogen haben würde, noch dem wissenschaftlichen Publikum vorzulegen, war ihm nicht mehr vergönnt.

Die Weisthümer spielten in den Rechtsalterthümern eine ähnliche Rolle, wie in seinen frühesten Untersuchungen über Mythologie und Geschichte der Poesie die Volkslieder, Kinderlieder, Märchen und Sagen — eine weit größere, als in der Grammatik die Formen und Wörter der heutigen Volksmundarten. Den Zuständen des heutigen Landvolkes Aufschlüsse über die ältesten germanischen Zustände abzugewinnen, dazu hatte, im einzelnen und im ganzen allerdings vielfach irrend, Möser den Weg gewiesen. Und Jacob Grimm erklärte es selbst einmal für den charakteristischen Grundsatz seiner Methode, die Volkstradition zur Erläuterung der schriftlichen Denkmäler zu gebrauchen. Die ältesten Weisthümer sind aber nicht älter als das dreizehnte Jahrhundert und die größte Zahl derselben stammt erst aus dem vierzehnten und fünfzehnten. Dennoch läßt Jacob Grimm sie für die ältesten Zustände beweisen und hält ihre Nachrichten mit denen des Tacitus zusammen. In den meisten Fällen gewiß mit Recht, manchmal vielleicht allzuschnell combinirend.

Aber sollte ihn sein allseitiger Combinationsdrang auch irre geführt haben hin und wieder, so beruhten doch darauf zugleich die Anfänge einer vergleichenden Rechtswissenschaft, welche überall in dem Buche hervortreten und zu den Grundabsichten desselben gehören. Einer vergleichenden Rechtswissenschaft nicht in dem Sinn einer von philosophischen Kategorien ausgehenden Systematik, die sich aus den Rechten aller Zeiten und Völker mit empirischem Material zu bereichern und dadurch mit dem Schein eines empirischen und vorurtheilslosen Verfahrens zu bekleiden sucht: sondern einer vergleichenden Rechtswissenschaft in dem historischen Sinne, in dem wir von vergleichender Grammatik sprechen. Der engere Kreis der germanischen Rechte wurde mit ausdrücklicher, schon 1816 erklärter Beistimmung Savignys in die Betrachtung mit einbezogen, vielleicht auch hier zuweilen ohne hinlänglich energische Erfassung der genauen Gestalt des Altgemeinsamen, wie in der Grammatik. Der weitere Kreis der urverwandten Völker und ihrer Rechte wurde gleichfalls durchzogen und verhältnißmäßig reiche Beute heimgebracht, so daß sich altrömischer, griechischer, indischer, keltischer Rechtsbrauch unmittelbar neben germanischen stellte.

Fest angesiedelt in dem romantischen Dämmer der alten farbenreichen Institutionen, wie wir Jacob Grimm kennen, darf es uns Wunder nehmen, daß darüber die Gegenwart manchmal zu kurz kam? Die Nothwendigkeit des Lebens, welche Knappheit und straffen Gang der Geschäfte auferlegt, empfand er wenig und trauerte beinah um die langsame Ausführlichkeit der alten symbolischen Handlungen. Darin gewann es das Aesthetische etwas zu leicht über ihn. Er beklagte die unterbrochene Entwickelung des Heimischen rein aus sich selbst. Hätte das Christenthum, hätte das römische Recht nicht störend eingegriffen, so würden wir, meint er, den wahren Werth der sinnlichen und sittlichen Grundlage des deutschen Rechts erst beurtheilen können. Ein edler demokratischer Zug der Theilnahme für die unteren Volksklassen sogar, welcher durch das ganze Werk sich hinzieht, konnte beitragen, solche Neigungen in ihm zu bestärken. Angesichts des Zustandes heutiger Fabrikarbeiter erhält die alte Hörigkeit und Knechtschaft von ihm ein gewisses Lob. Angesichts unserer Gefängnisse erscheinen ihm die alten verstümmelnden Leibesstrafen beinahe milde. Jener Mangel an entschieden modernem Rechtsbewußtsein, den die historische Schule von Möser geerbt hat, tritt auch bei Jacob Grimm deutlich hervor.

Doch hierüber mag man denken, wie man wolle, darin wenigstens kann man ihm nicht Unrecht geben, daß die geistige Verdumpfung und Beschränktheit unserer Bauern wesentlich dem römischen Rechte zur Last fällt, das sie von allen öffentlichen Geschäften ausschloß. Und die Vorwürfe, welche er der Praxis macht, sie habe den vaterländischen Stoff zu verachten angefangen, die fremden Formen aber nicht vollständig begreifen können und sei darüber in Erschlaffung und nüchternes Gesetzgeben gerathen, diese Vorwürfe sind gewiß wohl begründet. In den Irrthum derer aber ist Jacob Grimm trotzdem nie gefallen, welche nationaldeutsches und römisches Recht in einem unversöhnlichen Gegensatz erblickten und das römische aus dem deutschen Leben womöglich hinaus verweisen wollten. Es erschien ihm das als ein ungeheurer und fast so unerträglicher Purismus, wie wenn ein Engländer den Gedanken durchführen wollte, daß es noch möglich sei, die romanischen Wörter aus dem Englischen zu drängen und blos die Wörter deutschen Ursprungs zu behalten.

Die leitenden Gesichtspuncte wirkten in den Rechts=

alterthümern auf die Art der Darstellung ein. Wir begegnen keinen scharfen juristischen Begriffen, aber der lebendigsten Anschauung von den Sachen. Der Ausdruck weicht von dem Hergebrachten durchaus ab. An die Stelle kahler Kategorien sind einleuchtende sinnliche Bezeichnungen getreten. Während die Rechtswissenschaft sonst auf den prüfenden Verstand wirkt, strenge Unterscheidungen liebt, durch Reihen von Erwägungen hindurch zu genau begrenzten Resultaten gelangt und die Befriedigung einer wahren Gymnastik des Geistes zu gewähren versteht: nimmt sie unter Jacob Grimms Händen ganz die Phantasie gefangen und vergegenwärtigt uns, wie durch Bruchstücke eines Gedichtes, das alte Seelenleben unserer Nation.

Die Wirkung der Rechtsalterthümer im Publikum war lange nicht so groß, als dieses sorgfältig und behutsam ausgeführte Werk verdient hätte. Eichhorn recensirte es in den Göttinger Gelehrten Anzeigen. Aber im Grunde hob er nichts daran hervor, als den Vortheil, welchen dem Verfasser die Beherrschung der alten Sprache gewährte, einen Vortheil, den er mit Recht höher anschlug als die genaueste Einsicht in heutige Rechtsverhältnisse, wie sie die Praxis an die Hand giebt. 'Merkwürdig ist mir', schrieb bald darnach Jacob Grimm an Lachmann, 'daß Männer wie Eichhorn nicht mehr darüber und dawider zu sagen wissen: ein Beweis, wie dies Fach noch bestellt ist und woher sich auch das Lob erklärt, das mir die Germanisten halb wider Willen ertheilen. Tadeln will ich mein

Buch schon selbst am schärfsten, dadurch daß ich bei einer Umarbeitung wenig bestehen lassen werde.' Zu der Umarbeitung kam es nicht und so wie das Buch damals abgefaßt wurde, muß es seine Bestimmung noch heut erfüllen.

Es hat im allgemeinen geringe Nachfolge gefunden. Die Erforschung des sinnlichen Elements im Recht hat fast keine namhaften Fortschritte gemacht. Die Weisthümer beginnt man als Rechtsquellen erst seit wenigen Jahren gehörig auszunutzen. In Bezug auf die Vergleichung sämmtlicher germanischer Rechte bildet Wildas Strafrecht der Germanen noch immer ein schwer erreichbares und selten nachgeahmtes Muster. Die Vergleichung außerhalb der engeren germanischen Verwandtschaft hat noch wenig feste Resultate aufzuweisen. Und auch die Berücksichtigung der alten Sprache bei Erforschung der alten Rechtsverhältnisse ist lange nicht so durchgedrungen, wie sie sollte. Zwar sind gewisse Nester haarsträubender und willkürlicher Etymologien bis auf wenige glücklich ausgenommen. Aber die, man sollte meinen, selbstverständliche Einsicht hat sich noch nicht Bahn brechen können, daß in das alte Recht keine Begriffe hineingetragen werden dürfen, wofür der alten Sprache die Worte fehlen.

Elftes Kapitel.

Die Mythologie.

Jacob Grimm hoffte durch die Rechtsalterthümer nicht allein die Aufmerksamkeit der Juristen, sondern auch anderer Alterthumsforscher zu gewinnen, die ihre Bemühungen der Sprache, der Poesie und der Geschichte unserer Vorfahren zugewendet haben. Das ist ihm wohl gelungen. Doch war der Impuls auch für diese nicht mächtig genug, um sie zur Nacheiferung zu reizen. Die Philologen und Alterthumsforscher waren nach der üblichen strengen Arbeitstheilung unserer Wissenschaft gar zaghaft, auf das rechtliche Gebiet sich zu wagen. Und leider schienen einige Versuche, die dennoch gemacht wurden, jene schädliche und irrige Trennung zu bestätigen.

Für Jacob Grimm selbst waren die Rechtsalterthümer, abgesehen von dem, was er gelegentlich in der Grammatik nach der gleichen Richtung hin leistete, der erste Schritt zur Erfüllung der Forderung, die er einst an die deutsche Geschichtschreibung stellte: sie müsse das deutsche Leben uns wieder lebendig machen und es nach allen Seiten hin gründlich erforschen. Und überall wies der nun durchmessene Kreis von Gegenständen auf einen noch weiteren. Die großen jährlichen Feste beim Wechsel der Jahreszeiten würdigte er als Gerichts- und Volksversammlungen, der Blick schweifte unwillkürlich auf ihre religiöse Bedeutung hinüber. Viele rechtliche Symbole waren zugleich Symbole des Cultus. Viele rechtliche Satzungen beruhten auf religiösem Grunde. Und ferner: der Unterschied der Stände prägte in ihrer Tracht sich aus, die Lehre vom Eigenthum und dessen Erwerbung leitete auf die agrarischen Verhältnisse. So war es begreiflich, daß bei Ausarbeitung der Rechtsalterthümer der Wunsch sich einstellte, dem er in der Vorrede Worte lieh, diese Anfänge zu verfolgen und in besonderen Werken oder Abhandlungen zu verarbeiten, was er zur Geschichte des heidnischen Glaubens, der Feste, Trachten, Bauart und Ackerbestellung der Deutschen gesammelt hatte.

Von allen diesen Vorsätzen kam nur der erste zur Ausführung. Jacob Grimms deutsche Mythologie behandelte den Glauben unserer heidnischen Vorfahren. Sie erschien 1835 und in zweiter stark vermehrter Ausgabe 1844.

Zusammenhängende Nachrichten über die Religion der alten Deutschen sind nicht auf uns gekommen. Aus den spärlichen Notizen der römischen und griechischen

Schriftsteller und der mittelalterlichen Quellenschriften lassen sich nur mangelhafte Vorstellungen schöpfen. Aber heidnische Ueberbleibsel im heutigen Volksglauben treten hinzu. Und die hinlänglich bekannte Religion unserer scandinavischen Stammverwandten zeigt uns oftmals die wohlerhaltenen Statuen, wo uns in Deutschland nur verstreute Gliedmaßen geblieben sind. Schon Johann Georg Eckhart hat durch verständiges Rechnen mit den gegebenen Factoren Einiges glücklich gefunden. Nach ihm aber wollte höchstens fruchtlose und unkritische Gelehrsamkeit auf diesem Boden sich aubauen. Die rohanfassende, blind zerstörende Kritik suchte auch das wenige Feststehende niederzureißen. Die Echtheit der Quellen, aus denen unsere Kenntniß der scandinavischen Religion stammt, ward ein viel behandeltes und vielbestrittenes Thema. Manche Einsichten gewann man unterdessen wie zufällig. Rühs, der hervorragendste Vertreter der hyperkritischen Richtung in unserem Jahrhundert, bemerkte doch, daß das Heidenthum als Aberglaube im deutschen Christenthume fortdauere und daß die Bekehrer die christlichen Lehren an die heidnischen Vorstellungen anschmiegten. Was vor Rühs Görres und Kanne für die deutsche Mythologie thaten, ist nicht verschieden von dem, was ihre mythologischen Bestrebungen überhaupt bedeuteten. Und wie Jacob Grimm von den unläugbaren Reizen ihrer Betrachtungsweise sich bestricken ließ, welche sich mit Ergebnissen schmeichelte, wo sie kaum noch die Anfänge einer Untersuchung aufweisen konnte, haben wir bereits gesehen.

Als dann mit Creuzers 'Symbolik und Mythologie der alten Völker' (1810 bis 1812) das in den Orient einmündende Mythologisiren seinen Zenith erreichte, und Voß den Kampf gegen dasselbe eröffnete, wurde Mythologie und ihre Methode ein Gegenstand erneuerten Nachdenkens und ernster Prüfung für Jacob Grimm. Ueber Voß und Creuzer wird in dem Briefwechsel mit Lachmann stark hin und her verhandelt. Lachmann stellt sich ganz auf Vossens Seite, Jacob Grimm will seinen Ansichten nur theilweise Berechtigung zugestehen. Das Wahrnehmen derselben unerborgten märchenhaften Züge in dem Volksglauben aller Gegenden ist ihm ein Hauptgrund wider die Vossische Manier. Er verachtet ihm zu sehr alles Nichtgriechische, das an sich ebenso schön und gut sei.

Wie Jacob Grimm es bei eigenen mythologischen Arbeiten zu halten gedachte, zeigt, so unbestimmt sie klingt, eine Aeußerung aus dem Sommer 1820. Mit der Zeit müssen die Mythen auch ordentlich wie die Sprachformen gestellt und untersucht werden, sagt er. Dann werde größere Freude dabei sein. Und an den Volkssagen und Märchen sei doch mancherlei Lehrreiches haften geblieben. Er wollte, so viel sieht man, einen dem besonnenen grammatischen analogen Weg einschlagen, und den Volksüberlieferungen war dabei eine Rolle zugedacht. Darin liegt eine Umkehr und das Aufgeben der früheren Tendenzen.

Das bestätigt er bald noch deutlicher, indem er schreibt: 'In den historischen Wissenschaften wechseln zwei Richtungen ab, die sich gegenseitig steuern, die Neigung: streng zu beobachten mit der andern: frei zusammen zu verbinden. Jede gewährt ihren Vortheil und jede leidet an den Unvollkommenheiten aller menschlichen Arbeiten. In der Mythologie mag es die rechte Stunde sein, wieder auf Beschränkung zu bringen.'

Inzwischen wuchs fort und fort Kannesches und Creuzersches Unkraut im altdeutschen Weizen. Eine Schrift von der Hagens aus dem Jahr 1819, die unter anderen lieblichen Dingen auch mit der heiligen Allianz und ihrem zu erwartenden Segen sich zu schaffen machte, deutete die Nibelungensage reinmythisch aus und erkannte darin mit Kanneschem Tief- oder Schiefsinn, der hier nur aus dem Pantheistischen ins Christliche übersetzt erschien, — die Schöpfung und den Sündenfall. Dunkle Erinnerung der 'Offenbarung' ward überall gesucht und natürlich gefunden. Der hörnerne Siegfried soll aus einem Siegfried mit Hörnern, dieser aus einem Siegfried in Stiergestalt entstanden sein. Und dessen Mord soll mit anderen Stiermorden verschiedener Religionen den ersten Brudermord bedeuten, der auf den Sündenfall folgte. Der Berg Atlas und König Attila, der Himalaja und unser Himmel müssen sich identificiren, unschuldige altdeutsche Interjectionen mit zweifelhaften ägyptischen Mythen und Symbolen des Brahmanismus combiniren lassen. Kurz, die Mythenbeutung erscheint auf einer solchen Höhe, daß zu den luftigen Regionen derjenigen, welche gleichzeitig in den Nibelungen einen chemischen oder astronomischen oder moralischen Inhalt zu finden glaubten, nur noch Ein Schritt war.

Mit mehr Gelehrsamkeit und mehr Methode wandelte Franz Joseph Mone in Creuzers Spuren. Die Sagen von Ortnit, Tristan, den Nibelungen wurden unter seiner Berührung zu dünnen Nebelstreifen verflüchtigt, die an dem mythologischen Himmel sich hinzogen. In Phrygien, Persien, Aegypten zündete er die Fackeln an, womit er das germanische Heidenthum erhellen wollte. Und seine etymologische Kunst stand leider noch nicht höher, als um die Nibelungen von Nebeljungen abstammen zu lassen.

Doch erwarb sich Mone Anfangs der zwanziger Jahre das Verdienst einer ersten zusammenfassenden Bearbeitung sowohl der scandinavischen als der altdeutschen Religion in seiner Geschichte des Heidenthums im nördlichen Europa (1822 und 1823), welche aber was ihren Inhalt anlangt keinen sonderlichen Fortschritt gegen seine früheren Schriften bekundete. Er zeigt eine merkwürdige Geschicklichkeit, sich selbst alle Thüren zu verriegeln, durch welche man zu großen Resultaten gelangen konnte. Die methodischen Grundsätze, die er sich bildet, durch einen Schein von verständiger Consequenz oft bestechend, eskamotiren ihm zuweilen die einfache Wahrheit, die er schon in der Hand hält.

Er spricht die Absicht aus, den altdeutschen Glauben geschichtlich zu verfolgen. Er sucht die Zeiträume, welche durch die Einschnitte der Völkerwanderung wie der Bekehrung gebildet werden, zu scheiden. Er will die Religionen der verschiedenen deutschen Stämme einer besonderen Behandlung unterziehen. Die Vergleichung soll erst eintreten, wenn die Glieder der Vergleichung für sich feststehen. Das war gewiß sehr löblich und verständig, aber bei weitem verfrüht. Und seine Resultate zeigen, daß er sich den Blick für die Einheit und das Gemeinsame dadurch verdunkelte.

Mone behandelt die deutsche Mythologie, wie er etwa die griechische hätte behandeln können. Da durfte er das Material als bekannt voraussetzen und brauchte nur beizubringen, was ihm zur Beurtheilung und Erklärung zu Gebote stand. Durch ein solches Verfahren würden Götter und Heroen an dem Glanz ihrer Erscheinung nichts eingebüßt haben. Den deutschen Göttern dagegen mußte der Glanz und die Fülle, die individuelle Bestimmtheit der Erscheinung in dem Bewußtsein des Publicums erst verliehen werden. Für Mone aber hatte die einzelne Thatsache geringen Werth. Worauf es ihm allein ankam, das waren gewisse allgemeine Anschauungen des Göttlichen, welche er den Thatsachen nicht abnahm, sondern unterschob. Er sucht allerwärts System. Die

Glaubenslehren über Schöpfung, Leben und Ende der Welt, deren scandinavische Gestalt er im wesentlichen auch für die deutsche hält, sind ihm deshalb besonders wichtig. Ein Princip des Dualismus und daneben ein durchgehendes Princip göttlicher Dreiheit will er gefunden haben. Und in der Annahme von Mysterien erreicht seine entstellende und willkürlich deutende Auffassung ihren Gipfel. Trotzdem muß man anerkennen, daß durch Mone die Sammlung, Sichtung und Aufklärung des Stoffes um einige Schritte vorwärts gebracht wurde, und daß Jacob Grimm für die Mythologie an ihm einen ungleich bedeutenderen Vorgänger hatte, als etwa an Rablof für die Grammatik.

Die Hauptsache, das ist klar, mußte dennoch Jacob Grimm selbst thun. Von unten auf fängt er an, ganze Lasten neuen Quellenmaterials werden herbeigefahren. Märchen und Sagen liegen ihm bereit. Dazu fügt er eine ausgebreitete Sammlung von Aberglauben, einheimischem und fremdem, altem und neuem, von letzterem bei 1200 Nummern. Die wichtigen Stammtafeln der Angelsachsen, in denen Götter als Ahnherren irdischer Könige auftreten, stellte er in ihren verschiedenen Fassungen auf ähnliche Weise neben einander. Es war wie ein Urkundenbuch, das er sich schuf.

Wahrscheinlich hatte die Mythologie seit seinen ersten Arbeiten der Mythenvergleichung nicht aufgehört, ein Augenmerk der Lectüre für ihn zu bilden. Unter den früheren Leistungen lag wenigstens in 'Irmenstraße und Irmensäule' ein guter Grund. Die Einleitung zu den irischen Elfenmärchen (1826), die allerdings großentheils von Wilhelm herrührte, war eine weitere Vorarbeit zur deutschen Mythologie. Der Entschluß, die letztere zu schreiben, stammt aus dem Jahr 1832. Er habe etwas über deutsche Mythologie vor, kündigt er Lachmann den 18. Juli 1832 an, 'diesmal aber im Gegensatze zur nordischen und diese ausschließend.' Diesmal, d. h. abweichend von der Grammatik und den Rechtsalterthümern, wo das Nordische gleichberechtigt mit herangezogen war. Den 6. März 1833 'trägt er sich mit der Mythologie stark herum.' Den 17. Januar 1834 muß er die angefangene Syntax liegen lassen, 'um die noch ganz ungeschriebene Mythologie zu schreiben, deren Druck anfangen soll.' Und schon Ende Juli desselben Jahres übersendet er Lachmann die ersten Aushängebogen, im October 1835 den Schluß mit den Worten: 'Ich bin zufrieden, wenn das Buch einiges Gute und Neue enthält, was angewachsen ist und weiter fortwachsen kann. Meine Beharrlichkeit, einen vorgenommenen Stoff durchzuarbeiten, mag einige Vortheile, aber auch Gefahr bringen. Es geht zwar nicht leicht etwas verloren, aber Ungehöriges kann auch herbeigezwängt worden sein. Das Ganze überschaue ich gewöhnlich erst am Schluß, und wie die Dinge jetzt stehen scheint es mir wenigstens nicht zur Unzeit, daß ich hervorgetreten bin: ex ingenio suo quisque demat vel addat fidem.'

Jacob Grimms Beharrlichkeit wurde durch einen schönen Erfolg gekrönt, und die Nachtheile, welche er fürchtete, trugen eher zur Vermehrung der Wirkung bei. Der Eindruck des Buches war sehr groß. Es war als ob die alten Götter noch einmal von ihrem früheren Reiche Besitz ergreifen wollten. Der einäugige Wodan, der Rothbart Donar, Frau Holda und Frau Berchta, Schwanjungfrauen und Waldfrauen, Nixen, Kobolde, Elfen, Zwerge und Riesen, alle kamen wie eine abenteuerliche Maskenschaar gezogen. Aber es war vorbei mit der alten Herrlichkeit. Nach wie vor wurden sie kaum mehr als Gespenster geduldet. Nur in den Studirstuben der Gelehrten und im Gefolge des Pegasus konnten sie momentan noch einen anderen Beruf erfüllen, aber einen verschiedenen in beiden Fällen. Der erste Gelehrte, den sie mit ihrem Zauber umspannen, nachdem Jacob Grimm sie heraufbeschworen, war Johann Wilhelm Wolf. Und ihn berückten sie so völlig, daß er für alle anderweitige Thätigkeit verloren, der altdeutschen Mythologie ausschließlich lebte. Dagegen der Dichter, bei dem sie zuerst sich einfanden und der ihnen Gastfreundschaft heuchelte, hatte mit ihnen seinen Scherz. Mondbeglänzte Zaubernacht allein, ist die Decoration, in der sie auftreten; tückisch läßt Heinrich Heine plötzlich das helle Tageslicht auf sie fallen, und sie erblassen und versinken.

Die phantastischen Erscheinungen trieben nicht lang ihr Wesen. Die Einbildungskraft der Gelehrten ist jetzt weniger beherrscht von ihnen, sie sind in ihre Grabhügel zurückgekehrt, und Jacob Grimms Mythologie liefert die Denksteine darauf.

Diesem Buche pflegt man, halb befangen noch in jenem ersten Eindruck, unter allen Werken Jacob Grimms den obersten Platz einzuräumen und ihm ein unbedingtes Lob zu ertheilen: was doch schwerlich berechtigt ist.

Die Mythologie, sagt man, sei eine freie Schöpfung des poetischen Geistes, darum könne nur das Talent poetischen Nachempfindens und Anempfindens darin zu Resultaten gelangen. In der Grammatik und den Rechts= alterthümern sei der feine poetische Tastsinn Jacob Grimms nur nebenbei zur Geltung gekommen, in der Mythologie sei er das eigentliche und berechtigte Organ der wissenschaft= lichen Forschung. Das läßt sich hören, wo es sich um Erklärung der Mythen, um Erfassung ihres ursprünglichen Gehaltes handelt. Aber ausdrücklich lehnt Jacob Grimm es ab, hierauf einzugehen, wie er es mit Recht ablehnt, ein System in der deutschen Mythologie zu suchen und aufzustellen. Er polemisirt gegen die philosophische, physische, astronomische Deutung, und nicht minder gegen die historische, welche in den alten Gottheiten nur ver= götterte Menschen sehen will: sie stören ihm das poetische Wohlgefallen an den mythischen Gestalten. Er meint, daß sittliche und andere menschliche Motive hinzukommen müssen, um etwas entstehen zu lassen, was im Geiste der Menschen lebendig sei. Diese Ansicht spricht er aus, aber ist wenig bemüht, in den einzelnen Fällen die verschiedenen Elemente der Mythenbildung nun, wie man erwartet, thatsächlich aufzuweisen. Und wo er dennoch gelegentlich nach der Bedeutung forscht, begnügt er sich mit sehr allgemeinen Vorstellungen und zeigt die unverkennbare Neigung, das blos Geistige für das Ursprüngliche und die Naturbedeutung für das Secundäre zu halten. Der Urbegriff Wodans zum Beispiel scheint ihm der des weisen, allmächtigen, allburchdringenden Wesens, und daneben erst habe das Bild des wilden, ungestümen, heftigen sich hervorgedrängt. Der Glaube überhaupt entspringt nach seiner Ansicht in der geheimnißreichen Fülle übersinnlicher Ideen, welche die Stoffe der Natur sich unterwirft.

Hoch über den Dingen zu schweben, wo die strengen Umrisse schwinden, ist nicht Jacob Grimms Sache. Er hält sich in der Nähe, wo die Linien sichtbar aus einander fließen, alle Glieder deutlich gesondert erscheinen und in seinem Geiste sich ordnen. Die Einfachheit dieser Ordnung, die großen Züge, in denen seine Darstellung verläuft, die reizende Unbekümmertheit ihres bequemen Ganges, der bedeutende Eindruck, den sie mit den leichtesten Mitteln hervorbringt, indem sie den aufmerksamen Leser in Spannung und leise anschwellende Bewegung versetzt: dies alles bekundet, wie sehr Grimm ein Künstler ist. Und die wohlgegliederte, natürlich abgewickelte Darstellung hat gewiß die Bewunderung für die 'deutsche Mythologie' zum nicht geringen Theile mit angefacht.

Die Einleitung entrollt ein großes Bild, wie das Christenthum sich ausbreitet über Europa und wie das Heidenthum allmählich, Schritt vor Schritt weichend, seiner siegreichen Macht unterliegt. Die beiden Religionen in ihrem verschiedenen Charakter werden einander gegenübergestellt. Wir lesen von der Bekehrung, wodurch sie erleichtert, wodurch sie erschwert wurde, was sie zerstörte, was sie schonte, und was sich vor ihr rettete. Das Verhältniß des Erhaltenen zu dem Verlorenen, der nordischen Religion zu der deutschen, giebt uns eine Ahnung dessen, was im Buche selbst unser wartet und eine Andeutung der Methode, durch die es entstand. Die göttliche Welt, die der Mensch außer sich hinaussetzt, bildet den Höhepunct, welchem die Untersuchung zustrebt. Und sie senkt sich allmählich dann wieder herab, indem sie die bescheidenen Moose aufsammelt, mit denen jene Idealwelt das Leben geschmückt hat.

Eigenschaften, die wir schon kennen, bezeichnen die Untersuchung: die analogische Betrachtung des geistigen Inhalts der Nation mit seiner Form, der Sprache; die Verwerthung der Wörter zur Aufklärung der Sachen.

Durch Auseinandersetzungen über die allgemeine Benennung der Gottheit, über Opfer, Tempel und Priester bahnt sich Jacob Grimm den Weg zur Beantwortung der Frage, welche damals noch aufgeworfen werden mußte und die er unbedenklich bejahen konnte: ob es eine deutsche Götterwelt überhaupt gegeben habe? Er führt den Beweis und geleitet dann die Gottheiten sowie die niedrigeren mythischen Wesen an uns vorüber. Er wendet sich hierauf zur Natur und schildert ihre mythische Gestaltung und Verehrung, wie sie ausgeht von der stillen Größe der Elemente und ihrer unmittelbaren Gewalt über das menschliche Gemüth, von dem Glauben an die Lebendigkeit und Persönlichkeit aller Thiere und Pflanzen, von der Erhabenheit des Himmels und seiner Gestirne, von den großen Wechselzuständen des gesammten Naturlebens in Tag und Nacht, in Sommer und Winter.

Ueber das alles brausen die großen Geschicke der Welt hin, ihre Zerstörung durch Wasser am Anfange der Geschichte, ihre Zerstörung durch Feuer am Ende der Geschichte.

Dahinter steigen die Schicksale des einzelnen Menschenlebens in den mannigfaltigen Bildern auf, die der mythenschaffende Geist davon entworfen hat. Die Seelen blühen als Blumen aus Gräbern empor, entweichen als Vögel aus dem Munde der Sterbenden, werden von einem räthselhaften Fährmann über einen breiten Strom ins Todtenreich übergesetzt. Oder der Tod kommt als Bote der Gottheit und führt ihr die scheidende Seele zu. Oder die Abgeschiedenen irren als Gespenster ruhelos umher oder rauschen unter des wilden Jägers Führung im wüthenden Heere durch die Nacht. Und die großen geliebten Männer auf der Höhe des Lebens, Karl der Große, Friedrich Barbarossa, unterliegen dem Tode nicht, sondern werden in Berge entrückt und versinken in schweren Schlaf.

Der hellen Menschenwelt stellt das dunkle Gebiet ihres Widersachers sich entgegen: Mephisto und sein Anhang, Hexen, Zauberer, bösartige Krankheiten, die ganze Summe des Uebels in der Welt und die Mittel, dem einbrechenden zu wehren oder Glück und Heil sich zu sichern und den Mächten, welche das Leben regieren, vorwitzig in die Karten zu schielen.

So ist das Buch. Die Vorrede giebt einen Gesammtbegriff desselben. Dazu werden einige Linien über das Germanische hinausgehender Vergleichung gezogen, welche jetzt längst durch andere ersetzt sind, nachdem die Entwickelung des indischen Glaubens sich dergestalt enthüllt hat, daß das Wesen aller Religion daran studirt werden kann. Wir sehen ferner den Abstand zwischen Jacob Grimms Arbeit und den Bestrebungen seiner Vorgänger, wie er selbst ihn auffaßt; und in das Verhältniß der Resultate seiner Forschung zu dem gegebenen Stoff eröffnet er uns Einblicke.

Dieses Verhältniß ist nicht überall fest gegründet, nicht überall klar und bestimmt. Wie viel kann man wissen von der altdeutschen Mythologie? Daß Jacob Grimm diese Haupt- und Grundfrage, auf welche Alles ankam, nicht so resignirt beantwortete, wie man allem Anscheine nach muß, — daß plötzlich ein unermeßlicher Reichthum gesehen wurde, wo man bis dahin nur dürftige Armut gekannt hatte, — auch darauf beruht zum Theil die berauschende Wirkung von Jacob Grimms deutscher Mythologie. Die nüchterne Prüfung der Quellen, die trockene Aufstellung dessen, was sicher erforschbar, die sorgfältige Abtrennung des Zweifelhaften, die vollständige Aufzählung alles dessen, was uns entgeht, wenn wir die breite Fülle der nordischen Religionslehre vergleichen, — würde kein so lebendiges, anregendes, poetisches Buch gegeben haben. Es weist uns aber der Stoff selbst auf die Schranken und Grenzen fort und fort hin. Bald zeigt sich, daß uns nur die Götter, ihre Namen, Wirkungsweise, Attribute glaubhaft, aber doch vielfach lückenhaft, überliefert oder erschließbar sind. Ferner in den großen Festen an der Wende der Jahreszeiten finden wir eine unzweifelhafte Erbschaft des Heidenthums. Und die allgemeinsten Züge des Cultus lassen sich erkennen. Aber die Göttergeschichten fehlen gänzlich. Wir sehen die göttlichen Gestalten nur ruhend, nicht in Action, nur einzeln, nicht gegen und mit einander wirkend.

Jacob Grimm hat theoretisch den Satz gefunden schon in seiner ersten Periode, durch welche wir diese scheinbare Lücke unserer Kenntniß auszufüllen in den Stand gesetzt werden: in dem Epos ist vielfach Mythisches und Historisches, göttliche und menschliche Geschichte in eins gewachsen. Wenn es gelingt, beide Theile zu sondern, so erwächst der Mythologie der reichste und reinste Gewinn. Der erste, der das ernsthaft versuchte, war Lachmann. Er analysirte die Nibelungendichtung in diesem Sinne, 1829, in demselben Jahre, in welchem Wilhelm Grimms 'deutsche Heldensage' den Grund legte zu einer Entwickelungsgeschichte des deutschen Volksepos.

Jacob Grimm stimmte Lachmanns Verfahren durchaus bei und schrieb ihm, als er jene Untersuchung erhielt: 'Ihre Abhandlung liefert eine scharfsinnige Deutung des epischen Elements, indem Sie das Historische und das Göttliche von den beiden entgegengesetzten Puncten her ausscheiden; und ich wüßte nicht wie man anders verfahren sollte, der Weg ist der einzig richtige.' Gleichwohl hat er selbst ihn nicht eingeschlagen. Er nahm weder die Resultate der Lachmannschen Nibelungenforschung in die Mythologie auf, noch unterzog er die übrigen nationalepischen Stoffe einer ähnlichen Analyse: höchstens daß er den einen oder den anderen Punct obenhin berührte. Aber erst wenn an den Sagen von Gudrun, Ortnit und Wolfdietrich, Orendel, Beowulf die Analyse vollzogen sein wird, wie sie zum Theil schon begonnen hat, erst dann werden wir die werthvollsten Reste unserer Urväterreligion eigentlich kennen und der griechischen Mythologie etwas zu vergleichen, den Schein römischer Mythenarmut und Poesielosigkeit, den schon die nordische Religion widerlegt, in unserem Alterthume zerstört haben.

Wenn dergestalt Grimms Mythologie von der einen Seite weniger Thatsachen aufweist, als sie aufweisen konnte, so bietet sie auf der anderen Seite mehr als die strenge Kritik in ihren Bereich zulassen durfte.

Eine Reihe von Quellen sind als mythische Fundgruben betrachtet und benutzt, deren Anrecht auf diese Bedeutung mindestens sehr zweifelhaft ist. Bei den Märchen fällt alle Brauchbarkeit für die Mythologie durch die schon im vierten Kapitel berührte Entdeckung ihres fremden Ursprungs hinweg. Auch in die Sagen hat viel Auswärtiges ohne Zweifel sich eingeschlichen, und nur die äußerste Vorsicht wird ihnen sicheren Gewinn entlocken können. Die Dichtung des dreizehnten Jahrhunderts gleichfalls wird die mythische Ausbeute, die sie Jacob Grimm zu gewähren schien, der künftigen Forschung wohl verweigern: und Personificationen des Ideals oder der Poesie werden nicht mehr für Nachklänge Wodans oder der nordischen Saga gelten können. Wie vieles endlich christlicher Mythologie zugewiesen werden müsse von dem, was Jacob Grimm als deutsch und heidnisch in Anspruch nahm, das hat sich schon wiederholt bei neueren Untersuchungen gezeigt und wird vielleicht noch in mehreren Fällen sich ergeben.

Nur selten geschieht es, daß großen Männern Genossen oder Schüler an die Seite treten, welche ihre Leistungen gerade dort corrigiren, wo sie der Correctur bedürfen, und gerade dort fortsetzen, wo das Ende gelassen ist, an welches angeknüpft werden kann. Weit öfter tritt das Umgekehrte ein, und das Schicksal der deutschen Mythologie ist dafür ein Beleg. Gerade die Schwächen des Buches erwiesen sich als das Fortzeugende und zur Nacheiferung Anspornende. Märchen und Sagen schienen jetzt plötzlich überaus wichtig, nicht blos als Aeußerungen des Volksgemüthes und als echte Poesie, sondern als Fuß= spuren enteilender Götter, deren Form man behutsam abzeichnen und mit der äußersten Sorgfalt untersuchen müsse. Endlose Sammlungen von Märchen und Sagen begannen. Auch wurden werthvolle Funde alter verblie= bener Götterdienste bei solchen Gelegenheiten wirklich gemacht. Aber allzuviel Ueberflüssiges lief meist mit unter. Unzählige Variationen ein und derselben Geschichte wurden unermüdlich immer von neuem aufgeschrieben und ver= öffentlicht. Und mehr als dies: dem Mangel belebter Mythen, den man richtig empfand, sollten die Märchen und Sagen abhelfen. Wo ein Jäger zur Vertheidigung einem Löwen die Faust in den Rachen stößt, da erinnerte man sich des nordischen Kriegsgottes Tyr, der dem Fenris= wolfe die Hand zum Pfand in den Rachen legt. Wo streng behütete Frauen entführt werden, konnte kein Zweifel sein, daß hinter dem Entführer der Gott Freyr, hinter der Entführten das schöne Riesenmädchen Gerda sich berge. Wo irgend Riesen getödtet werden, witterte man den Donnergott. Was rothe Farbe trägt in der Welt, wurde gleichfalls dringend verdächtig, in geheimnißvollem Zu=

sammenhange mit dem rothbärtigen Donnerer zu stehen. Und der Esel, welcher auf zwiefachem Wege Gold speit, mußte natürlich von Wodan dem Spender des Reichthums abstammen, obwohl er ursprünglich eine harmlose italienische Novellenfigur ist.

Indessen handelte es sich dabei nur um eine kurze Entwicklungskrankheit. Wilhelm Mannhardt, der die deutsche Mythologie zum ausschließlichen wissenschaftlichen Lebensberuf erwählt und allen Ueberschwank vorschneller Entdeckerfreuden mitgemacht hatte, wußte später die Sammlung der Volksüberlieferungen so umfassend und systematisch einzuleiten und auf einem bestimmten Gebiete so verhältnißmäßig sichere und überraschende Resultate zu erzielen, die bei den Deutschen und ihren Nachbarvölkern beobachteten ländlichen Bräuche so glücklich zur Aufhellung antiker Culte zu verwerthen, daß Jacob Grimm mit Freuden seine Schule darin erkannt haben würde und diejenigen, die an Grimms Mythologie Kritik übten, doch zugleich eine von Jacob Grimm abweichende strengere und in ihren Ergebnissen zuverlässigere Methode darin finden durften. Anderseits ging Karl Müllenhoff auf Lachmanns Wege von der älteren germanischen Poesie aus und legte den Grund zu einer wahrhaft historischen Auffassung des deutschen Heidenthums, so daß schon die nächste Generation nach Jacob Grimm hier glücklich auf ihm fortbaute, indem sie ihn ergänzte und berichtigte.

Zwölftes Kapitel.

Reinhart Fuchs.

Ein ähnlicher Irrthum wie in der mythologischen Würdigung der deutschen Poesie des Mittelalters beherrschte Jacob Grimm auch in der Beurtheilung der Gedichte von 'Reinhart Fuchs'.

Das Buch, welches diesen Titel führt und ein Jahr vor der Mythologie erschien (1834), war Jacob Grimm unter allen seinen Werken das liebste, und dessen Abfassung hatte ihm das reinste Vergnügen gewährt. Er nahm damit einen längst gehegten Plan wieder auf, den er einst in Gemeinschaft mit Wilhelm auszuführen beabsichtigte und im Jahre 1812 bereits ankündigte. Damals war sein Absehen auf eine Sammlung aller Gedichte dieses Kreises gerichtet. Jetzt hatten andere einen Theil der Arbeit ihm vorweggenommen: Meon gab den französischen Roman du renard heraus, Mone den lateinischen Reinardus, den man jetzt richtiger Isengrimus nennt.

Der letztere wurde der eigentliche Anstoß zu Jacob Grimms Buch. Denn Mone stellte, eine unglückliche Hypothese Eckharts erneuernd, die Ansicht auf: es seien hinter den Haupt= und sogar den Nebenpersonen der Fabel, dem Reinhart, Isegrimm u. s. w. historische Personen des neunten Jahrhunderts versteckt, und das Ganze eine Satire auf Zustände und Ereignisse jener Zeit. Das lief Allem, was Jacob Grimm über dieses Thema seit jeher gedacht hatte, durchaus entgegen. Der Mone'sche Reinardus machte daher in ihm (so schrieb er an Lachmann den 1. August 1832) die alte Lust wieder rege, was er zu dieser Thier= fabel gesammelt habe, in Ordnung zu bringen und heraus= zugeben. Dann am 5. September 1832 setzte er dem Freunde den Grundgedanken auseinander, den er in dem Buche durchführen wollte. Und am 19. December 1833 unterzeichnete er bereits die Vorrede.

Der Haupttheil des Buches, Ausgaben mittelhoch= deutscher, mittelniederländischer und lateinischer Gedichte, bewies, was Jacob Grimm selbst unverholen aussprach, daß nach der Seite der Textkritik weder seine besondere Freude ging noch seine besondere Befähigung lag. 'Texte herauszugeben,' schreibt er einmal, 'dazu werde ich wohl wenig taugen, ich bin entweder zu leicht zufrieden mit den Lesarten, die ich finde, oder habe zu wenig Respect davor.' Oder, wie er sich ein andermal ausdrückte: ver= siegte Quellen aufzuthun, lag ihm sehr am Herzen; doch es galt ihm mehr darum, in dem flutenden Wasser zu haben, als die hineingefallenen Halme und Spreuer wegzuschaffen.

In den litterarhistorischen Abhandlungen der sehr ausgedehnten Einleitung zeigte sich, wie ebenfalls Jacob Grimm selbst fühlte und aussprach, nicht die ganze Schärfe und Eindringlichkeit der Betrachtung, welche etwa Lachmann an solche Objecte gewendet haben würde. Der Grundgedanke und wesentlichste Gesichtspunct der Einleitung aber, um dessen Sicherstellung es Jacob Grimm vor allem zu thun war, stammte seinem ganzen Umfang und seiner ganzen Bedeutung nach aus Grimms erster Epoche und trägt unverkennbar deren Stempel. Eine Schöpfung bewußter Kunstthätigkeit ward als ein Product der bewußtlos schaffenden Naturkraft des Geistes angesehen, und grauer unvordenklicher Ueberlieferung zugeschrieben, was vor den Augen der bezeugten Geschichte in seiner Entstehung und Ausbildung offen lag.

Die ältesten Gedichte vom Wolf und Fuchs sind nicht älter als das zehnte Jahrhundert. Sie sind von Klostergeistlichen verfaßt und stammen aus Flandern und Lothringen. Ihre Nachahmung und Erweiterung, die Ausbreitung der poetischen Gattung, welche sie begründeten, erstreckte sich während des Mittelalters von dort aus nicht weiter als auf Nordfrankreich. Eine einzige Thierfabel wird bei Gothen und Baiern schon in viel älterer Zeit erzählt, aber gerade bei ihr ist die Entlehnung aus griechischer Fabel nicht nur möglich, sondern, wenn man die

Chronologie ihres Auftretens verfolgt und ihrer Umwandlung nachgeht, aus mehr als einem Grunde höchst wahrscheinlich. Der alte scandinavische Norden, sonst der treueste Hüter der alten Schätze gemeinsamer nationaler Poesie, weiß nichts von Reinhart und Isengrim. Das neuere Scandinavien theilt seine Thiermärchen mit den gar nicht verwandten Völkern der Lappen, Finnen und Esthen.

Der feindliche Gegensatz zwischen Fuchs und Wolf war in griechischen Fabeln schon gegeben, von denen sich lateinische Bearbeitungen früh im Mittelalter verbreiteten. Ihn ergriffen die Verfasser jener mittelalterlichen Gedichte und bildeten ihn mit großem Behagen weiter aus. In der ältesten Behandlung desselben tragen die Thiere noch keine Namen, dann erhalten wenigstens Wolf und Fuchs die bedeutungsvollen, ihrer Natur angemessenen Namen Isengrim und Reinhart, und den übrigen werden beliebige Menschennamen zugetheilt. Der Wolf ist ursprünglich der eigentliche Held der Fabel, in ihm parodiren die Mönche ihren eigenen Stand.

Zu dem aus äsopischen Stoffen mit einem Zusatze von allegorischer Satire componirten Grundstocke flossen indische Thierfabeln, mit andern novellistischen Producten in die abendländische Litteratur einströmend, hinzu. Die geschulte Gewandtheit der lateinischen Klosterdichter, die geschickte Kunstübung der nordfranzösischen Poeten verlieh der Dichtung jenen reizenden epischen Ueberfluß, welcher

in Jacob Grimms Augen ihr einen so hohen Vorrang
vor der äsopischen Fabel verlieh, und welchem ihre Ein=
führung aus der französischen in die deutsche und nieder=
ländische Nationallitteratur verdankt wird.

Für Jacob Grimm aber knüpfte sich an jenen Vor=
rang der epischen Kunstvollendung die Idee eines Vor=
ranges von Alterthümlichkeit und Ursprünglichkeit. An
bestimmte Erfindung soll nicht dabei zu denken sein. Seit
unvordenklicher Zeit soll ein Kreis von Sagen, der sich
um Fuchs und Wolf als seinen Mittelpunct drehte, be=
standen und ein echtes Epos ausgemacht haben. Die
Uebereinstimmung indischer, griechischer und deutscher
Fabeln soll auf der Urverwandtschaft dieser Völker beruhen.
Gedanken, Handlungen, Sprache der Menschen soll die
Vorzeit den Thieren geliehen haben, weil sie wirklichen
Glauben an so etwas nährte. Sehr schön suchte Jacob
Grimm schon 1812 den Grund dazu in der menschlichen
Seele auf, ohne uns dadurch die Behauptung selbst, die
er aufstellt, im mindesten wahrscheinlich machen zu können.
'Es ist doch immer', schrieb er, 'ein ganz eigenes räthsel=
haftes Ding um das Treiben der Thierwelt. Vielleicht
giebt es wenige einfache, sinnende Menschen, die nicht
manchmal an dem gleichsam menschlichen Denken, Thun
und Recht der anderen Geschöpfe, die sie umgeben, nicht
gezweifelt, und sie zu verderben oder zu schädigen für
etwas Sträfliches gehalten hätten. Es ist, als brauchten
wir nur von der Wurzel, die dazu gehört, genossen zu

haben, um was die Vögel allen anderen unhörbar unter einander ja von unseren eigenen Schicksalen redeten, auf einmal deutlich zu vernehmen.' Sehr schön weiß Jacob Grimm auch den Eindruck zu analysiren, den das Thiergedicht auf uns macht, den Reiz hervorzuheben, den die seltsame Mischung menschlicher und thierischer Geltung, menschlicher und thierischer Sinnesart ausübt, und das fortschreitende Detail und die menschliche Gemüthlichkeit zu preisen, wodurch die Fabel vom Reinhart Fuchs die Königin aller übrigen wird, wie er sagt, und sich weit erhebt über die manchmal grünbliche, gewöhnlich allzu kurze äsopische Erzählung oder gar des Phädrus 'dürre Dürftigkeit und Magerkeit, worauf kein einziges Auge von Poesie schwimmt.' Aber selbst auf diesem allgemeinsten Standpunct entbehrt Jacob Grimm des Gefühls für die durchgehende Ironie der Stimmung, mit welcher die Dichter der Reinhartfabeln ihren Gebilden gegenüber stehen. Eines Gefühls, das ohne Zweifel seine Untersuchung von vornherein, wie eine geheime Witterung, auf andere und richtigere Fährten geleitet haben würde.

Mit dem 'Reinhart Fuchs' nahm Jacob Grimm noch nicht Abschied von der Thierdichtung des Mittelalters. Auch in den 'lateinischen Gedichten des zehnten und elften Jahrhunderts' (1838), zu deren Herausgabe er sich mit dem bescheidenen, feinsinnigen und grundgelehrten Schmeller in München, dem Verfasser des Baierischen Wörterbuches, verband, gab er alte Thiergedichte heraus, wandte jedoch das einmal erregte Interesse für die lateinische Poesie des zehnten und elften Jahrhunderts auch noch auf andere Stoffe, wie das lateinische Epos von Walther und Hildegunde, das er schön zu erläutern wußte und das ihn nun wirklich auf den Boden unseres ältesten Epos stellte, dem er in seiner Jugend so viel Liebe widmete.

Auf dasselbe Gebiet führten zwei angelsächsische Legenden, 'Andreas' und 'Elene', die er 1840 neu herausgab und in denen er überall die aus dem Volksepos herüberragende Formelhaftigkeit des Ausdrucks nachwies. 'Das Vermögen der Sprache, den nationalen Stil der Dichtkunst erkennen lassen uns nur die angelsächsischen und altnordischen Lieder, jene weil sie dessen älteste, diese weil sie eine noch heidnische Auffassung sind.' Demgemäß eröffnet er hier die hellsten Blicke auf altgermanische Poesie.

Kampf und Krieg sind das liebste Geschäft des Alterthums. Alle Schlachtschilderungen haben etwas Prächtiges. Wolf, Adler und Rabe ziehen mit frohem Geschrei dem Heere voran, ihre Beute witternd. Die Angelsachsen waren aber auch ein seefahrendes Volk, daher bietet ihre Poesie eine wahre Fülle von Ausdrücken und Wendungen, meist von hoher Schönheit und Einfachheit, für Meer, Schiffe und Schiffahrt. Das Schiff fährt mit schäumendem Halse, wie ein Vogel gleitet es über das Meer. Die Annäherung des Seesturmes wird sorgfältig beschrieben: der Hornfisch gleitet spielend durch das Meer, oder die graue Möwe, nach Aas begierig, kreiset in der Luft. Noch dichterischer ist die Schilderung des über Nacht ausbrechenden Frostes: Reif und Frost, die weißen Feinde, schließen die Wohnungen der Menschen, das Wasser klingt und das Eis schlägt Brücken. Die einbrechende Nacht wird als ein Helm dargestellt; und wenn es tagt, so zerreißt der Nachthelm, die Sonne geht über das Meer hervor und rauscht im Kommen; die Vögel freuen sich auf des Tags Erscheinung und verkünden sie; und das heitere Himmelslicht, die Tageskerze, das heilige Zeichen der Glorie leuchtet, bis der Abend 'kommt geschwungen'.

Jacob Grimm schließt seine Charakteristik wie folgt: 'Wir sinnen und trachten gern über die Vergangenheit. Wenn im Frühling die höher steigende Sonne aus der winterkalten Erde Gräser, Halme, Blätter treibt, so hegt im Herbst der Boden zwar noch Wärme des Sommers, aber Spitzen und Wipfel beginnen erkaltend abzuwelken. Dann geschieht es, daß das grüne Laub einiger Bäume, von dem letzten Falben, seine Farbe wechselt und in Röthe übergeht. Solch ein Herbstesaussehn hat mir die im Heidenthum wurzelnde angelsächsische Dichtung: nicht ohne matten Widerschein setzt sie ihre Säfte noch einmal um, und verkündet ihren nahen Tod.'

Dreizehntes Kapitel.

Geschichte der deutschen Sprache.

Beinahe anderthalb Jahrzehende nach dem 'Reinhart Fuchs', 1848, erschien Jacob Grimms 'Geschichte der deutschen Sprache', ganz unverwandt dem Gegenstande nach, aber durch ein ähnliches Ueberwiegen des romantischen Geistes charakterisirt. Der Erfolg des Werkes war ein ungemein rascher und großer. Jacob Grimm selbst hing an dem Buche, wie an dem Reinhart und der Mythologie: hatte er doch so vieles darin zur Sprache bringen können, worüber es ihm vergnüglich war zu denken und zu reden; war es doch so angelegt, daß er sich in freiem Fluge niederlassen konnte, wo es ihm beliebte.

Die Aufgabe des Buches begrenzte er sich nicht scharf, wenn er seine Absicht erklärte, tiefer als bis dahin geschehen war, die Geschichte aller germanischen Völker aus dem Quell unserer Sprache zu tränken. Es war eine Sammlung von Abhandlungen, ohne sichtbaren Plan, ohne anderes Band und andere Gemeinsamkeit, als die wie zufällig von einem zum anderen überleitenden Gedanken: so daß man den Inhalt desselben am richtigsten bezeichnen möchte als einen Nachtrag solcher Untersuchungen und Betrachtungen, wie sie in der Grammatik theils noch nicht angestellt werden konnten nach dem damaligen Stande der Wissenschaft, theils vorläufig zur Seite liegen bleiben mußten, um der Größe der damals gesetzten Aufgabe willen.

Abgesehen von der Unzahl feiner und sinniger Bemerkungen, Vergleichungen und Winke, welche durch das Werk hin sich fanden, war dessen wichtigste Leistung wohl der Versuch, diejenigen germanischen Sprachen zu charakterisiren, von welchen uns zusammenhangende Schriftdenkmäler nicht erhalten sind: die Sprache der Langobarden, der salischen Franken, der Vandalen, der Burgunder.

Fast alles andere entsprang mehr aus Bedürfnissen der Forschung und gelehrten Thätigkeit, welche Jacob Grimm innerlich hegte, als daß er in eine allgemein gefühlte Lücke der Wissenschaft mit dem Buche hineingetreten wäre. Gewisse Lieblingsgedanken wollte er mit größerem Nachdruck aussprechen, als er bis dahin gekonnt hatte. Mit gewissen kräftiger gewordenen Richtungen seiner Wissenschaft und der verwandten wollte er sich auseinandersetzen.

Wie die Bodmerschen Ausgaben, um die fünfziger

Jahre des vorigen Jahrhunderts, eine Reihe von Männern zur Nacheiferung anregten, wie deren Leistungen in den achtziger Jahren den Romantikern willkommenes Material boten, wie die Anregung der Romantiker im Anfang unseres Jahrhunderts auf Jacob Grimm wirkte: so hatten Jacob Grimms eigene Fundamentalwerke wieder auf Jüngere und Gleichaltrige erweckende Kraft geübt. Neue Mitarbeiter stellten sich ein, aus denen allmählich eine ganze Schule sich bildete. Die ältesten etwa Schmeller, Jacob Grimms Genosse bei den ´lateinischen Gedichten`, und Graff, der Verfasser des althochdeutschen Sprach=schatzes, der eigenthümlichste und selbständigste Zeuß. Seine Werke wurden neugründend für die Fächer, die sie behandelten, wie die Werke der Benecke, Lachmann, Grimm. Er wurde 1837 den ältesten germanischen Völkerverhält=nissen, was Wilhelm Grimm der Heldensage war. Er wurde 1853 den keltischen Sprachen, was Jacob Grimm den germanischen war. Wie Jacob Grimm auf ihn gewirkt hatte, so wirkte er auf Jacob Grimm zurück: die alte germanische Ethnographie trat in den Kreis seines Interesses, und er legte seine Ansichten darüber in der Geschichte der deutschen Sprache nieder. Aber kaum ein=zelne wirkliche Förderungen wird man dabei entdecken, welche, sollte man meinen, nicht ausbleiben konnten, als die Arbeiten des Vorgängers durch diesen reichen Geist hindurchgingen. Wenigstens den einzigen wesentlichen Fortschritt, der über Zeuß hinaus zu machen blieb, die strenge Quellenkritik, die Verfolgung der überlieferten Nachrichten bis auf ihren ersten Ursprung und die Abwägung ihres verschiedenen Werthes, hat er nicht gemacht.

Andererseits waren die vergleichenden Sprachstudien zu einer hohen selbständigen, aber durch Jacob Grimms eigene Leistungen auf germanischem Gebiete nicht wenig beeinflußten Blüte gelangt. William Jones war der erste, der auf den Zusammenhang vieler europäischen mit der indischen Sprache hinwies. Was er und andere Engländer darüber und über Indien im allgemeinen erforscht hatten, das drängte Friedrich Schlegel 1808 in wenige kurze und klare, sehr ansprechende Kapitel. Die Methode der Vergleichung war aber noch in einem gar kindlichen Zustand, aus welchem erst Franz Bopp 1816 sie herauszuheben begann. Daß auf grammatischem Gebiete der Beweis der alten Zusammengehörigkeit geführt werden müsse, das war Friedrich Schlegel und Humboldt schon nicht entgangen. Bopp aber führte ihn wirklich und setzte seine Nachweisungen in einer englischen Ausgabe des Conjugationssystems 1820, in akademischen Abhandlungen seit 1824, in der 'Vergleichenden Grammatik' seit 1833 fort. Dem Grammatiker Bopp gesellte sich 1833 ein kühner, geistreicher, glänzender Etymolog in August Friedrich Pott, dessen 'Etymologische Forschungen' eine Saat ausstreuten, die bald üppig ins Kraut schoß. Für beide jedoch bildete, wie schon gesagt wurde, Jacob Grimms 'Deutsche Grammatik' einen wesentlichen Hebel des Fortschritts, ein unentbehrliches Hilfsmittel, ein auf engerem Kreise sicher abgeschlossenes Muster. Noch war die große Unsicherheit, die in vielem blieb, für manche ein unwiderstehlicher Reiz; kühne Constructionen wagten sich hervor; und ein großes Stück Vorzeit schien enthüllt.

Mit Recht vermuthete man bald, daß durch Etymologie noch etwas Höheres zu erreichen sei, als die Befriedigung an der gelungenen Combination und an der Aufstellung der ursprünglichen Bedeutung. Wörter bedeuten Sachen. Wo ein Volk das Wort hat, hat es auch die Sache. Wenn alle arischen Völker den ganzen Hausstand des Hirten und Jägers mit denselben Worten benennen, so erlaubt uns dies einen Schluß auf die Culturstufe, auf der sie sich befanden. Wie man Landschaften entworfen hat aus den früheren Bildungsepochen unserer Erde, so konnte man nun daran denken, wie eine Idylle das Leben der arischen Urväter zu schildern. Man hatte den Eindruck, als wenn plötzlich die ältesten ägyptischen Mumien von Leben durchströmt würden, sich erhöben und zu reden anfingen von dem, was sie Jahrtausende vor Christo gethan und gesehen.

Auch mit dieser Wissenschaft nun setzte sich Jacob Grimm auseinander. Er revidirte seine grammatischen Ansichten, modificirte sie theils aus Eigenem, theils mit Rücksicht auf die Sprachvergleichung. Er behandelte die allgemeinen Zusammenhänge. Er machte darauf aufmerksam, was man seit Rask vernachlässigt hatte und was freilich recht zweifelhaft ist, daß zwischen den slavischen und germanischen Sprachen noch ein näheres Verhältniß bestehe, als zwischen den germanischen und den übrigen arischen. Er brachte viel Schönes und Neues über die gemeinschaftlichen Züge der Urverwandtschaft bei; und vielleicht hat durch nichts das Buch so tief gewirkt, als gerade durch diese Seite seines Inhaltes.

Um jede Wissenschaft lagert sich bald ein gewisser Dunstkreis, der von den Schriften der Meister gebildet wird und aus welchem die mittlere Begabung und die dumpfhinschreitende Gewöhnlichkeit keinen herausführenden Pfad kennt. Für den Troß von Jacob Grimms Fachgenossen war die große Einheit der arischen Sprachen ein unentdecktes Land, das Grimms Geschichte der deutschen Sprache für sie neu entdecken mußte. Und andererseits wurde hier dem Historiker das culturhistorische Material der Sprachvergleichung sowohl wie die sprachlichen Beleuchtungen der Geschichte zum ersten Mal energisch zugeführt.

Mystifizierende Rechtshistoriker konnten sich nun das Vergnügen machen, in ethnographischen Abschnitten auch mit Grimms Namen und mit seinen geistreichen, aber zum Theil sehr unsicheren Erklärungen alter deutscher Völkernamen zu prunken. Universal- und Nationalgeschichtschreiber brauchten nicht mehr nach den entlegenen Fundorten von Programmen und indischen Fachzeitschriften zu pilgern, sondern konnten aus der Geschichte der deutschen Sprache viel bequemer die Gelehrsamkeit ihrer obligaten Einleitungsparagraphen über das arische Urvolk sich holen. Deutsche Grammatiker wußten in allgemeinen Vorbemerkungen von tiefsinnigen Vocalparallelismen im Ablaut und der Declination zu sagen. Und so fanden in dem Buche viele etwas, das ihnen überraschende Perspectiven eröffnete. Der Beifall war natürlich, und er war, wenn man es beim Lichte besieht, gerechtfertigt. Nur darf man das Werk nicht unter dem Gesichtspuncte der übrigen Grimm'schen Leistungen betrachten: es war durchaus keine grundlegende, neue Gebiete der Forschung erschließende Arbeit; es war ein zusammenfassendes, man möchte fast sagen ein popularisirendes Werk.

Gewiß aber lag es nicht eigentlich in Jacob Grimms Absicht, ein solches zu liefern. Er hatte seine besonderen Motive, verfolgte ein ferneres ihm eigenthümliches Ziel, das als der Kern seines Werkes dem Leser sich unschwer enthüllte. Dieser Kern aber war ein Irrthum. Ein edler, ein patriotischer Irrthum. Aber ein Irrthum. Er glaubte die germanische Geschichte um einige Jahrhunderte über ihren Anfang hinaus verlängern zu können, indem er die Einerleiheit der thrakischen Stämme der Geten und Dacier mit den Gothen und Dänen zu erweisen suchte, sogar in weiterer Combination noch die asiatischen Massageten und Dahen mit hineinzog. Daß ihm dieser Nachweis mißlungen, darüber herrscht unter den competenten Beurtheilern nur noch Eine Stimme. Aber die Geschichte der deutschen Sprache kommt von den verschiedensten

Seiten immer wieder auf den Gedanken zurück, und in der Vorrede gesteht er es offen ein, daß derselbe die Veranlassung zu dem Buche gab. Es ist geschrieben, um eine unglaubliche Hypothese auf allen erdenkbaren Wegen glaublich zu machen.

Eine Geschichte der deutschen Sprache im eigentlichen Sinne lieferte Jacob Grimm damit also nicht. Das war viel eher seine Grammatik. Aber auch in einem anderen Sinne noch konnte eine Geschichte der deutschen Sprache gefaßt werden, und auch in diesem Sinne wollte sie Jacob Grimm unternehmen. Er wünschte die Regel der neuhochdeutschen, das heißt der ganz in unsere Gegenwart gerückten deutschen Sprache vollständig und überall auf die Geschichte gestützt hinzustellen. Eine solche Geschichte der deutschen Sprache kann nicht wohl von vornherein in Jacob Grimms Gesichtskreis gelegen haben. Aber sie trat in denselben ohne Zweifel auf Veranlassung des deutschen Wörterbuches, welchem seit dem Beginne der fünfziger Jahre Jacob Grimms beste Kräfte gewidmet waren.

Vierzehntes Kapitel.

Das deutsche Wörterbuch.

Der Plan, ein deutsches Wörterbuch herauszugeben, wurde, wie wir uns erinnern, von den Brüdern Grimm nicht auf eigenen Antrieb gefaßt, sondern nach ihrer Verbannung aus Göttingen von einem unternehmenden und einsichtigen Verleger an sie herangebracht. Eine groß angelegte wissenschaftliche Arbeit, ein Nationalwerk, den berufensten Händen anvertraut, war die würdigste Form, um für die äußere Lebensstellung der Brüder zu sorgen, die von einer deutschen Regierung zerstört, von keiner der übrigen noch wieder aufgebaut worden war.

In einem am 24. August 1838 begonnenen, am 31. August geschlossenen Briefe schreibt Jacob Grimm darüber ausführlich an Lachmann. Der Plan des deutschen Wörterbuchs sei ihm anfangs sehr störend vorgekommen, er trete so vielen anderen Arbeiten dazwischen. Aber er werde ihm jetzt lieber. 'Wir haben', sagt er, 'den ernsten Willen und Lust dazu gefaßt. Dabei wollen wir bleiben und uns die Welt so viel nur möglich weiter gar nicht anfechten lassen. Das Wörterbuch kann uns Stütze und Unabhängigkeit gewähren und kommt die Arbeit in Gang und Gelingen, so entsage ich jeder noch so ehrenvollen Anstellung und widme dem Werke alle meine Kräfte.'

Es ist anziehend zu sehen, wie das Bild des Werkes, wenn es vollendet wäre, damals, wo der erste Gedanke daran erst aufsproßte, vor Jacob Grimms Geiste sich darstellte: was es wirken sollte, wie es ein Maßstab werden würde, die Sprachkraft jedes einzelnen Schriftstellers daran zu messen.

Alle Wörter des sechzehnten, siebzehnten, achtzehnten Jahrhunderts sollen aufgenommen werden. Es sind jetzt schon, fährt er fort, Ausdrücke und Bedeutungen außer Gebrauch, die noch bei Lessing und Wieland galten, geschweige frühere. Aber, ich meine, alle Wörter von Schönheit und Kraft seit Luthers Zeit dürfen zur rechten Stunde wieder hervorgeholt und neu angewandt werden. Das soll als Erfolg und Wirkung des Wörterbuchs bedacht werden, daß die Schriftsteller daraus den Reichthum der vollkommen anwendbaren Sprache ersehen und lernen. Viele neuere Schriftsteller, z. B. Schiller (nicht Goethe, auch Lessing nicht) erscheinen mir in gewissem Betracht und abgesehen von ihren neuen Erfindungen, wortarm und unserer Sprache nicht recht mächtig. Das gilt auch von einem gedankenreichen Autor wie Jean Paul, der sich so ziemlich mit den gewöhnlichen Wörtern behilft. Neu=

backene Ausdrücke, wie bei Schiller, Voß, Klopstock in
Menge, sind weit mehr Zusammensetzungen und Ab=
leitungen, als seltene Simplicia oder seltene Bedeutungen.
So wird sich auch bei den Schlegel und Tieck kaum viel
darbieten, was nicht schon die Conversation hätte. Ist
einmal der übrige Wortstoff beisammen, so könnte man
sogar noch Uhland, Rückert, Platen durchlaufen und
würde aus ihnen wenig zuzusetzen haben. Aber das sieb=
zehnte und sechzehnte Jahrhundert liefern ungeheuer viel:
sogar ungenießbare Autoren, die nie wieder gelesen werden,
wie Lohenstein, können sehr gute Wörter haben und
brauchbare Redensarten, worauf hauptsächlich zu achten
ist. Luther und Fischart sollen fürs sechzehnte Jahr=
hundert die Hauptautoren sein, bei dem letzteren müsse
man scheiden zwischen dem was er der Sprache zumuthe
und dem in ihr bereits vorhandenen, worüber er auch
mächtig herrsche. Aus Dialekten solle nur aufgenommen
werden, was ein Schriftsteller gebrauche, zum Beispiel
aus dem Schlesischen, was Opitz und Logau haben. Doch
aber nicht alle Hans Sachsischen Provinzialismen. Von
obscönen Wörtern werde nur zulässig sein, was die
Schriftsteller im Affect nicht einmal entbehren können,
Alles dessen ein guter Komiker bedürfte.

Es folgen die Grundzüge der Einrichtung, wie es
dann wirklich ist gehalten worden. Zusammenfassend
schließt er: 'Das Werk soll in sich begreifen Alles, was
die hochdeutsche Sprache vermag, nach der Ausprägung,

die ihr in drei Jahrhunderten durch Dichter und tüchtige Schriftsteller widerfahren ist."

Am 20. September 1838 erweitert er den Plan in einigen Puncten. Erläuterungen aus der älteren Sprache, Etymologien und parallele Redensarten sollen aufgenommen werden, aber ohne sich pedantisch zu binden: das Publikum erwarte dergleichen und sei empfänglich dafür.

Wir begreifen vollkommen das Störende und Fremdartige, das für Jacob Grimm aus dem ganzen Unternehmen anfangs sich vorstrecken mochte. Was er nachträglich hinzunimmt und wie eine zierende Schleife der Hauptsache nur umhängt, später aber noch weiter ausdehnt auf arische Sprachvergleichung überhaupt: das wird zuweilen die eigentliche Quelle des Vergnügens bei dieser Arbeit für ihn geworden sein.

Das Wörterbuch ist streng genommen keine wissenschaftliche Form. Wissenschaft ist nothwendig System, nach gedankenmäßiger Ordnung gegliedertes Ganze. Im Wörterbuch wird die zufällige Reihenfolge des Alphabetes zum Eintheilungsprincipe des Stoffes gemacht. Und ein praktischer Zweck, der Wissenschaft ebenso fremd wie Jacob Grimms Werken bisher stets, ist davon beinah unablöslich. Wenn er in der Grammatik den Wortschatz zergliederte, so kam es auf die großen Massen an, deren Anhäufung die Regeln ergiebt. Ob ein einzelnes Beispiel fehlte, das nachgetragen werden konnte, wen kümmerte das? Was verschlug es für die obersten Endzwecke seiner Erörterungen? Für das Wörterbuch ist Vollständigkeit ein Haupterforderniß. Um sie zu erreichen, kann Genialität, kann Originalität, kann Geist und Gelehrsamkeit entbehrt werden. Die Vollständigkeit zu erreichen, ist Handlangerarbeit, und solche mußten Jacob und Wilhelm Grimm sich jetzt zumuthen, wollten sie nicht bei einem Haupterforderniß ihres Werkes dem Tadel eine Blöße bieten.

Die Persönlichkeit des Autors, sich hindurcharbeitend durch die Sachen, Licht schaffend mit Axthieben rechts und links durch den Wald, war das belebende Element, das alle bisherigen Bücher Jacob Grimms durchdrang. Den Gang, den er nehmen wollte, schuf er sich selbst. Die Fragen, die er beantworten wollte, stellte er sich selbst. Die Gesetze, denen er sich fügen wollte, schrieb er sich selbst vor. Jetzt dagegen war er allerwärts gebunden an Regeln, Vorgänger, Bedürfnisse des Publikums und so weiter.

Zwar wenn er verglich, was vor ihm geleistet war, mit dem, was er zuversichtlich leisten würde, so war ja deutlich, daß er vieles geben konnte, was allen seinen Vorgängern gefehlt hatte. Aber ob ihm auch nichts fehlte, was von diesen Vorgängern mancher wenigstens besaß? Er schreibt einmal schön an Adolphe Regnier über die deutschen Gelehrten im Gegensatze zu den französischen und macht die Anwendung davon auf sich selbst. 'Unsere Art zu studiren und im Publikum aufzutreten', sagt er, 'weicht von der französischen ohne Zweifel oft zu unserem Nachtheile ab, hängt aber zusammen mit unserer politischen

Zerstückung und Ohnmacht. Wir freuen uns still des Einzelnen und Kleinen, pflegen nicht auf die Wirkung zu achten noch sie zum Ziel zu nehmen, die unsere Werke in der Welt hervorbringen können, und meinen, es sei genug was man über einen Gegenstand wisse und herausgebracht habe, alles herzlich herzugeben. Meinen Untersuchungen sollte man den Ernst und die Lust ansehen, aus der sie entsprungen sind, ich dachte nicht daran, den Lesern den Weg leichter zu machen als er mir geworden ist; ich habe überhaupt nur in mir den Trieb zu lernen, nicht den zu lehren, und darüber, daß ich andere hin und wieder etwas lehrte, lernte ich selbst unverhältnißmäßig mehr hinzu.' Fern sei es von uns, diese Art der deutschen Gelehrten zu tadeln: aber war sie die angemessenste für das Wörterbuch? Konnten mit dieser Art der Forschung und Darstellung die Forderungen des Publikums befriedigt werden, das Hinweisung auf das Sprachrichtige, Regel und Vorschrift verlangte? War es nicht nothwendig, in diesem Falle wenigstens, auf die Wirkung zu achten und den Bedürfnissen des Publikums möglichst nachzukommen?

Durch eine lange Reihe von Vorgängern war der Begriff des Wörterbuchs in der gemeinen Meinung ziemlich festgestellt. Jacob Grimm hat die meisten in seiner Vorrede kurz charakterisirt. Die beiden merkwürdigsten Pläne aber waren nicht zur Ausführung gekommen.

J. G. Eckhart faßte die Absicht eines großen etymologischen Wörterbuches, das alle gebräuchlicheren Wörter der deutschen Sprache enthalten, deren lautliche Gestalt durch die verschiedenen Jahrhunderte verfolgen, alle deutschen Mundarten und übrigen germanischen Sprachen vergleichen, wo es nöthig wäre auch das Keltische, Griechische, Lateinische herbeiziehen sollte. Dunkle Wörter der alten Gesetze, kündigte er an, würden darin berücksichtigt, Personen- und Ortsnamen erklärt, auf Entlehnungen aus dem Lateinischen, Griechischen und Slavischen geachtet, über Geschichte, Religion und Recht unserer Vorfahren vieles eingeschaltet und mannigfaltiges Licht verbreitet werden.

Einen ganz anderen, aber sehr verständigen Plan entwarf Friedrich Nicolai schon in den sechziger Jahren des vorigen Jahrhunderts, noch ehe Samuel Johnsons englisches Wörterbuch erschien, aber mit demselben sehr wesentlich zusammentreffend. Auch an diesen Plan wurde nicht einmal Hand angelegt, obgleich er vor Adelung sich sehr ausgezeichnet haben würde. Nicolai wollte kein Wörterbuch, um die Sprache zu bestimmen und festzustellen nach Art des französischen Dictionnaire de l'Académie. Er wollte vielmehr aus allen deutschen Schriftstellern selbst herausziehen, welche Wörter sie gebraucht und in welcher Verbindung und zu welchem Zweck sie dieselben gebraucht hätten. Etwa zwanzig kundige Männer sollten diese Auszüge machen, in zehn Jahren würden sie damit fertig sein und ein einzelner Gelehrter dann das Ganze bearbeiten. Unterschiede des Werthes zwischen den einzelnen Schriftstellern sollten festgehalten und danach der Grad der

Benutzung geregelt werden. Keine Bevorzugung einer einzelnen Epoche, wie bei Adelung, der die Jahre von 1745 bis 1756 für den 'wahren Zeitpunct der schönen deutschen Litteratur', d. h. für ihre classische Periode, hielt. Klopstock, Wieland, Goethe gelten bei Nicolai als die Meister der poetischen Sprache, welche darin Epoche machen. Es wird ferner zwischen alten und neuen Schriftstellern unterschieden. Welcher Gebrauch von den alten gemacht werden sollte, erhellt allerdings nicht. Aber die neuen beginnen für Nicolai ganz richtig mit Christian Wolff, durch dessen Philosophie und die darauf gebaute Theologie unsere Prosa zuerst umgebildet worden sei. Eigenthümliche Gesichtspuncte waren klug gefunden, zum Beispiele daß er Sturz stark benutzen wollte, nicht weil er ein so hervorragender, nur weil er einer der ersten Schriftsteller gewesen sei, der nicht als Gelehrter schrieb, sondern als Weltmann, und daher für die Conversationssprache außerordentlich belehrend sei. Bemerkt zu werden verdient endlich noch, daß Nicolai sein Wörterbuch nach den 'Primitivwörtern' ordnen wollte.

Wie nahe verwandt diese Nicolaischen Ideen waren mit den Zielen des Grimmschen Wörterbuches, liegt vor Augen. Und wie groß übrigens auch der Abstand noch sein mag, ein absolut neues Ziel, das ist klar, blieb hier den Grimm nicht mehr zu stecken. Dies aber gerade verleiht allen anderen Grimmschen Hauptwerken den unvergänglichen Werth: wie vieles im Einzelnen anders gestaltet werden mag in der weiteren Entwickelung der Wissenschaft, wie vieles die fortgesetzte Forschung als verfehlt ansehen wird; der Anstoß, den sie gegeben, die neuen Ziele, die sie gewiesen, sind ewig, weil sie aus dem Wachsthum der Wissenschaft nicht mehr hinweggenommen werden können, weil jeder neue Sproß, den sie treibt, von ihnen etwas in sich tragen muß.

Auch dem Wörterbuche darf man die Ewigkeit prophezeien, aber in einem ganz anderen Sinn und aus ganz anderen Gründen. Das Wörterbuch wurde mit so großartigen Mitteln unternommen, obgleich keine Regierung und keine wissenschaftliche Staatsanstalt daran den geringsten Theil gehabt hat und es, wenn wir das Schlagwort gebrauchen dürfen, rein aus der Initiative des deutschen Volkes hervorgegangen ist, — es wurde mit so allseitiger Unterstützung, so glücklichem Zusammenwirken gepflegt, nach einem so vortrefflichen und vollständigen Plan entworfen, daß man in alle Zukunft voraussichtlich nie daran denken wird, die Fundamente, die hier gelegt sind, noch einmal neu zu legen, daß man alles Neue und Zuwachsende in diesen Bau einheimsen, nicht einen anderen dafür eigens aufführen wird. Die nähere Erforschung der Geschichte des Stils in den letzten drei Jahrhunderten mag manchen übersehenen Autor hervorziehen, manchen begünstigten zurückdrängen und dadurch manche neue Erkenntniß für das Wörterbuch liefern. Die künftige Sprachvergleichung mag manche Grimmsche Etymologie durch eine andere ersetzen. Der bloße nachsammelnde Fleiß selbst mag Unzähliges noch beifügen, erneuerte Durcharbeitung des Geleisteten nicht Weniges zu berichtigen finden. Aber das alles kann und wird in den von den Grimm gegründeten Räumen abgelagert werden. Nur wird man sie etwas wohnlicher machen müssen vielleicht. Auch das Grimmsche Wörterbuch wie alle seine Vorgänger will ausdrücklich dem ganzen Volke dienen. Die Grimmsche Methode aber, wie er selbst sie beschreibt, ist nicht für das Volk. Wer nicht historisch betrachten will, wer Auskunft und Aufklärung sucht, Entscheidung im Zweifel über das Sprachrichtige, wo sein Sprachbewußtsein schwankt: der wird das im 'deutschen Wörterbuch' entweder gar nicht oder nicht so leicht und bequem finden, wie er es wünschen muß. Die Enttäuschung, welche der ersten enthusiastischen Aufnahme des Wörterbuches vielfach gefolgt sein soll, läßt sich ohne Zweifel größtentheils auf den Mangel an Lehrhaftigkeit zurückführen.

Und sonderbar: hart neben diesem Mangel steht sein gerades Gegentheil. Jacob Grimm, der nicht die Wahl des Sprechenden oder Schreibenden leiten will, wo der Sprachgebrauch nicht hinlänglich festgestellt oder mundartlich gefärbt ist, — Jacob Grimm, der Radlof und andere Sprachmeisterer einst, mit Recht, des Terrorismus beschuldigte, — Jacob Grimm, der überall historisch verfahren und die Unverletzlichkeit der Geschichte anerkennen wollte: Jacob Grimm wird selbst zum Sprachmeisterer und verletzt selbst die Geschichte, indem er in einzelnen Fällen die letzten Jahrhunderte unserer Schriftsprache und was sie geschaffen negiren und gleichsam ausstreichen will. Jacob Grimm, der sich in politischer Beziehung allen Restaurationsgelüsten fern gehalten hatte, wird selbst ein Restaurator und will Formen, welche seit dem Mittelalter aus unserer Sprache verschwunden sind, wieder einführen. Während wir gewohnt sind zu sagen 'der Bogen', so schlägt Jacob Grimm vor, künftig zu sagen 'der Boge', weil man im Mittelhochdeutschen oder weil auch noch Luther das Wort so gebrauchte.

Jacob Grimm setzte mit solchen reactionären oder revolutionären Vorschlägen nur fort, was er schon früher in der Grammatik begonnen hatte.

Wir besaßen, als Jacob Grimm auftrat, eine nicht untadlige, eine auch nicht starr festgestellte und überall unbedingt anerkannte, aber doch eine im ganzen und großen einheitliche Orthographie. Es war möglich, sie leise zu verbessern und so verständig und vorsichtig zu läutern, daß durch die bloße Kraft der einleuchtenden Wahrheit oder Zweckmäßigkeit ein immer vollkommeneres und immer sicherer geltendes System zu Stande kam. Auch haben sich gewisse Veränderungen so unmerklich vollzogen, daß wahrscheinlich kein Mensch zu sagen weiß, wer sie vorschlug und wie sie sich verbreiteten. Noch in den vierziger Jahren lehrte man in den Schulen, daß der Infinitiv 'seyn' von dem Possessivpronomen 'sein' unter=

schieben werden müsse, und die Anwendung des y war überhaupt ein bedeutender Punct in der Rechtschreibungslehre: dieses y ist aus deutschen Wörtern spurlos verschwunden, und kein Mensch hat es je vermißt.

Jacob Grimm aber griff in der Grammatik von 1822 gleich mit radicalen Veränderungen durch, und da ihm die engeren Fachgenossen, die bedeutendsten am willigsten, folgten, so hatten wir bald einen Unterschied zwischen einer gelehrten und einer populären Orthographie; Gelehrte, die ihre Briefe mit deutscher Schrift und großen Anfangsbuchstaben der Substantiva zu schreiben gewohnt waren und nach wie vor schrieben, ließen mit lateinischer Schrift und durchweg kleinen Anfangsbuchstaben drucken; das Gelehrte galt für das Wissenschaftliche; eine allmähliche Annäherung der populären Orthographie an die gelehrte und ihr schließliches Aufgehen darin schien der natürliche Gang in der Entwickelung unserer Rechtschreibung; diesen Gang durch eigene Uebung zu beschleunigen, dünkte jedem mit deutscher Philologie entfernt Bekannten ein gutes Werk; die Schüler in den Gymnasien fingen an, sich jeder seine eigene Orthographie zu bilden, und die Grimmisch gebildeten Lehrer ließen es gerne geschehen; die öffentlichen Experimente schlossen sich an, die Schulgrammatiken machten der Wissenschaft bald da bald dort Concessionen; und es dauerte nicht lang, so waren die Setzer in solcher Verwirrung, daß es eine wahre Marter ward, ein Buch drucken zu lassen, und daß oft alle

Bemühungen, 20 oder 30 Bogen hinter einander dieselbe Orthographie durchzuführen, vergeblich waren und sind.

Jacob Grimm hatte die ältere deutsche Sprache als Norm für die heutige Schreibung hingestellt. Er schrieb daher 1822 'Waßer, laßen', weil das Alt- und Mittelhochdeutsche in solchen Wörter ein z oder zz bietet, das aus einem älteren und im Plattdeutschen, Englischen, Scandinavischen fortdauernden t verschoben ist. Im Wörterbuch hatte er diese Neuerung fahren lassen, aber dafür wollte er, wo wir ß zu schreiben gewohnt sind, in seinen lateinischen Buchstaben sz einführen, also dasz, stoszen, beiszen schreiben; und er war sehr gekränkt, daß seine Autorität nicht einmal so weit reiche, diese geringe Veränderung durchzusetzen, während er doch mit solchen ans Ungarische oder Polnische erinnernden Lautbildern deutschen Augen etwas ganz Unleidliches zumuthete.

Jacob Grimm, der mit der ganzen Kraft seines Herzens an der nationalen Einheit hing, hat (das dürfen wir uns nicht verhehlen) die Einheit auf seinem eigensten Gebiete nicht nur nicht gefördert, sondern eher zerstört.

Wir rühren hier an einen bezeichnenden und verhängnißvollen Zug in seinem Verhältniß zur Sprache überhaupt.

Jacob Grimm stellte schon 1819 in seiner Vorrede zur Grammatik den berühmten, oft angeführten und oft mißbrauchten Satz auf: 'Jeder Deutsche, der sein Deutsch schlecht und recht weiß, d. h. ungelehrt, darf sich, nach dem treffenden Ausdruck eines Franzosen: eine selbsteigene, lebendige Grammatik nennen und kühnlich alle Sprachmeisterregeln fahren lassen.' Der Franzose war Charles de Villers, der sich für deutsches Wesen so warm interessirte und 1797 über den Mißbrauch der Grammatik im Studium des Französischen schrieb.

Jacob Grimm vergaß, daß unser Schriftdeutsch eine künstliche Sprache ist, die nothwendig von Millionen Deutschen in der Schule aus dem Buche gelernt werden muß. Wollte er den Deutschen, der sein Deutsch ungelehrt, d. h. ununterrichtet, spricht, in seine vollen Rechte einsetzen, so mußte er der Schriftsprache den Krieg erklären und die Mundarten an ihre Stelle setzen. Wieder würde ihn die Consequenz seiner Principien zu einer Action gegen die deutsche Einheit, gegen die deutsche Spracheinheit, gezwungen haben.

Daß Jacob Grimms Grammatik nicht Gesetze giebt, sondern Gesetze sucht, das gehört zu ihren größten Reizen und zu ihren unsterblichen Verdiensten. Alle natürlichen Erscheinungen der Sprache, die Mundarten, die individuellen Gewohnheiten sind ihr ein werthvoller Stoff. Alles Trockene, Steife, Geradlinige ist in ihr abgethan. Sie verhält sich zu den früheren Sprachlehren wie ein englischer Park zu einem französischen Garten. Aber muß sie deshalb Alles wild wachsen lassen? Darf sie die Natur nicht leiten und bilden?

Eine Sprache, die nun einmal thatsächlich in der

weit überwiegenden Mehrzahl aller vorhandenen Fälle nicht von der Mutter gelernt werden kann, sondern vom Lehrer gelernt werden muß, die hat mit der Sprachgeschichte, mit der Grammatik in Jacob Grimms Sinne, nicht genug, sondern braucht eine Sprachlehre, eine trockene unzweideutige Gesetzgebung des Sprachrichtigen.

Jacob Grimm blieb den Grundsätzen der historischen Schule getreu, wenn er, wie Savigny für das Recht, kein Gesetzgeber sein wollte. Aber wie die historische Schule das Gesetzgeben nicht verhindern konnte, wie Savigny schließlich selbst das höchste gesetzgebende Amt übernehmen mußte: so wurden auch auf dem Gebiete der Sprache neben Jacob Grimm fort und fort Gesetze gegeben, d. h. mehr oder weniger gute Lehrbücher der heutigen deutschen Sprache geschrieben, und er selbst blieb, wie wir sahen, von gesetzgeberischen Gelüsten nicht frei, so daß die Heiligkeit und Unverletzlichkeit der Sprache, von der er so schön zu reden wußte, sich gegen ihn selbst bewähren mußte.

Wenn nun aber Normen für das Sprachrichtige nothwendig aufgestellt werden müssen, wenn ein unverbrüchliches nationales und praktisches Bedürfniß dazu zwingt: soll das Geschäft, die Regeln des lebendigen Gebrauches zu finden, nicht unter die Ziele der wissenschaftlichen Grammatik mit aufgenommen und ihrer ernstlichsten pflichtmäßigen Bearbeitung empfohlen werden? Wer könnte bessere Gesetze geben, als der mit den Kräften unserer Sprache von lange her Vertraute? Wie wenn die ideenreichen Staatsmänner sich einem beschaulichen Leben ergeben und das Regieren den blos routinirten Beamten überlassen wollten! Der Besitz der höchsten Einsicht verpflichtet auch auf dem Gebiete der Sprache zur höchsten Bethätigung. Und eine bessere Richtschnur kann es dabei nicht geben, als Jacob Grimms Verhältniß zur Sprache, wie er es theoretisch aussprach, aber leider praktisch nicht festhielt: das aufmerksame Horchen, das stille Beobachten und treue Sammeln, die bewunderungsvolle Hingebung statt eines kurzsichtigen Reglementirens.

Die Sprachmeister, die die Sprache nicht wahrhaft kennen, die Routiniers, die nur überhaupt ein festes Verfahren wollen, werden immer die Neigung haben, die Sprache künstlich ärmer zu machen; sie werden für ihre Pflicht halten, wo zwei oder mehr Constructionen möglich sind, eine auszuwählen und durch irgend welche schiefe Argumentationen ihre alleinige Berechtigung herauszurechnen.

Die wahre Sprachweisheit müßte vielmehr darauf aus sein, den ungeheuren Reichthum unserer Sprache den weitesten Kreisen zum Bewußtsein zu bringen, die schöne Freiheit unserer Rede zu stärken, die Fühlung mit den Mundarten nirgends zu verlieren und denen, die von der Sprache in Poesie und Prosa einen kunstmäßigen Gebrauch machen wollen, innerhalb der Grenzen des Sprachrichtigen die Fülle des überhaupt Möglichen bequem vorzulegen.

Sie würde damit im Geist und in der Wahrheit die Schule Jacob Grimms auch auf das Gebiet der Sprach=

gesetzgebung hinüberleiten und dem Genius unserer Nation getreu bleiben, der überall die individuelle Freiheit begünstigt.

In eben solcher Gesinnung, um den Reichthum des Wortschatzes zu individueller Auswahl vorzulegen, nicht um, wie einst Adelung that, das vermeintlich Angemessene und Zulässige selbst auszuwählen, haben die Brüder Grimm das deutsche Wörterbuch unternommen.

Die erste Lieferung erschien im Mai 1852. Jacob hatte zunächst die Buchstaben A, B und C übernommen; Wilhelm arbeitete das D aus; Jacob setzte beim E wieder ein, war aber nur bis zum Worte 'Frucht' gelangt, als der Tod ihn abrief.

Das Grimmsche Wörterbuch sollte nicht durch die Brüder Grimm zu Ende geführt werden. Auch von ihren Fortsetzern ist einer, Karl Weigand, schon nach kurzer Thätigkeit aus dem Leben geschieden; aber Rudolf Hildebrand, Moriz Heyne, Matthias Lexer stehen rüstig am Werk, und jede neue Lieferung, die aus ihren fleißigen Händen hervorgeht, erfüllt uns mit neuem Staunen und neuer Ehrfurcht vor der Macht unserer Sprache.

Was Jacob Grimm selbst nicht gedurft hätte, das wird den Fortsetzern zur Pflicht: Jacob Grimms eigene Schriften als eine Sprachquelle zu benutzen.

Wilhelm Schlegel, in der oft angeführten Recension der altdeutschen Wälder, klagt über ungefällige Schreibart, ja über Sprachfehler. Wenn Jacob Grimm schreibt 'die Buchstaben tauschen unter einander', so verbessert Schlegel 'werden unter einander vertauscht'. Aber Jacob Grimm ist im Recht: er weiß, was unserer Sprache zusteht. Wo er selbst sein Deutsch schlecht und recht redet, da ist es freilich die Grammatik in Person, welche spricht, und die Sprachlehrer haben nicht zu meistern, sondern zu horchen und zu lernen.

Wie der junge Goethe, nur um weniges mäßiger, so unbefangen redet Jacob Grimm, wie ihm der natürlichste Ausdruck zuströmt. Auch er greift milde drein, nach Goethes Vorschrift, und freundlich Glück fließt von ihm aus.

Zwar in der Jugend hat er manchmal etwas gar zu Undisciplinirtes und Eigensinniges. Während er sich später zuweilen episch ausbreitet, das Geschehen in seine einzelnen Momente zerlegt und wie ein Poet das Unscheinbare zu verklären weiß: bemerkt man damals eine erzwungene Kürze und Zusammengedrängtheit, ein inneres Wogen der Gedanken, deren nur dieser und jener an die Oberfläche kommt und fixirt wird, während oft die wichtigsten Mittelglieder fehlen. Dabei eine scheinbare Unbekümmertheit um das eigentlich bezeichnende Wort, ja vielleicht ein absichtliches Festhalten an dem unbezeichnenden, welchem damit eine Bedeutung gegeben wird, die es in der lebendigen Sprache entweder nie gehabt oder verloren. Ein neuer Sprachgebrauch wird oft eingeführt. Bild reiht sich an Bild, Pointe an Pointe. Die Oekonomie fehlt und die Theilung in übersichtliche Gruppen.

Schwer, steif und unzugänglich, das ist der Eindruck jenes Stiles.

In seinen späteren Arbeiten jedoch, namentlich wo er sich freier entfaltet, wo nicht die aufgehäuften Belege und Quellenstellen überwiegen, da hat sich Alles geklärt, und seine Rede gewinnt melodische Rundung. Die Dunkelheit ist gewichen, die starre, unbekümmerte Eigenheit hat sich verloren. Zwar das innerste Wesen des Stiles ist geblieben: die Unmittelbarkeit, mit der die Worte wie aus dem Herzen selbst hervorsprießen. Er giebt den nackten Gedanken hin, unbekleidet, unverhüllt. Aber die Gedankenbildung ist dem Allgemeingiltigen mehr entgegen gewachsen, die Abfolge in der sie sich vollzieht läßt sich mehr gliedweise überschauen, wenn auch zuweilen noch Andeutungen, welche nur das Gefühl erwecken von dem Vorstellungskreise, der in ihm gerade wirksam ist, anstatt der Beweismittel dienen müssen. Es ist, als ob er blos Meditationen aufzeichnete, die in ihm heraufsteigen: das Rhetorische fehlt gänzlich. Keine scharfen, blendenden Lichter concentriren sich auf wenige Puncte, sondern über das Ganze ist ein sanfter, stiller Glanz gebreitet, der ungemein wohlthut. Der Gang, den er einhält, ist nicht logisch bemessen oder durch scheinbar zufällige Ueberleitung enge verkettet, auch bei rein gedankenmäßigem Fortschritt ohne die zwingende Nothwendigkeit der Entwickelung, aber in natürlicher Aufreihung fügen sich die Absätze an einander, theils fester, theils loser, wie es die Empfindung verlangt.

Auch der Ausdruck flieht das Abstracte. Das Sinnliche, Anschauliche, Lebendige, das Jacob Grimm überall so hochstellt und worin allein er das Poetische erblickt, darnach strebt er in seinen eigenen Productionen. Alles was die neuere Sprache charakterisirt, das Uebergewicht des Geistigen, die verstandesklare Bestimmtheit, das sucht er zurückzudrängen und einzudämmen, soweit es ohne Gewalt möglich ist. Die bildliche Rede, welcher die Brüder durch ihr Wörterbuch Vorschub zu leisten hofften, wohnt bereits in ihren Schriften. Jacob Grimm hatte offenbar das Gefühl, das manche theilen, wie abgenutzt und verbraucht unsere Sprache sei. Oft scheint das Eindringlichste nicht gesagt werden zu können, weil alle Worte, die sich bieten, von ihrer ursprünglichen Kraft zu viel eingebüßt haben. Jacob Grimm hat von der alten Sprache, mit der er so vertraut war, gelernt, die Schwäche der neueren zu überwinden. Es liegt weniger an dem, was er unmittelbar daraus entnimmt, dessen ist auch nicht viel, als an dem innigen Zusammenleben mit dem Geiste, der darin webt und der ihm genau sagt, wie viel er unserer Rede zumuthen, wie viel er von seiner persönlichen Eigenart ihr anbilden darf. Und so gehörte Jacob Grimm zu den glücklichen Menschen, die ihre eigene Sprache reden, die durch Unbefangenheit, freien Muth und kräftige Eigenheit sprachschöpferisch werden.

Fünfzehntes Kapitel.

Alter und Tod.

Es giebt einen Zug in dem Bilde Jacob Grimms, auf den man von verschiedenen Seiten her immer wieder zurückgeführt wird, den man bei verschiedenen Gelegenheiten immer wieder hervorheben muß: das ist die vergleichende Methode, für deren Ausbildung überhaupt er eine so bedeutungsvolle Stellung einnimmt.

Sprachvergleichung wurde stets geübt, so lang es eine moderne Grammatik giebt. Seit dem sechzehnten Jahrhundert hat man Griechisch und Latein, Griechisch und Deutsch, die semitischen Sprachen unter einander, die europäischen mit dem Hebräischen, die romanischen mit dem Latein, die germanischen unter einander und wie viele Sprachen sonst noch verglichen. Jacob Grimms willkürliche Etymologien in seiner frühesten Zeit stehen noch ganz auf der Stufe der alten rathenden, mit Anklängen und Aehnlichkeiten zufriedenen, fester Principien baren Vergleichung der Sprachen und Wörter.

Aber Friedrich Schlegel schrieb 1808, indem er von der Verwandtschaft der arischen Sprachen redete, die verschiedenen dafür oder dawider sprechenden Gründe erwog und auf ein entscheidendes Argument hinwies, welches die ganze Sache zur Gewißheit erhebe: 'Jener entscheidende Punct aber, der hier alles aufhellen wird, ist die innere Structur der Sprachen oder die vergleichende Grammatik, welche uns ganz neue Aufschlüsse über die Genealogie der Sprachen auf ähnliche Weise geben wird, wie die vergleichende Anatomie über die höhere Naturgeschichte Licht verbreitet hat.' Und Jacob Grimm schrieb 1819: 'Wird man sparsamer und fester die Verhältnisse der einzelnen Sprachen ergründen und stufenweise zu allgemeineren Vergleichungen fortschreiten: so ist zu erwarten, daß bei der großen Menge unseren Forschungen offener Materialien einmal Entdeckungen zu Stande gebracht werden können, neben denen an Sicherheit, Neuheit und Reiz etwa nur die der vergleichenden Anatomie in der Naturgeschichte stehen.'

Die vergleichende Anatomie ward in Paris durch Georges Cuvier um die Scheibe des achtzehnten und neunzehnten Jahrhunderts zu einer ungeahnten Vollkommenheit geführt, um eben die Zeit, wo Paris die Augen der ganzen Welt auf sich zog und wo auch Friedrich Schlegel sich in Paris aufhielt. Was er auf dem Gebiete der Naturwissenschaft mit Augen sah, das wünschte er auf die Sprachwissenschaft übertragen, und den Begriff einer 'vergleichenden Grammatik', den, so viel wir wissen, er zuerst aufstellte, hat er nach dem Muster der 'vergleichenden Anatomie' geprägt.

Wir sahen im achten und im dreizehnten Kapitel, wie Grimm erst durch Bopp und wie Bopp dann wieder durch Grimm gefördert und wie so eine wirkliche vergleichende Grammatik in dem engeren germanischen und in dem weiteren arischen Gebiete begründet wurde. Wir sahen, wie Grimm die Lautgesetze entdeckte, auf welche dann Bopp und Pott die Wortvergleichung der arischen Sprachen stützten.

Die vergleichende Methode blieb aber bei Grimm nicht auf die Sprache beschränkt. Vergleichung aller germanischen Völker auf jedem Lebensgebiete war der Kunstgriff, wenn man es so nennen darf, den er durchgängig anwandte. Vergleichung öffentlicher Einrichtungen, überlieferter Satzungen, symbolischer Handlungen bei allen Germanen waltet in den Rechtsalterthümern. Vergleichung der scandinavischen Mythologie mit den Resten des sonstigen germanischen Heidenthums war die Seele der Mythologie. Der Stil der ursprünglichen germanischen Poesie ergab sich, wie die Edition von 'Andreas' und 'Elene' zeigte, aus der Vergleichung der angelsächsischen und nordischen allitterirenden Gedichte, wozu der altsächsische Heljand und die wenigen althochdeutschen Trümmer hinzutraten. Im deutschen Wörterbuche war es selbstverständlich, daß die ursprünglichen Bedeutungen, die an der Spitze stehen mußten, durch die ältere deutsche Sprache und innerhalb dieser durch weitere Vergleichung ermittelt wurden.

Vergleichung bildet so die Grundlage der geschichtlichen Betrachtung. Durch Vergleichung reconstruiren wir das Altgermanische, und aus dieser Wurzel wächst die Eigenthümlichkeit der einzelnen germanischen Völker, sich absondernd, hervor. Vergleichung nordischer und südgermanischer Mythologie gewährt uns eine Handhabe, um innerhalb der nordischen zu erkennen, was späterer Zusatz, specifisch scandinavische Entwickelung sei.

Vergleichung kann nicht ohne Kritik gedeihen. Durch Mangel an Kritik ist Jacob Grimm im Reinhart Fuchs und in der Geschichte der deutschen Sprache zu unhaltbaren Combinationen geführt worden. Und kritische Durcharbeitung, kritische Prüfung und vielleicht Umschmelzung verlangen alle seine Schriften. Doch wessen Schriften verlangen sie nicht?

'Wer nichts wagt, gewinnt nichts', sagte Jacob Grimm einmal, 'und man darf mitten unter dem Greifen nach der neuen Frucht auch den Muth des Fehlens haben.' Das war der rechte Grundsatz für einen Entdecker, und es ist der rechte Grundsatz für jeden, der in die Entwickelung einer Wissenschaft durch neue Gedanken einzugreifen hat. Wie weit wären wir zurück, wenn Jacob Grimm nicht den Muth des Fehlens gehabt hätte, wenn er in der Grammatik jeden Punct hätte sicherstellen, in den Rechtsalterthümern auf die Publication aller Weisthümer warten, in der Mythologie keinen Schritt ins Ungewisse wagen wollen.

Sorgfältige, umsichtig, bis in die letzten Spitzen hin, mit der größten Kraft im kleinsten Puncte ausgeführte Arbeiten geben den höchsten Maßstab her und zeigen das Ziel, bis zu welchem jede Forschung einmal vordringen muß. Sie haben zugleich aber etwas Niederdrückendes, Entmuthigendes, Strenges und Unnahbares. Anregung dagegen, das Schönste was es giebt, die erweckende Kraft, die auf andere überströmt, geht nur von Arbeiten aus, wie Jacob Grimm sie uns schenkte, Arbeiten, welche Lücken lassen, welche über denselben Gegenstand verschiedene Ansichten zur Wahl stellen, welche den Widerspruch herausfordern, welche das Gefühl geben, daß der Reichthum der überlieferten Thatsachen und des möglichen daraus zu ziehenden Gewinnes entfernt nicht erschöpft, sondern überall erst zu erschöpfen sei.

So kühn und so anregend, wie in seinen großen Werken, ist Jacob Grimm in jeder Abhandlung, in jeder Recension. Seine kleinen Schriften füllen acht Bände. Die erstaunliche Leichtigkeit, mit der er producirte, blieb ihm bis zuletzt getreu. Nur ruhiger ward er allmählich. Das überlegene Walten eines geklärten Geistes verleiht manchen der letzten akademischen Vorträge einen hohen Reiz. Es herrscht darin eine Freimüthigkeit in Politik und Religion, wie sie nur aus dem Bewußtsein fließt, allen irdischen Richtern bald entrückt zu sein, und eine natürliche Lebensphilosophie, eine merkwürdige Kunst, an die großen menschlichen Wahrheiten ohne Trivialität und ohne gesuchte Geistreichigkeit zu erinnern, welche, wenn irgend etwas, auf den Namen der Weisheit Anspruch hat.

Das Alter macht einsam; aber es macht uns auch stärker, Verluste zu ertragen; und aus gefaßterer Seele blicken wir denen nach, die vor uns dahin gehen.

Die preußische Akademie pflegt an ihrem Leibniz-Tage, in der ersten Woche des Juli, das Andenken ihrer im letzten Jahre verstorbenen Mitglieder zu feiern. Jacob Grimm hat zweimal das Wort ergriffen, um so im Auftrage der gelehrten Körperschaft abgeschiedenen Fachgenossen die letzten akademischen Ehren zu erweisen: 1851, als Karl Lachmann, 1860, als Wilhelm Grimm gestorben war.

Die Rede auf Lachmann preist den Freund glücklich, der seines Ruhmes höchste Staffel erklommen habe. Mit warmem Lobe wird anerkannt, welche großen Gaben er als Editor mitbrachte und mit welcher Feinheit und Vorsicht er sie zu gebrauchen wußte. Aber ganz zu seinem Rechte kommt Lachmann dabei nicht. Der Unterschied zwischen seiner und Jacob Grimms Natur spiegelt sich für den, der beide kennt, deutlich in der Rede; aber den großen Werth, den Lachmanns Art weit über das engere Gebiet der Textkritik als ein methodisches Vorbild hatte, hob Jacob Grimm nicht hervor; und diejenigen Leistungen, in denen Lachmann über die Textkritik hinaus-

gehend sich als Erklärer, als Sagenforscher, als Litterar=
historiker bewährte, waren ihm nicht gegenwärtig oder
schienen ihm nicht so wichtig, wie sie doch thatsäch=
lich sind.

Von Lachmanns Nibelungenkritik, die Jacob Grimm
früher gebilligt hatte, war er nach und nach wenigstens
im einzelnen zurückgekommen und meinte, Lachmann habe
das Epos besser gemacht, als es wirklich sei. Der ge=
heimnißreiche Begriff des wunderbaren, nicht vollkommenen,
aber doch unverbesserlichen Epos, der ihn in seiner Jugend
irre führte, tauchte hier noch einmal auf und verdunkelte
ihm den Blick für Lachmanns größte That.

Er setzte den Widerspruch in einer Recension fort,
durch die er den Glauben an die Unbefangenheit von
Lachmanns Verfahren erschütterte, und gab damit das Signal
zu einer lebhaften Opposition gegen Lachmann, die von
Adolf Holtzmann geschickt geführt, von Karl Müllenhoff
mit unnöthiger Heftigkeit zurückgewiesen, der altdeutschen
Philologie Wunden schlug, die noch heute bluten.

Wenn Jacob Grimm thatsächlich den Gegnern Lach=
manns Waffen in die Hand gab, so war das keineswegs
seine Absicht gewesen. Ihn leitete lediglich Wahrheits=
liebe; und als gegen Lachmann am ersten Jahrestage
seines Todes ein Pamphlet erschien, worin auch Jacob
Grimms Bedenken wider die Nibelungen=Kritik ausgebeutet
wurden, da scheute sich Jacob Grimm nicht, in öffentlicher
Erklärung den Angriff sofort, am Jahrestage von Lach=

manns Bestattung, als 'gemein' zu brandmarken und seiner eigenen Gesinnung noch einmal edlen Ausdruck zu leihen mit den Worten: 'Laß mich, lieber Lachmann, den grünenden Zweig getreuen Andenkens heute auf dein frühes Grab legen. Deine reichen Gaben, alle deine Anstrengungen und Erfolge sie sollen unvergessen bleiben und werden ihre Frucht tragen; selbst wo dich als Menschen ein paar Irrthümer anwandelten, kann das deine reine sittlich starke Natur desto sichtbarer machen.'

Lachmanns nähere Freunde, Schüler und Anhänger konnten Jacob Grimms Auftreten gegen Lachmanns Nibelungenkritik doch nicht ganz verwinden. Und als Moriz Haupt, Lachmanns ebenbürtiger, gleichgerichteter Freund, in Universität und Akademie sein Nachfolger wurde, da war sein Verhältniß zu Jacob Grimm nicht mehr dasselbe wie ehemals, da er mit anonymen Zusendungen zur Grammatik sich bei ihm einführte, oder wie damals, als ihm und anderen jüngeren Genossen Jacob Grimm den vierten Band der Grammatik widmete, oder wie damals, als er mit Karl Reimer nach Kassel kam, um Jacob Grimm für das Unternehmen eines deutschen Wörterbuches zu gewinnen. Auch als Karl Müllenhoff, der wie kein andrer Jacob Grimms Lebensarbeit fortzuführen strebte, von Kiel her nach Berlin auf die Professur für deutsche Sprache, Litteratur und Alterthumskunde berufen ward, welche von der Hagen bekleidet hatte, da konnte, wie es scheint, wieder Jacob Grimm, der früher viel auf ihn gehalten hatte, sein schroffes Auftreten in dem Nibelungenstreite nicht vergessen. Es bildete sich daher zwischen den nächsten Berliner Fachgenossen und Jacob Grimm kein so gedeihlicher und angenehmer Verkehr, wie er zwischen Haupt, Müllenhoff und Wilhelm Grimm bestand. Dem äußeren Zusammenhalte that dies aber keinen Eintrag; die wahre tiefe dankbare Verehrung vor Jacob Grimms Genialität dauerte in allen Kreisen der deutschen Philologen ungemindert fort und verbreitete sich von da aus in alle Schichten des Volkes, wozu das Erscheinen des deutschen Wörterbuchs seit 1852 nicht wenig beitrug.

Als am 10. November 1859 durch ganz Deutschland hin das Schillerfest mit einem hohen patriotischen Aufschwung gefeiert wurde, da vermochte von den vielen Reden, welche damals gehalten und hinterher gedruckt wurden, nur Jacob Grimms Vortrag in der Akademie die Aufmerksamkeit der ganzen Nation zu erregen und die Feier selbst zu überdauern.

Petrarca hatte in Deutschland ein Fest gesehen, bei welchem Frauen Kräuter in den Rhein warfen, mit denen nach dem Volksglauben alles Unheil des nächsten Jahres weggeschwemmt werden sollte. Daran erinnerte Jacob Grimm, indem er auf den Anlaß seines Vortrags überging: wenn heut ein Fremder durch Deutschland käme, so würden ihm in allen Städten Züge heiterer geschmückter Menschen begegnen, denen unter vorgetragenen

Fahnen ein prächtiges Lied von der Glocke erschallt, und jeder Mund würde ihm sagen können, der frohernste Gesang sei von unserer größten Dichter einem, dessen vor hundert Jahren erfolgte Geburt an diesem Tage eingeläutet und begangen werde. 'Glocken', fuhr er fort, 'brechen den Donner und verscheuchen das lange Unwetter: ach könnte doch auch, wie mit jenen Blumen das Unheil entfloß, an hehren Festen alles fortgeläutet werden, was der Einheit unseres Volkes sich entgegenstemmt, deren es bedarf und die es begehrt!'

Nach diesem glänzenden Eingang wandte er sich zu einem Preise der Poesie, die, wer die Geschichte durchforsche, als einen der mächtigsten Hebel zur Erhöhung des Menschengeschlechtes, ja als wesentliches Erforderniß für dessen Aufschwung anerkennen müsse. Der einzelne Dichter aber sei es, in dem sich die volle Natur des Volkes, welchem er angehört, ausdrücke und gleichsam einfleische.

In großen Zügen und mit feinen Beobachtungen des Einzelnen, die noch nicht gehörig bemerkt sind, schilderte er das Aufsteigen unserer Dichtung im achtzehnten Jahrhundert und führte dann eine Parallele zwischen Schiller und Goethe durch, die in besonders markigen Sätzen zwar nicht überall Neues, aber auch alles Bekannte neu sagte.

Welche kraftvolle Bildlichkeit, wenn er bemerkt: 'Goethe gab sich lieber der behaglichen Erzählung hin, als daß es ihn auf tragische Anhöhen getrieben hätte, und selbst in seinen Dramen, die einem solchen Ausgang entgegen geführt werden, hört man nicht so oft den Boden schüttern und dem Schlusse nahe das Gebälk der Fabel erkrachen, als es der Tragödie gemäß gewesen wäre.'

Vor allem charakteristisch aber ist die Unbefangenheit, mit der er auch Schillers Grenzen hervorhebt und sich nicht scheut, ihn durch Vergleichung mit Goethe zu drücken. Kein Gedanke, als ob ein solches Fest kritikloses Enthusiasmus verlange! Nichts von den üblichen Superlativen! Nicht einmal eine Versuchung dazu wandelt ihn an. Gerechtigkeit, aus dem Gleichgewichte der Seele heraus geübt, ist ihm vollkommen natürlich.

Und mit ebenso hoher und ruhiger Gerechtigkeit redet er über Goethes und Schillers Verhältniß zur Religion. Wäre es doch möglich, seine Worte einzugraben in das Herz des Volkes, das er über alles geliebt, und die Gesinnung, mit der wir die Religion des Nächsten beurtheilen, nach seinem Beispiel zu lenken!

'Vielfach', sagt er, 'ist der Glaube unsrer beiden großen Dichter schnöde verdächtigt und angegriffen worden von Seiten solcher, welchen die Religion statt zu beseligendem Frieden zu unaufhörlichem Hader und Haß gereicht. Zu den Tagen der Dichter war die Duldung größer als heute. Welche Verwegenheit heißt es, dem der blinder Gläubigkeit anheimfiel oder sich ihr nicht gefangen gab, Frömmigkeit einzuräumen und abzusprechen; der natürliche Mensch hat, wie ein doppeltes Blut, Adern des Glaubens und des Zweifels in sich, die heute oder morgen bald stärker bald schwächer schlagen. Wenn Glaubensfähigkeit eine Leiter ist, auf deren Sprossen empor und hinunter, zum Himmel oder zur Erde gestiegen wird, so kann und darf die menschliche Seele auf jeder dieser Staffeln rasten. In welcher Brust wären nicht herzquälende Gedanken an Leben und Tod, Beginn und Ende der Zeiten und über die Unbegreiflichkeit aller göttlichen Dinge aufgestiegen, und wer hätte nicht auch mit andern Mitteln Ruhe sich zu verschaffen gesucht, als denen, die uns die Kirche an Hand reicht?'

Er verherrlicht Lessing, auf den die Bezeichnung eines Freigeistes oder Freidenkenden vollkommen so rühmlich als zutreffend gehe, da sie ihrem Wortsinne nach etwas Edles und der Natur des Menschen Würdiges ausdrücke, 'dem mit freien, unverbundenen Augen vor die Geheimnisse der Welt und des Glaubens zu treten geziemt.'

Er rühmt Goethes Faust und Wilhelm Meister, welcher letztere Schätze von Enthüllungen berge, 'theils in kräftiger, theils in blässerer Dinte geschrieben': man müsse von sich selbst abtrünnig geworden sein, um wie Stolberg solch ein Buch, nach Ausschnitt der Bekenntnisse einer schönen Seele, fanatisch den Flammen zu überliefern.

Er rühmt von Schiller selbst, daß ihm die dichterische Hingebung an verschiedene Religionsformen nirgends den freien Weg seiner Gedanken verschlagen habe. Er rühmt ihn im Gegensatze zu Philosophen, die sich darauf einlassen, die Lehre der Offenbarung mit ihrem eigenen System zu verschmelzen 'und dann verlorne Leute sind'.

Er schließt: 'Aus Männern, deren Herz voll Liebe schlug, in denen jede Faser zart und innig empfand, wie könnte gekommen sein, das gottlos wäre? Mir wenigstens scheinen sie frömmer als vermeinte Rechtgläubige, die ungläubig sind an das ihn immer näher zu Gott leitende Edle und Freie im Menschen.'

Fünf Wochen nach der Schillerfeier, am 16. December 1859, starb Wilhelm Grimm.

Früher einmal, nach einer kurzen Krankheit Wilhelms, schrieb Jacob an Meusebach: 'Bleiben Sie uns gut; Wilhelm verdient's gewiß, er ist einer der liebevollsten Menschen: wenn er krank daliegt, verstehe ich das recht; und wenn er mir einmal stürbe, wüßte ich mir nicht zu helfen.'

Aber er war jetzt ganz gefaßt und nahm die gewohnten Arbeiten gleich wieder auf. Er mochte denken, es handle sich nur um eine kurze Trennung.

Am 26. Januar 1860 las er in der Akademie über das Alter.

Wieder legte er darin ein offenes religiöses Bekenntniß ab: 'Einem freigesinnten alten Manne wird nur die

Religion für die wahre gelten, welche mit Fortschaffung aller Wegsperre den endlosen Geheimnissen Gottes und der Natur immer näher zu rücken gestattet, ohne in den Wahn zu fallen, daß eine solche beseligende Näherung jemals vollständiger Abschluß werden könne, da wir dann aufhören würden, Menschen zu sein.'

Wenn er die drohenden Schäden des Alters bespricht und vom Erblinden redet, so denkt er auch an die Greise, die vom hürnen Siegfried sangen, an die blinden serbischen Sänger, an den blinden Ossian und den blinden Homer. Der Preis der unverletzlichen und unverbesserlichen Naturpoesie, die er in seiner Jugend so hoch hielt, scheint sich mit einem Seitenblick auf Lachmann zu verbinden, wenn er bemerkt: 'Nur ein Blinder vermag eigentlich die von der Volkspoesie, wie wir sie uns vorstellen, ausgehenden Strahlen in der Stille seiner Seele zu hegen und zu vereinbaren, wo sich hernach sehende Augen einmischen, verderben sie es leicht wieder.'

Wenn er anderseits vom Taubwerden spricht und meint, die Kenntnisse, die bisherigen Arbeiten des Tauben ließen nicht nach, sondern hätten einen desto ungestörteren Fortgang, als ihn überflüssige Rede, unnützes Geschwätz nicht mehr unterbreche; so mag ihm schon eigene Erfahrung, seine zunehmende Schwerhörigkeit vorschweben, und man sieht, wie willig er sich darein fügt.

Und so ist die ganze Rede getragen von dem dankbaren Gefühle, daß Altwerden ein Glück sei, und von einem fügsamen Sinn, der sich das Schmerzliche willig zurecht legt. Sie ist ein Zeugniß dafür, daß der Redner thut nach seinem eigenen Worte, daß auch ihm das Alter die Zeit ist einer im vorausgegangenen Leben noch nicht so dagewesenen Ruhe und Befriedigung, daß auch er mit stiller Wehmuth hinter sich blickt und nach dem schwülen Tag in abendlicher, labender Kühle gleichsam auf der Bank vor seiner Hausthür sitzend sein verbrachtes Leben überschlägt.

Er behauptet, daß im Greise das Gefühl für die Natur steige, daß alles ihn zum sicheren Verkehre mit dieser stillen und fesselnden Gewalt dränge. 'Mit welcher Andacht', ruft er aus, 'schaut der Mensch im Alter empor zu den leuchtenden Sternen, die seit undenkbarer Zeit so gestanden haben, wie sie jetzt stehn, und die bald auch über seinem Grabe glänzen werden!'

Er beschreibt den Genuß, den der einsame Spazier= gang einem Greise gewähre. Mit jedem Athemzug aus der reinen Luft schöpft er sich Lebenskraft und Erholung. Die Gedanken gehen ungestört fort, und oft erhellen sich im peripatetischen Nachsinnen die Zweifel, die am Studir= tisch geblieben waren. 'Und', fährt er fort, 'unterwegs einem lieben Bekannten zu begegnen! Wie freute mich innig, im Thiergarten auf meinen Bruder, wenn er plötz= lich von der andern Seite herkam, zu stoßen, nickend und schweigend gingen wir neben einander vorüber.' Er setzt hinzu: 'Das kann nun nicht mehr geschehn.'

22*

Am 5. Juli 1860 sprach er in der Akademie zum Gedächtnisse von Wilhelm Grimm.

'Ich soll vom Bruder reden' — so fing er an, ich höre noch den Ton, die etwas heisere Stimme. 'Ich soll hier vom Bruder reden, den nun schon ein halbes Jahr lang meine Augen nicht mehr erblicken, der doch Nachts im Traum, ohne alle Ahnung seines Abscheidens, immer noch neben mir ist.'

Er grenzte seine kühnere Weise gegen Wilhelms ruhige Vorsicht ab; dieselbe unbefangene Wahrheitsliebe, mit der er über Lachmann und Schiller geredet hatte, beherrschte seine Schilderung des Bruders.

Zuletzt sprach er von den Märchen: 'Tragen wir einen Dank davon für alle Mühe und Sorge, der uns selbst zu überdauern vermag, so ist es der für die Sammlung der Märchen, die nicht nur eine unverwüstliche Nahrung für die Jugend und jeden unbefangenen Leser darbieten, sondern auch einen großen und der Forschung unentbehrlichen Schatz des Alterthums in sich bewahren.' Jacob Grimm gab zu, daß Entlehnung stattgefunden haben könne; aber er ließ sich dadurch in seinem früheren Glauben nicht irre machen. Er sah das Märchen an wie die Thierfabel und wollte seine Meinungen darüber, wenn ihm das Leben bliebe, von neuem bekräftigen. 'So oft aber ich nunmehr das Märchenbuch zur Hand nehme', das war der Schluß seiner Rede auf Wilhelm, 'rührt und bewegt es mich, denn auf allen Blättern steht vor mir sein Bild und ich erkenne seine waltende Spur.'

Er hat nach dieser Rede noch über drei Jahre gelebt. Seine häuslichen Verhältnisse blieben unverändert. Wilhelms Wittwe sorgte für ihn nach wie vor. Wilhelms Kinder hatten ihn von jeher wie einen zweiten Vater geliebt.

Als am 4. April 1863 sein Bruder Ludwig Grimm in Kassel starb, sagte er: 'Nun bin ich nur noch ganz allein da.'

Noch im Herbste desselben Jahres kam an ihn die Reihe. Am Sonntag den 20. September 1863 beschloß er sein ruhmreiches, dem Vaterlande geweihtes Leben.

* * *

Ein an dem Begräbnißtage geschriebener Nekrolog möge hier folgen als Rückblick und Abschluß der vorstehenden Betrachtungen, als ein schwacher Ausdruck dessen, was einen strebenden Jünger der deutschen Philologie im Angesichte von Jacob Grimms Leiche bewegte.

Jacob Grimm.

Am letzten Sonntag Abends um 10 Uhr ist Jacob Grimm gestorben. Vor wenigen Stunden hat sich über ihm die Erde geschlossen. Es sind bald vier Jahre, daß er an dem Grabe Wilhelms stand; vor einem halben

Jahre starb Ludwig Grimm in Kassel: so war der älteste der Brüder zuletzt allein geblieben: jetzt ist er den vorangegangenen nachgefolgt. Er liegt auf dem neuen Matthäikirchhofe, neben Wilhelm.

Wir suchen die Größe des Verlustes zu ermessen, der uns betroffen, und wir finden: er ist unermeßlich. Seine innere Entwickelung werden spätere Biographen darstellen, wird der Geschichtschreiber der deutschen Wissenschaft erörtern. Davon jetzt nichts. Nur wie wir ihn gekannt und was er uns gewesen, das sei hier gesagt.

Jacob Grimm gehörte Berlin seit 1841 an. Er kam von Kassel: man weiß, weshalb er nach siebenjähriger akademischer Wirksamkeit Göttingen 1837 verlassen müssen.

Geboren wurde er 1785 in Hanau; am 4. Januar des nächsten Jahres wäre er Neunundsiebzig geworden. In Marburg unter Savignys Leitung studirte er von 1802 an die Rechte. 1803 begleitete er ihn nach Paris. Dann wurde er in Kassel angestellt, war noch zweimal in Paris, auch in Wien, überall bemüht, die Bibliotheken auszubeuten und in seinem Gedächtnisse die Massen des Stoffes aufzuhäufen, die er dann so unbeschränkt beherrschte.

Was in unserer Zeit Großes erreicht worden, das hat entweder entschlossene Beschränkung aller Kraft des Geistes auf einen Gegenstand geleistet oder mächtige Zusammenfassung bis dahin entlegener Gebiete. In Jacob Grimm ist beides.

Was war bis auf ihn die deutsche Alterthumskunde, und was hat er aus ihr gemacht! Da waren von den einen die Minnesänger, das Nibelungenlied veröffentlicht, manches andere werthvolle Denkmal unserer alten Poesie dem Staube der Bibliotheken entrissen, von anderen einzelne Puncte der Rechtsalterthümer, auch wohl der Mythologie behandelt, für die Sprache die Reste des Gothischen gekannt, bearbeitet und geschätzt. Aber das alles Einzelheiten, Stückwerck, alles ohne festen Grundsatz des Verfahrens, unsicher und tappend erlangt, alles keine Wissenschaft. Auf die Volkslieder hatte man längst geachtet; für die altdeutsche Kunst wirkte Friedrich Schlegels Anregung auf Sulpiz Boisseree. Man hatte einen ungefähren Begriff vom deutschen Alterthum, aber die Zeiten flossen in einander, die Gesammtvorstellung, wofern man sie suchte, war kaum verschieden von dem, was Fouqué für Mittelalter ausgab und darstellte. Da kamen Jacob Grimm und sein Bruder. Ihre Anfänge liegen ganz in den wissenschaftlichen Bestrebungen der Romantik: in Arnims Zeitung für Einsiedler, in Daub und Creuzers Studien, in Schlegels deutschem Museum stehen mit ihre frühesten Arbeiten. Aber was ist späterhin daraus geworden!

Die Kinder- und Hausmärchen, die deutschen Sagen, die Zeitschrift 'Altdeutsche Wälder' und anderes haben damals die Brüder zusammen herausgegeben. Und wieder am Abend ihres Lebens vereinigten sie sich zum deutschen Wörterbuch. Dazwischen gehen ihre Wege auseinander. Dem deutschen Alterthum sind beide unwandelbar zugethan. Aber Wilhelm, sorgsam und sauber bis ins Kleinste, unermüdlich feilend und glättend an seinen Arbeiten, hat manch einzelnen Edelstein aufgelesen und zu tadelloser Reinheit geschliffen. Jacob, unruhig und beweglich, hat weite Züge unternommen durch alle Gebiete unserer Vergangenheit und reiche Schätze von Gold und Edelsteinen heimgebracht, aber er speicherte sie auf, wie er sie fand, und ward nicht müde, sie zu vermehren. Das Läutern, das Schleifen überließ er anderen, nachkommenden.

Und wie viel von dem bleiben wird, was die ersten Resultate seiner Untersuchung waren, das kann heute niemand sagen. Manches hat sich fortgesetzter Forschung schon anders gestaltet, vielleicht noch mehreres wird weichen müssen. Aber nicht dies ist das Entscheidende an der Wirksamkeit eines großen Mannes, wie wenig er seinen Nachfolgern zu thun übrig gelassen, sondern wie hoch die Ziele waren, die er verfolgt, wie groß der Anstoß, den er gegeben. Ihm selbst waren die Dinge in ununterbrochenem Fluß; das zeigen die zweiten und dritten Bearbeitungen seiner Bücher, die stets zu neuen Werken wurden.

So war auch sein Stil. Der treue Abdruck seines Denkens. Wie ein Gedanke gelegentlich auftaucht, wie er wiederkehrt und wächst und sich erhebt, wie ein entgegengesetzter ihn bekämpft, die Erwägung von einem zum andern schwankt, und wie er einen Abschluß niemals sucht und auch nicht braucht — denn er lebt in dem, was er schreibt, und sein Leben ist Bewegung und Niemalsrasten — dies alles spiegelt sich in seinen Schriften so deutlich, daß wir die innere Arbeit des Genies meinen mit Augen zu schauen.

Was würde es helfen, die Titel seiner Bücher herzusetzen und seiner zahlreichen Abhandlungen. Unter allen seinen Büchern, so äußerte er selbst, habe er keines mit größerer Lust geschrieben, als die Rechtsalterthümer, den Reinhart und die Geschichte der deutschen Sprache: 'denn Grammatik und Wörterbuch überschreiten das Maß, das sich ein arbeitsamer Mensch setzen kann, der ihnen nicht ausschließlich verfallen will.' Der Grundzug seines Schaffens, der in ihnen allen webt, am meisten doch in denen, die er hier auszeichnet, das ist die innige Herzensneigung zur Poesie des Volksgemüths. Das Innerste und Heimlichste war ihm das Wertheste, die verborgensten Blumen pflückte er am liebsten. Einem verachteten Brauch, einem anscheinend sinnlosen Aberglauben höhere Bedeutung zu geben, Sinn unterzulegen, in einzelnen Ausdrücken und Anschauungen der Dichtung des dreizehnten Jahrhunderts und selbst der Gegenwart hohes Alterthum nachzuweisen: das erfreute ihn vor allem.

Es ist in ihm etwas von kindlicher Frische und ewiger Jugend. Und das Jugendalter unseres Volkes zog ihn am mächtigsten an und darin erschloß sich seinem hellen Auge so viel hoher Poesie, so viel natürlicher Weisheit, daß ihm ihre Anerkennung fast ein persönliches Interesse war. 'Mir widersteht die hoffärtige Ansicht', sagt er, 'das Leben ganzer Jahrhunderte sei durchdrungen gewesen von dumpfer, unerfreuender Barbarei. Schon der liebreichen Güte Gottes wäre das entgegen, der allen Zeiten seine Sonne leuchten ließ und den Menschen Bewußtsein einer höheren Lenkung eingoß. In alle, auch die verschrieenſten Weltalter wird ein Segen von Glück und Heil gefallen sein, der edelgearteten Völkern ihre Sitte und ihr Recht bewahrte.'

Obgleich er niemals verkannte, daß in der Sprache ein Aufsteigen zu geistiger Vollkommenheit zu beobachten sei im Laufe ihrer Geschichte, so verweilte er doch lieber bei ihrer sinnlichen Fülle, bei ihrem leiblichen Reichthum in den älteren Zeiten. Sein Ohr ergötzte sich an dem vollen Klange der alten ungetrübten Vocale, an der rauhen Kraft der Consonanten. Um manches gute bezeichnende Wort hat er getrauert, daß einem abstracteren weichen müssen. In seinen eigenen Büchern frischt er gerne solche Worte wieder auf, und mit Vorliebe gebraucht er volksthümliche Wendungen, die unserer Schriftsprache sonst längst abhanden gekommen.

Dieses persönliche Interesse am deutschen Alterthum übertrug er auf alle Pfleger seiner Wissenschaft. Anfänger, von denen noch nichts zu sehen war, als ihr guter Wille:

er hat keinen zurückgewiesen und, so viel er konnte, Ermunterung und Förderung gespendet. Keine verdienstliche Bestrebung, der er nicht hilfreiche Hand geboten, auf die nicht ein lohnender Blick seines Auges gefallen.

Die Hand ist erstarrt, das Auge ist erloschen.

Er war noch voll von Entwürfen und spottete des Todes. Ein Buch über deutsche Sitte hatte er längst verheißen. Seine Grammatik wollte er noch vollenden. Eine Arbeit über die Dorfweisthümer muß beinah fertig geworden sein. Am Wörterbuch war er unermüdlich. Das letzte, was er drucken lassen, war ein Aufsatz über die Thiersage in den Göttinger gelehrten Anzeigen.

Vierzehn Tage war er krank gewesen: das besserte sich: man glaubte ihn genesen: er war heiter, scherzte und lachte. Da traf ihn Sonnabend Nachmittag ein Schlaganfall. Die rechte Seite war gelähmt, auch die Zunge. Er konnte kein Wort mehr sprechen und schien doch bei sich. Man sagte ihm, was man Tröstliches und Beruhigendes wußte, er schien es zu verstehen und schien zu danken. Das dauerte bis zum Sonntag Abend. Da wiederholte sich der Anfall: der Puls fing an, langsamer zu schlagen und schwächer. Ein Schlag. Noch einer. Und das war der letzte.

Erst gegen Mittag verbreitete sich Montags die Kunde von seinem Tode. Dienstag Vormittag drängte man sich um seine Leiche. Er lag auf seinem Bette, zu

Häupten die Büste Wilhelms, neben ihm ein Buch, das ihm gewidmet und das er nicht mehr gesehen, in der Linken Blumen, in der Rechten ein Lorbeerkranz. Sein Gesicht wenig verändert. Darüber lag der Friede. Es war, als ob er schliefe.

Berlin, den 24. September 1863.

Anmerkung.

Ein Druckfehler der ersten Ausgabe ist S. 205 stehen geblieben. Nicht am 1. April 1820, sondern am 1. April 1821 legte Jacob Grimm in einem Brief an Lachmann die Entdeckung der Lautverschiebung vollständig dar.

Was S. 327 oben steht, daß Friedrich Schlegel den Begriff einer vergleichenden Grammatik zuerst aufgestellt, ist nicht wörtlich richtig. Es ist nur richtig, soweit vergleichende Grammatik verwandte Sprachen umfaßt. In einem weiteren Sinne hatte schon früher Wilhelm Schlegel von vergleichender Grammatik gesprochen, wie S. 164 bemerkt ist. Die Stelle findet sich in seiner 1803 erschienenen Recension von Bernhardis Sprachlehre und lautet (Sämmtl. W. 12, 152): 'Bei den Meistern des Stils ist das Gefühl für die Individualität ihrer Sprache sehr rege, allein von Grammatikern ist bis jetzt für die Charakteristik wenig geleistet worden. Die vergleichende Grammatik, eine Zusammen= stellung der Sprachen nach ihren gemeinschaftlichen und unter= scheidenden Zügen, würde dazu ungemein behilflich sein. So müßte man das Griechische und Lateinische; die Sprachen deutschen Stammes, das Deutsche, Dänische, Schwedische und Holländische;

die neulateinischen mit deutschen und andern Einmischungen; das Provenzalische, Französische, Italienische, Spanische, Portugiesische; dann das in der Mitte liegende Englische; endlich wieder alle zusammen als eine gemeinschaftliche Sprachfamilie nach grammatischen Uebereinstimmungen und Abweichungen und deren innerem Zusammenhange vergleichen. Ebenso die orientalischen zuerst unter sich, hernach mit den occidentalischen. Leichter ist es zwar diesen Plan zu entwerfen, als ihn auszuführen; doch würde solchergestalt die Philologie immer mehr zur Kunst werden, und auch die Ausbildung der lebenden Sprachen kunstmäßiger fortschreiten können.'

Mit Beziehung auf S. 331 will ich doch anführen, was Jacob Grimm an Lachmann schrieb, gleich nachdem er dessen Anmerkungen zu den Nibelungen kennen gelernt hatte (24. Februar 1836): 'Ueber Ihre Herausfindung der zwanzig Lieder, über Ihre Kritik der einzelnen, echten und unechten Strophen habe ich noch kein vollständiges und fertiges Urtheil. Sie behandeln alles so fein, daß man auch über seine Ueberzeugung hinaus Ihnen zu glauben oder zuzugeben geneigt sein wird. Manche Einwendungen, sowohl zu Gebote stehende, als heimliche, unentwickelte, werden dadurch nicht bewältigt sein; ein Verdienst des Buches ist aber selbst, die Gegengründe erst rege zu machen. Im Ganzen läßt sich vielleicht sagen, daß Sie von einem zu fleckenlosen und tugendhaften Epos ausgehen; daß auch das gelungene und gesunde Epos, wie alles Menschenwerk, Schwächen und Widersprechendes in sich enthalten kann. Warum soll vieles unecht sein, was weniger gut ist? Das Fortwachsen der Dichtung kann ihr abbrechen und sie fördern. Sehr schwer scheint es mir, den Punct festzusetzen, bis zu welchem es gestiegen, von welchem an es gesunken ist. Die dichtende Thätigkeit, welche Fallen und Steigen bewirkt, ist hier fast ununterscheidbar und dieselbe. Etwas anderes ist, Einschaltungen erkennen und sie für unepisch erklären; ich würde mich in diesem sehr mäßigen, jenes aber im freisten Spielraum gestatten. Ein Beispiel: die Probe mit dem in die Donau geworfenen Kapellan scheint mir ganz vortrefflich und im Epos unentbehrlich. Selbst die Erweiterungen und Aenderungen der Handschriften C D E F G können zum Theil noch aus dem Volksgesang herrühren. Unser Ganzes, unsere Sammlung (von 1210) ist, wie Sie nachweisen, aus Volksliedern geworden, mehrere Volkslieder werden aber neben einander gelaufen sein, ungefähr in Weise der drei dänischen Lieder von Grimild; solche epische Varianten zu scheiden von den halbgelehrten Einschaltungen kommt mir außerordentlich schwer vor im einzelnen. Sie gehn darauf aus, in unserer Sammlung die Elemente durchzufühlen, aus welchen sie entsprang. Wie Sie also ein paar Strophen von den Meerweibern beseitigen, können oder müssen Sie auch 353 von Zazamank ausscheiden.'

Man sieht, der Kern des Widerspruches ist derselbe, wie später in der Rede auf Lachmann. Den Keim dazu entdeckt man aber schon in der Recension von Lachmanns Schrift 'Ueber die ursprüngliche Gestalt des Gedichts von der Nibelungen Noth' (Kl. Schriften 4, 92), die im allgemeinen Lachmanns Kritik so rückhaltlos zu billigen scheint, daß sie behauptet: was darin bewiesen werden sollte, sei schon jetzt sicher bewiesen. Aber Grimm erklärt sich gegen den Begriff einer 'bloßen Zudichtung' (S. 96) und gegen die Meinung, daß durch Abschneidung von Zusätzen 'die anfängliche Vollkommenheit wiederherzustellen sei' (S. 97). 'Diese', fährt er fort, 'hat es ebenso wenig gegeben, als in späterer Zeit einen Gipfel des Lieds, der alle vorhergehenden Schönheiten seiner Aeußerungen in sich besessen hätte.' Auf S. 97 unten liest man eine Bemerkung, ganz ähnlich der brieflichen über den Werth der Lesarten von C D E F G. Ja man vergleiche selbst S. 94: 'Die hübsche Stelle von des Königs Kapellan wird vielleicht auch dadurch als eine episch eingeschaltete bestätigt, daß sie in anderen Handschriften noch erweiterter vorkommt.'

Aus eben dieser Recension ist die oben S. 133 f. benutzte Stelle entnommen. Wie Jacob Grimms Widerspruch gegen Lachmanns Nibelungenkritik aus seiner früh gefaßten Ansicht des

Epos entspringt, wird im Zusammenhange solcher Erwägungen vollkommen deutlich. Der Gegensatz zwischen Jacob Grimm und Wilhelm Schlegel ist in seiner Art so symbolisch, wie die Gegensätze, die im Nibelungenstreite hervortraten. Und Jacob Grimms Stellung beruht in beiden Fällen auf demselben Glauben an ein 'Wunder und Geheimniß der Dichtung'.

Register.

Ablaut 200. 209.
Adelung, Friedrich 56. 94.
Adelung, Joh. Christ. 31.
  158 f. 163. 172. 195. 202.
  217. 312. 321.
Albertus Magnus 115.
Albrecht, Eduard 237. 240.
Anakreon 33.
Annolied 26. 53.
Anton, Karl Gottlob 49. 69.
Ariosto 248.
Arndt, E. M. 250.
Arnim, Achim v. 55. 65. 67.
  71. 72—75. 77—79. 80. 81.
  83. 89. 92. 102. 103. 104.
  117. 118. 132. 343.
Arnim, Bettina von, geb. Brentano 3. 104. 243 f. 245. 247.
Aue, s. Hartmann.
Augsburg 179.
d'Aulnoy, Gräfin 105.
Ayrenhoff, Cornel. Herm. v.
  40.

Basel 239. 240.
Bellini, Giovanni 15.

Benecke, George Friedr. 172.
  173. 176. 178—180. 186.
  187. 188. 231 f. 299.
Berlin 67. 69. 71. 228. 229.
  243. 244. 245. 247. 342.
Bernhardi, Aug. Ferd. 164.
  195. 349.
Beseler, Georg 239. 250.
Bodensee 190.
Bobmann, Franz Jof. 258.
Bodmer, Joh. Jac. 14. 31.
  32. 33. 34. 51. 58. 59. 95.
  298.
Böckh, Aug. 3. 80.
Böckh, Christ. Gottfr. 56.
Bödiker, Joh. 158.
Böhme, Jac. 61. 221.
Boisserée, Sulpiz 77. 149 f.
  343.
Boner (Bonerius), Ulrich 31.
  34. 36. 176. 180.
Bonn 21.
Bopp, Franz 176. 195. 300. 327.
Braunschweig 180.
Brechung 200. 209.
Breitinger, Joh. Jac. 31. 33.

Brennenberger 115.
Brentano, Clemens 55. 67.
 71. 74. 79. 80. 81. 89. 92.
 102. 117.
Brower, Christ. S. J. 26.
Bürger, Gottfr. Aug. 49. 57.
 60.
Büsching, Joh. Gust. 67. 70.
 74. 89.

Casparson, Johann Wilhelm
 Christian Gust. 35. 95.
Celtes, Konrad 24.
Cervantes 13.
Correggio 15.
Creuzer, Friedr. 79. 80. 93.
 272. 273. 274. 343.
Cuvier, Georges 326.

Dahlmann, Friedr. Christoph
 3. 232. 235. 236. 237. 238.
 240. 245. 249. 251.
Dante 67.
Darmstadt 5. 51.
Daub, Karl 79. 343.
Denis, Mich. 45.
Docen, Bernh. Jos. 67. 70.
 79. 177.
Donat 158.
Dresden 70.
Dreyer, Joh. Karl Heinr. 258.
Dürer, Albr. 15.

Eckhart, Joh. Georg 27. 28.
 170. 271. 290. 310 f.
Edda 29. 43. 54. 61. 76. 97.
 100.

Eichhorn, Joh. Albr. Friedr.
 (Minister) 21. 241.
Eichhorn, Karl Friedr. (Jurist)
 260. 267.
Elwert, Anselm 50.
Epikur 187.
Epos, s. 'Naturpoesie'.
Ernst August, König von
 Hannover 236. 244.
Eschenbach, s. 'Wolfram'.
Eschenburg, Joh. Joach. 35.
 37. 49.
Ewald, Heinr. 237. 239. 240.
Eyck 15.

Faust 37. 49. 61. 150.
Fichte 69.
Fischart 307.
Flacius, Matthias 25.
Fleming 63.
Forster, Georg 83.
Fouqué 69. 70 f.
Frankfurt 21. 247. 250. 251.
 254.
Freher, Marquard 26. 29.
Friedrich Barbarossa 283.
Friedrich Wilhelm III.,
 König von Preußen 241.
Friedrich Wilhelm IV., König
 von Preußen 243 f.
Frisch, Joh. Leonh. 158.
Füßli, Heinr. 58.
Fulda, Friedr. Karl 35. 170.

Gagern, Friedr. v. 69.
Galland, Antoine 105.
St. Gallen 65. 190.
Genus 217.

Gerhard, Eduard 246. 247.
Gerstenberg, Heinr. Wilh. v. 46.
Gervinus, Georg Gottfried 232. 235. 237. 238. 249.
Giseke, Paul Dietr. 59.
Gleim 33. 35. 36. 37.
Görres, Joseph 67. 79. 80 bis 83. 89. 93. 98. 121. 124 f. 126. 128. 129. 130. 131. 141. 180. 271.
Goethe 8. 15. 33. 41. 48. 61. 62. 75 f. 83. 107. 129. 149. 150. 160 f. 162. 179. 201. 210. 220. 221. 306. 312. 322. 334. 335. 336.
Göttingen 172. 179. 228. 230–237. 342.
Göttinger Dichterbund 31. 40. 47.
Götz von Berlichingen 49. 61. 150.
Goldast, Melch. 26. 29. 31. 36. 171.
Gotha 252.
Gottfried von Straßburg 63. 101. 147.
Gottsched 30. 31. 158. 202.
Grabener, Theoph. 36.
Gräter, Friedr. David 56. 138. 179.
Grafenberg, s. 'Wirnt'.
Graff, Eberh. Gottlieb 299.
Grammatik, vergleichende 164. 327. 349.
Gregorius VII. 248.
Grimm, Auguste, Tochter Wilhelm Grimms 341.

Grimm, Brüder: 'Edda, Lieder der alten' 97. 100 f. 114. 155. 'Elfenmärchen, irische' 277. 'Gedichte, die beiden ältesten deutschen' 100. 113 f. 'Heinrich, der arme' 101. 114. 156 f. 'Kinder- und Hausmärchen' 102–113. 149 f. 340. 343. 'Sagen, deutsche' 114–116. 343. 'Wälder, altdeutsche' 138–149. 155. 343. 'Wörterbuch, deutsches' 238. 244. 245. 255. 304. 305–321. 327 f. 332. 333. 344. 345.
Grimm, Dorothea, geb. Wild, Wilhelm Grimms Frau 231. 239. 341.
Grimm, Dorothea, geb. Zimmer, Mutter der Brüder Grimm 4. 7. 8. 15. 17. 19. S. auch 'Zimmer'.
Grimm, Ferdinand 5.
Grimm, Friedrich, Pfarrer zu Steinau, Großvater der Brüder Grimm 7.
Grimm, Herman, Sohn Wilhelm Grimms 341.
Grimm, Jacob: Anfänge altdeutscher Interessen 12 f. 16 f. 64. Anfänge schriftstellerischer Thätigkeit 94–96. 117. Charakteristik 87 ff. 151 ff. 344. Leben 3–22. 227–253. 330 bis 341. Lebensperioden 227 f. Methode 325–329. Orthographie 315–317. Pläne 93. 317. Sprach- und Stil 321–324. 344 f. 346. Tod

347. Vorlesungen 232f. 235. 245. Werke (auch Reden und Vorträge): 'über das Alter' 337—339; 'Andreas und Elene' 295f. 327; 'de desiderio patriae' 233f. 'Eindrücke, italienische und scandinavische' 247—249; 'über seine Entlassung' 240—242. 253; 'Epos, finnisches' 210; 'Gedanken über Mythos, Epos und Geschichte' 123. 281f. 'Gedichte, lateinische, des zehnten und elften Jahrhunderts' 294f. 'Geschichte der deutschen Sprache' 255. 297—304. 328. 345; 'Grammatik, deutsche' 28. 94. 140. 154—174. 191—226. 227. 277. 298. 304. 308. 315. 345. 347 (erster Band, erste Aufl. 169ff. 186. 317; zweite Aufl. 191. 194ff. 316; dritte Aufl. 208; zweiter Band 211; dritter Band 211. 213; vierter Band 214); 'Grammatik, serbische, von Wuk Steph.' 210; 'Irmenstraße und Irmensäule' 97. 130. 277; über Lachmann 339f. 350ff. 'Meistergesang, über den altdeutschen' 96. 122; 'Mythologie, deutsche' 54. 255. 269 bis 288. 297. 327; 'Poesie im Recht' 257; 'Rechtsalterthümer, deutsche' 254—268. 269. 277. 327. 345; 'Reinhart Fuchs' 97. 255. 289 bis 294. 297. 323. 345. 347; über Schiller 333—337; 'über Schule, Universität, Akademie' 246; 'Silva de romances viejos' 97. 103; 'Ursprung der Sprache' 167; 'Weisthümer' 262—264. 268. 347; s. auch 'Grimm, Brüder'.

Grimm, Johannes, Gasthalter in Hanau 2.

Grimm, Ludwig 238. 341. 342.

Grimm, Phil. Wilhelm, Vater der Brüder Grimm 3. 4. 5. 7. 8. S. auch 'Schlemmer'.

Grimm, Rudolf, Sohn Wilhelm Grimms 238. 341.

Grimm, Wilhelm 3ff. 8. 11. 16. 17. 19. 21. 76. 79. 83. 85—87. 88f. 97f. 122. 131. 186. 187. 225. 229. 231. 234. 235. 236f. 238. 244. 245. 249. 277. 285. 230. 299. 321. 330. 333. 337. 339. 340. 341. 342. 343f. 'Heldenlieder, altdänische' 99. 'Heldensage, die deutsche' 139. S. auch 'Grimm, Brüder'.

Grupen, Christian Ulrich 258.

Hagedorn, Friedr. v. 32. 33.

Hagen, Friedr. Heinr. v. d. 67. 69f. 74. 75. 89. 100. 127. 138. 176f. 180. 273f. 332.

Haltaus, Christian Gottlob 258.

Hamburg 59. 70.
Hammerstein, Hans Freiherr (nicht 'Graf') v. 100.
Hanau 3. 6. 103. 342.
Hanmann, Enoch 26.
Hartmann v. Aue 101. 147. 180.
Haupt, Moriz 332. 339.
Hebel, Peter 99.
Hegel 221.
Heidelberg 67. 71. 79. 94.
Heine, Heinr. 71. 278.
Heineccius, Joh. Gottlieb 258.
Heinrich v. Ofterdingen 142. 146.
Heinrich v. Veldeke 33.
Heldenbuch 35. 36. 84.
Herder 39. 40—54. 59. 73. 85. 86. 105. 132. 133. 163. 164.
Herodot 120.
Heyne, Moriz 321.
Hickes, George 28. 170.
Hildebrand, Rudolf 321.
Hildebrandslied 113 f. 182.
Hirzel, Salomon 238.
Hölderlin 79.
Holtzmann, Adolf 331.
Homer 38. 44. 48. 57. 58. 59. 60. 64. 67. 68. 77. 84. 106. 121. 133. 178 f. 184. 220.
Horatius 33.
Hugo von Trimberg 36.
Humboldt, A. v. 216.
Humboldt, W. v. 42. 126. 164—167. 217. 222. 300.
Hunibald 130.
Hutten 239.

Jakob, T. A. L. v. (Talvj) 210.
Jena 18. 62.
Jerome, König 19. 97.
Iffland 61.
Innocenz III. 248.
Innocenz IV. 248.
Johnson, Samuel 42. 311.
Jones, William 300.
Junius, Franciscus 26 f. 28. 45. 170. .

Kanne, Arnold 93. 125—127. 128. 129. 130. 131. 196. 205. 271. 273.
Karl der Große 36. 45. 63. 64. 96. 98. 115. 283.
Kassel 7. 17. 18. 21. 22. 57. 79. 103. 117. 228. 231. 232. 237. 238. 243. 258. 332. 341. 342.
Kate, Lambert ten 28. 155. 170. 203.
Kerner, Justinus 79.
Kindlinger, Nicol. 258. 262.
Kleist, Heinrich v. 70.
Klopstock 34. 39 f. 46. 56. 58. 307. 319.
Koch, Erduin Jul. 56. 61.
Konrad von Würzburg 33.
Kopitar, B. 210.
Kotzebue 61.

Lachmann, Karl 90. 142. 146. 167. 176. 180—190. 191. 193. 203. 204. 205. 225. 242. 246. 250. 267. 272. 277. 285. 288. 290. 291. 299. 305. 330—332. 338. 340. 350 f.

Lafontaine, August 61.
Lange, Sam. Gotth. 31.
Laube, Heinr. 251.
Landgesetz 206. 225.
Lautverschiebung 205. 208 f. 349.
Leibniz 28.
Leipzig 238.
Lessing 35—39. 47. 50. 160. 306. 336.
Lexer, Matthias 321.
Lionardo 15.
Logau 36. 37. 307.
Lohenstein 40. 307.
Lombard, Joh. Wilh. 69.
Lucretius 187.
Lübeck 250.
Lücke, Gottfr. Christian 232.
Luther 42. 115. 220. 221. 239. 306. 307.

Mailand 182.
Mallet, Paul Henri 45.
Mannhardt, Wilh. 288.
Marburg 8. 10. 17. 342.
Maximilian I. 24.
Melanchthon 25.
Meon, Dominique Martin 289.
Merean, Sophie 71.
Meusebach, Gregor Hartwig Freih. v. 67. 246. 317.
Michaeler, Karl Jos. 35.
Michaelis, Joh. Benj. 33.
Michelet, Jules 263.
Minnesänger 12 f. 16. 20. 29. 30. 32. 33. 34. 37. 40. 51 f. 56. 58. 63. 64. 69. 93. 95. 142. 343.

Möringer 115.
Möser, Justus 31. 39. 40. 52. 264. 266.
Mone, Franz Jos. 274—276. 289. 290.
Moritz, Karl Phil. 163 f. 195.
Moscherosch 26.
Mühlheim a. d. R. 251.
Müllenhoff, Karl 289. 331. 332. 333.
Müller, Joh. v. 19. 57. 58. 59. 60. 69. 81. 118. 120. 121.
Müller, Karl Otfried 232. 235. 237.
München 65. 79. 177. 190. 244.
Musäus, Joh. Karl Aug. 105.
Myller, Christoph Heinr. 35. 51. 57. 95.

Napoleon 20.
Naturpoesie (Urpoesie, Volkspoesie, Sage, (Epos) 40. 41. 59. 63. 68. 99. 110. 132 ff. 142 ff. 183. 219 ff. 222. 248. 254. 255. 257. 291. 293. 331. 338. 350—352.
Naubert, Benedicte 106.
Nibelungenlied 24. 31. 33. 34. 35. 37. 38. 52. 57—60. 63. 64. 65. 67. 68. 69. 70. 75—77. 81—83. 84. 93. 95. 97—99. 100. 122. 132. 139. 141. 142. 146. 176. 177. 178. 179. 184. 187. 273. 274. 331—333. 343. 350 f.
Nicolai, Christoph Friedr. 50. 69. 311 f.

Niebuhr, Barth. Georg 99.
Notker, Labeo 89.
Novalis 62. 64. 118.
Nürnberg 61. 251.

Oberlin, Jerem. Jac. 35.
Oettingen, Fürstenth. 179.
Osterdingen, Heinr. v. 142. 146.
Opitz 26. 31. 307.
Orthographie 315—317.
Ossian 41. 45. 47. 48.
Otfried 25. 26. 89.

Palthen, Joh. Phil. 27.
Paris 9. 15. 17. 20. 342.
Percy, Thom. 47. 49.
Perrault, Charles 104.
Petrarca 333.
Peutinger, Konr. 24.
Pez, Bernh. 28.
Pez, Hieron. 28.
Platen 307.
Porson, Rich. 188.
Pott, Aug. Friedr. 300. 327.
Rablof, Joh. Gottl. 159 f. 161. 162. 172. 200. 203. 314.
Raffael 15.
Ramler 37.
Ranke, Leop. 250.
Rask, Rasmus Kristian 156. 157. 170. 195. 203. 205. 249. 301.
Raynouard, Franç. Just Marie 176. 195.
Recht: Ursprung der Rechts= symbolik 260 f.
Regnier, Adolphe 309.

Reichardt, Kapellmeister 72.
Reichenbach, Gräfin 230.
Reimer, Karl 238. 305. 332.
Reineke Fuchs 30. 75.
Reinwald, Wilh. Friedr. Herm. 35.
Resenius, Petr. 45.
Reyscher, Aug. Ludw. 249.
Richter, Jean Paul Friedr. 70. 84 f. 172. 198. 306.
Rixner, Th. A. 129.
Rochow, Minister v. 239.
Rom 65. 94. 247.
Romantisch: Begriff des R. 84 f. 93. 112. 129.
Rommel, Christoph 229. 230.
Rostgaard, Friedr. v. 27.
Rostock 239.
Rückert, Friedr. 307.
Rühs, Friedr. 271.

Sachs, Hans 29. 41. 49. 61. 307.
Sage, s. 'Naturpoesie'.
Savigny, Friedr. Karl v. 8—12. 13. 15. 21. 117. 130. 137. 168. 216. 255. 256. 257. 260. 265. 319. 342.
Schelling 62. 129.
Scherz, Joh. Georg 27. 29. 33. 51.
Schiller 8. 129. 163. 306. 307. 333—337. 340.
Schilter, Joh. 27. 28. 29.
Schlegel, Aug. Wilh. 14. 15. 55. 60. 62. 63. 64. 66. 67 f. 69. 79. 84. 89. 92. 108. 112. 132. 141—150. 154. 155. 163. 164. 171. 172. 174. 179. 196.

203. 205. 207. 307. 321 f. 349. 352.
Schlegel, Elias 40.
Schlegel, Friedr. 15² 60. 62. 63. 66. 79. 85 f. 89. 92. 96. 99. 119. 121. 126. 128 f. 132. 133. 141. 167. 179. 300. 307. 326. 343. 349.
Schlemmer, Frau, geb. Grimm, Tante der Brüder Grimm, Schwester des Vaters 4.
Schlieffen, Minister v. 57.
Schlosser, Friedr. Christoph 20.
Schmeller, Joh. Andr. 204. 209.
Schober, Mitgl. des Frankfurter Parlaments, Vicepräsident des Rumpfparlaments 253.
Schottelius, Just. Georg 158. 171. 322.
Schroeder, Rich. 263.
Schubart, Christ. F. D. 56.
Schütze, Gottfr. 35.
Scultetus, Andr. 36.
Semler 39.
Seybold, Dav. Christoph 49. 83 f.
Shakespeare 13. 41. 49. 67. 68. 112.
Simrock, Karl 77.
Snorri 120.
Stabius 24.
Stade, Diederich v. 27.
Stein, Freih. vom 24. 69.
Steinau 6. 7. 17.
Sturz, Helfr. P. 312.

Tacitus 29. 115. 264.
Talvj (Fräulein v. Jakob) 210.
Tasso 248.
Tauler 61.
Thibaut, Anton Friedr. Justus 80.
Thomasin von Zirclaria 31.
Tieck, Ludw. 12. 13. 14. 15. 17. 52. 55. 60. 61. 62. 63. 64. 65. 67. 69. 71. 79. 85. 89. 92. 102. 108. 141. 179. 307.
Tizian 15.
Travemünde 250.
Trimberg, Hugo von 36.
Tschudi, Aegibius 31.
Tübingen 239.

Uhland 67. 71. 79. 83—85. 87 f. 112. 250. 253. 254. 261. 307.
Ulphilas 26. 27. 89. 162. 182.
Umlaut 200. 209.

Veldeke, s. Heinrich.
Victoria, Königin 236.
Villers, Charles de 318.
Bögelin, Gotthard 26.
Völkel, Ludw. 229.
Vogelweide, s. 'Walther'.
Volksbücher (Volksromane) 61. 81. 102.
Volksdichtung, s. Naturpoesie.
Volkslied 32. 41. 47. 48. 49. 51. 54. 56. 59. 71 ff. 80. 88. 93. 99. 102. 119. 133. 152.
Voltaire 45. 208.
Voß, Joh. Heinr. 80. 272. 307.
Vossius, Isaac 27.

Wachler, Ludw. 8.
Wackenroder, Wilh. Heinr. 61.
Wagner, J. J. 93.
Walther v. d. Vogelweide 88.
Weber, Wilh. 237.
Weckherlin, Ferd. 63.
Weigand, Karl 321.
Weimar 76.
Weitenauer, Ignaz 40.
Wieland 105. 306. 312.
Wien 20. 70. 209. 342.
Wilda, Wilh. Eduard 268.
Wilhelm I. Kurfürst von Hessen 18. 20. 101.
Wilhelm II. Kurfürst von Hessen 230.
Wilhelm IV. von England 235.
Williram 25.
Winckelmann 39. 50.
Wirnt v. Grafenberg: 'Wigalois' 180.
Witzenhausen 237.

Wolf, Friedr. Aug. 59. 60. 68. 183.
Wolf, Joh. Wilh. 278.
Wolfenbüttel 37.
Wolff, Christ. 221. 312.
Wolfram v. Eschenbach 33. 34. 101. 147. 189. 221.
Wolke, Christ. Hinr. 159. 160 f. 165. 172. 203.
Wuk, Stephanowitsch 210.

Zahn, Joh. Christ. 56. 69. 170.
Zesen, Phil. v. 161.
Zeuß, Kasp. 269.
Zimmer, Henr. Philippine, Kammerfrau bei der Kurfürstin von Hessen, Tante der Brüder Grimm, Schwester ihrer Mutter 7. 17. 20.
Zimmer, Johann Hermann, hessen-hanauischer Kanzleirath, Großvater der Brüder Grimm 4.

Berlin, Druck von W. Bürenstein.